检察官职业道德
与行为规范

温　辉 / 著

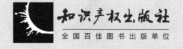

全国百佳图书出版单位

图书在版编目（CIP）数据

检察官职业道德与行为规范 / 温辉著 . —北京：知识产权出版社，2018.12

ISBN 978 - 7 - 5130 - 6024 - 0

Ⅰ.①检… Ⅱ.①温… Ⅲ.①检察官—职业道德—研究—中国 Ⅳ.①D926.3

中国版本图书馆 CIP 数据核字（2018）第 290714 号

责任编辑：齐梓伊　　　　　　　　责任校对：王　岩

封面设计：韩建文　　　　　　　　责任印制：刘译文

检察官职业道德与行为规范

温　辉　著

出版发行：	知识产权出版社 有限责任公司	网　址：	http://www.ipph.cn
社　址：	北京市海淀区气象路 50 号院	邮　编：	100081
责编电话：	010 - 82000860 转 8176	责编邮箱：	qiziyi2004@qq.com
发行电话：	010 - 82000860 转 8101/8102	发行传真：	010 - 82000893/82005070/82000270
印　刷：	三河市国英印务有限公司	经　销：	各大网上书店、新华书店及相关专业书店
开　本：	787mm×1092mm　1/16	印　张：	14.5
版　次：	2018 年 12 月第 1 版	印　次：	2018 年 12 月第 1 次印刷
字　数：	247 千字	定　价：	58.00 元

ISBN 978 - 7 - 5130 - 6024 - 0

序

最高人民检察院副检察长　孙　谦

法律是治国之重器，法治是国家治理体系和治理能力的重要依托。党的十八大提出全面推进依法治国。十八届四中全会指出："全面推进依法治国，必须大力提高法治工作队伍思想政治素质、业务工作能力、职业道德水准，着力建设一支忠于党、忠于国家、忠于人民、忠于法律的社会主义法治工作队伍，为加快建设社会主义法治国家提供强有力的组织和人才保障。"检察官是法治专门队伍的重要组成部分，作为客观公正的维护者、公共利益的代表，肩负着重要责任。为此，检察官必须德以配位。这个"德"，既包括个人品德、家庭美德、社会公德，也包括职业道德。

党的十九大指出："深入实施公民道德建设工程，推进社会公德、职业道德、家庭美德、个人品德建设，激励人们向上向善、孝老爱亲，忠于祖国、忠于人民。"相对于个人品德，职业道德是社会分工的产物，是对专业从业者履行职务行为的规范要求和行为指引。因此，不同的职业，具有不同的道德要求。2016 年 12 月，最高人民检察院通过《检察官职业道德基本准则》，对 2009 年颁布的《检察官职业道德基本准则（试行）》进行修改，提出以"忠诚""为民""担当""公正""廉洁"为主要内容的检察官职业道德基本准则。如何理解这十个字，是践行检察官职业道德基本准则的前提和关键；只有在正确理解的基础上，才能内化于心，外现于行。唯其如此，检察官才能成为"善良、有操守和德行的人"，并通过每一个案件的公正办理，为社会提供优质检察产品，"输出"公平正义。

温辉同志是一个勤思好学的人。她在承担检察官培训教学任务，为检察官讲授检察官职业道德课程的同时，深入思考、勤奋写作，经过两年的努力，完成《检察官职业道德与行为规范》一书。本书有如下特点：

一是浓厚的时代气息。社会因法治而进步，时代因法治而辉煌。经过中华人民共和国近70年特别是改革开放40年的实践和探索，我国走出了一条中国特色社会主义法治的独特道路。中国特色社会主义法治是党的领导、人民当家做主与依法治国的有机统一，是法治国家、法治政府与法治社会的有机统一，是自我发展、自我创新、自我完善的有机统一。深化改革，包括深化司法体制改革，是中国社会基本共识和我们党毫不动摇的决心。2013年12月30日，中央全面深化改革领导小组成立，新一轮司法改革的大幕正式开启。伴随着司法改革的深入，检察官迎来了新的际遇，面临着新的使命。新时代，人民群众在民主、法治、公平、正义、安全、环境等方面的要求日益增长；相应地，对检察官有了新的更高的职业道德要求。这也是2016年《检察官职业道德基本准则》出台的背景。本书将对检察官职业道德基本准则的解读、检察官行为规范的界定置入这一背景之下，突出时代特点，找准时代坐标，明确时代要求，回应时代呼唤。

二是浓郁的文化底蕴。优秀传统文化是一个国家、一个民族传承和发展的根本，如果丢掉了，就割断了精神命脉。党的十九大报告指出："要深入挖掘中华优秀文化蕴含的思想观念、人文精神、道德规范，结合时代要求继承创新，让中华文化展现出永久魅力和时代风采。""道者，人之所共由。"（朱熹语）道德，是人类共同的、亘古不变的需要和追求。在西方历史上，公元前5世纪至公元前4世纪的古希腊便产生了伦理学——关于"人伦之理""做人之理"的学问，经过斯多葛派、中世纪基督教哲学家、近现代思想家从不同视角深化，形成丰富的西方伦理思想宝库。本书作者在吸纳西方伦理思想源流的同时，充分挖掘和汲取中华文化精华。在中国历史上，孔子在继承前人伦理思想的基础上，提出"克己复礼为仁""人而不仁，如何礼？"的观点，以"仁"为核心构建儒家的道德理论和人生哲学，并经后人的扩展充实,成为中国传统社会的支配思想,影响着中国古代的政治伦理实践,并形成以忠信、至忠、为民、勤政、务实、清廉等为主要内容的传统官德,为有识之士提供了践行一生的道德标准。中国传统伦理思想内容丰富、内涵博大精深,不仅是今天检察官职业道德的思想基础,也是当下检察官职业道德建设文化自信之源泉。

三是浓浓的实践关怀。检察制度自从近代欧洲大陆创始以来,人们对于检察官和检察制度的理解上的分歧就一直存在着。面对来自四面八方的质疑和诘问的时候,检察官似乎也要问自己一个哲学上人类永远困惑的问题:我是谁?通过对检察官的职权责任义务的分析,也许我们可以找到答案,回答"我是谁"。但接下来的问题是"我该怎样做?"苏格拉底有句名言:"未经反省的人生不值得活。"职业道德就是职业人执业行为的规范;检察官职业道德是检察官的行为指引,更是检察官自我完善自我修炼的"宝典"。在从理论上阐释职业道德的内涵和思想渊源的同时,本书深入探讨检察官职业道德的具体行为规范,为减轻检察官"实践的焦虑"进行了一种努力。

践行职业道德是检察官一生的课业,需要每一位检察官不断地认真思考"哪种完整的生活方式是最值得我们每个人过的"(柏拉图语)。本书是温辉同志对此问题的思考。也许思考比答案本身更重要。这正是本书的意义所在。

温辉同志邀请笔者为她的新书作序,笔者欣然同意。

是为序。

孙　谦

2018 年 8 月 24 日

目录 Contents

第一章

导　论

党的十九大报告提出："要提高人民思想觉悟、道德水准、文明素养，提高全社会文明程度。……深入实施公民道德建设工程，推进社会公德、职业道德、家庭美德、个人品德建设，激励人们向上向善、孝老爱亲，忠于祖国、忠于人民。"2018 年 4 月 18 日，张军检察长就新时代如何做好检察工作、深入推进司法改革到湖北省进行调研，在听取干警意见建议后，张军检察长指出，检察机关要重自强。"重自强，就是要建设适应新时代全面依法治国要求的检察队伍，要按照习近平总书记'五个过硬'要求，提高检察官的政治素质、业务素质和职业道德素质，提升专业能力、专业素质，培育专业精神"。职业道德与执业者的职业活动密切相关，是道德与职业的融合，体现着该职业领域特殊的道德要求。

人为什么需要道德？心理学家认为[①]，这一切都是拜生物进化所赐。人类祖先在进化过程中，脑的结构和功能发生巨大的变化，前额叶以匪夷所思的加速度扩大[②]，为人类心理的特殊性提供了生理基础，使人类减少了对本能的依赖，并从所有其他的动物种类中分离出来。相应地产生了新的问题：

---

① 参见［英］乔治·弗兰克尔：《道德的基础》，王雪梅译，国际文化出版公司 2007 年版，第 80～82 页。中国古人则从"欲"与"物"的紧张和矛盾处着眼，讨论"礼之所起"。"人生而有欲，欲而不得，则不能无求。求而无度量分界，则不能不争；争则乱，乱则穷。先王恶其乱也，故制礼义以分之，以养人之欲，给人之求。使欲必不穷于物，物必不屈于欲。两者相持而长，是礼之所起也。"见东方朔："荀子公正观论略"，载《东岳论丛》2017 年第 3 期，第 24 页。

② 在哺乳动物的进化过程中，前额叶的增长在猫科中达到 3:1，黑猩猩 17:1，而人类更是达到了惊人的 29:1。前额叶是意识以及较高级心理功能所在之处，它们标志着动物进化的最新阶段，并且将人类与所有其他物种区分开来。［英］乔治·弗兰克尔：《道德的基础》，王雪梅译，国际文化出版公司 2007 年版，第 93～94 页。

人获得自由却失去了本能，出现"本能的真空"——人的反应不再具有本能反应的确定性。这时，人类再也不能十分确定他的判断正确与否。但与此同时他们也变得善于学习，根据生存环境的需要作出选择和调整，形成如何行动、如何思考的规则。道德观念恰恰构成规则的一部分，替代本能的保障。西班牙著名哲学家费尔南多·萨瓦特尔将上述理论观念以通俗而不失精粹、平实而不失生动的语言描述出来。他说：[①] "与其他无论有生命或无生命的物体不同，人类可以部分发明和选择我们的生活方式，选择我们觉得好的——也就是从不适合中挑出适合的。而也正因为这样，我们才可能会犯错，这是海狸、黄蜂、白蚁身上从来不会发生的。所以，最慎重也是最可取的办法，就是好好把握我们所做的，努力掌握一些不致做错事的生活智慧。"这种"知道如何生活"的智慧，就是通常所说的伦理学——关于道德的哲学。那么，在社会公德、个人品德之外，职业道德何以必要？职业道德建设的基本路径为何？检察官职业道德建设走过怎样的历程？以下将围绕这几个问题展开论述。

一、职业道德的必要性

（一）职业与职业道德

恩格斯曾指出：[②] "实际上，每一个阶级、甚至每一个行业都各有各的道德。"职业道德从语言学角度分析，包含两个基本要素：一是职业，二是道德。在现代汉语词中，职业有两种含义：[③] 其一是指作为主要生活来源的工作；其二是作为属性词，表明事物的专业性。在通常情况下，社会学对职业的界定中就包含着这一层意思。如德国著名社会学家马克斯·韦伯对职业是这样定义的：[④] "职业应该称为一个人的劳动效益的分类化、专门化和组合。这种分类化、专门化和组合对他来说，是持续得到供应和赢利机会的基础。"

---

① ［西］费尔南多·萨瓦特尔：《伦理学的邀请：做个好人》，于施洋译，北京大学出版社 2008 年版，第 12 页。
② 《马克思恩格斯选集》（第 4 卷），人民出版社 1972 年版，第 236 页。
③ 《现代汉语词典》（第 5 版），商务印书馆 2009 年版，第 1750 页。
④ ［德］马克斯·韦伯：《经济与社会》（上卷），林荣远译，商务印书馆 1997 年版，第 163 页。

职业在英文中应以"occupation"或"career"表述之。"occupation"的字根"occupatio"指的是度日糊口的方法;"career"一词,则与拉丁文的"carraria"及"vehicle"相关,指的是在生命历程中向前运动的态势或是轨迹。[①] 由此可见,"职业"最初含义中并不包含伦理意义或道德要素。但随着社会分工和职业专业化的发展,在12世纪"profession"一词产生,意指加入基督教修会前所做的誓言;"profession"与拉丁文中的"profesio"或"declaration"相关,有自称、断言、告白的意思,带有"在神前宣誓就职"的含义,指的是从业者必须宣誓遵守这个工作应有的信念与规范。[②] "profession"不同于"occupation",前者更强调职业的专业性。由此,"职业"一词被赋予了更为丰富的内涵,它不仅关乎一个个体养家糊口之事,更关乎一个群体专业水平和专业能力,以及生存、发展乃至声誉。因此,职业的界定也更加严格。

有学者就曾说道,[③] 职业一词是指"一群人从事一种有学问修养的艺术,共同发挥替公众服务的精神——虽然附带地以它为生,但仍不失其替公众服务的宗旨"。国外有学者认为,职业具有以下五个特点:[④] 一是职业人员的技能以系统的理论知识为基础,而不仅仅是根据特殊技能的训练;二是职业人员对他们的工作有相当大的自主性;三是职业人员形成联合体,它调整职业内部事务,对外则代表职业人员的利益;四是加入一个职业要受到已有成员的认真审查,需要参加职业考试,获得许可证,得到头衔,这个过程受到有关职业组织的调整;五是职业拥有道德法典,要求其所有成员遵守,违反者将可能被开除。在职业主义看来,职业应该具有以下三个主要特征:[⑤] 一是建立于深奥理论基础上的专业技术,以区别于仅满足实用技巧的工匠专才;二是以公众服务为宗旨,其活动有别于追逐私利的商业或营业(Business);三是形成某种具有资格认定、纪律惩戒和身份保障等一整套规章制度的自治性团体,以区别于一般的行业(Occupation)。我国也有学者提出"职业"应

---

① 东吴大学法学院主编:《法律伦理学》,新学林出版股份有限公司2009年版,第6页。
② 东吴大学法学院主编:《法律伦理学》,新学林出版股份有限公司2009年版,第7页。
③ [美]哈罗德·伯曼编:《美国法律讲话》,陈若桓译,三联书店1988年版,第208页。
④ 转引自朱景文:《现代西方方法社会学》,法律出版社1994年版,第103页。
⑤ 李学尧:《法律职业主义》,中国政法大学出版社2007年版,第6页。

具有以下主要的本质与特征：[①]（1）建基于深奥理论基础上的专业技术；（2）因其为常人所无法掌握的技术所带来的权威；（3）其专业技术对人类健康或自由或生命具有高度的重要性；（4）一套与大众伦理大不相同的、完整、有效的伦理与责任规范；（5）较高的经济收入和社会特权。

综上可见，尽管中外学者对职业的特征作出不同的概括，但我们可以从中寻得共性的东西：一是高深的专业知识与技能；二是高度的职业责任。这种意义上的职业，是一种专业（profession），不仅是指个体为自身的生存和发展而从事的一项工作，意味着与工作相应的职位和关系，它还表达着特定的职业信仰、职业责任。波斯纳认为：[②]"职业的标志是这样一种信念，即这是一个有相当公共意义的工作岗位，从事这一工作要求有非常高的专业的甚至是深奥的知识，这种知识只有通过专门的正式教育或某种精细监管的学徒制才能获得。由于这些特点，因此，职业就不是一种能自由地进入的工作岗位，只有符合某个规定的、通常是很苛刻的协议并且要有能力之证明才能进入。"同时他还特别强调：[③]"一种工作之所以被分类为职业，其关键并不是在于其实际拥有社会珍视的专门知识；关键是要有一种确信，即某种群体拥有这样的知识。因为，正是这种确信才使这个群体可以声称其职业性地位，有机会获得因这种地位赋予的独占性的特权以及由此带来的个人利益。"

《中国大百科全书·哲学卷》给职业道德下了这样的定义："在职业范围内形成的比较稳定的道德观念、行为规范和习俗的总和。它是调节职业集团内部人们之间关系以及职业集团与社会各方面的行为准则，是评价从业人员职业行为的善恶、荣辱的标准，对该行业的从业人员有特殊的约束力。"职业道德是社会道德体系的有机组成部分，是一定社会的道德观念、核心价值、伦理规范在职业领域的具体体现。职业道德有自己的特点，归纳起来主要表现在以下四个方面：[④] 第一，职业道德与人的职业活动密切相关，体现着一

---

① 孙笑侠、李学尧："论法律职业共同体自治的条件"，载《法学》2004 年第 4 期，第 23 页。

② ［美］理查德·A. 波斯纳：《道德和法律理论的疑问》，苏力译，中国政法大学出版社 2001 年版，第 216 页。

③ ［美］理查德·A. 波斯纳：《道德和法律理论的疑问》，苏力译，中国政法大学出版社 2001 年版，第 217 页。

④ 苑立强等：《职业选择与职业道德》，解放军出版社 1990 年版，第 68~69 页。

定职业领域的特殊要求。首先，职业道德受职业活动的制约，有什么样的职业，就有什么样的与之相应的职业道德。其次，在调节范围上，职业道德主要用来约束本职业的从业人员，而对于本职业之外的人，或本职业人员在该职业之外的行为活动，它往往失去调节和约束的作用。此外，在道德规范的内容上，职业道德又总是与一定职业的特殊要求相结合，表达特定职业的义务和责任以及职业行为上的道德准则。第二，职业道德受社会道德或阶级道德的制约和影响。各种社会道德的基本原则或各个阶级的道德要求总是要渗透在各种职业道德规范之中，通过各种具体的职业道德形式表现出来。第三，职业道德规范的内容具有较强的稳定性和连续性，它往往表现为世代相袭的职业传统，形成人们比较稳定的职业心理和职业习惯。第四，职业道德规范比较具体，具有较大的适用性，在表达形式上也比较灵活多样。它可以采取诸如制度、章程、守则、公约、须知、条例等简洁明快的形式，以便于从业人员接受和践行。

党政领导干部职业道德与其他行业职业道德相对照，又有以下几个突出特点：[①] 一是党政领导干部职业道德政治性强。所谓党政领导干部是党和国家各级机关的领导和工作人员，他们的职业道德表现关系到党和国家的根本利益，关系到人民群众的切身利益和其他各种职业的职业道德规范。二是党政领导干部职业道德作用大、影响广。党政领导干部职业道德有着示范和引领作用。"其身正，不令而行；其身不正，虽令而不从。"（《论语·子路篇》）三是党政领导干部职业道德和其他职业道德不是同一水平的职业道德。他们的职业道德水平无论从客观上，还是从主观上，都比其他职业道德水平更高，要求更严格。

法律工作是一种以"从业者的个人学问、智力以及经验技能为基础"的职业；法律人与当事人之间存在着一种"信托"[②] 关系，进而要求法律人应有相当的自律，以一种更为崇高的理想目标和超越性价值为追求。作为法律人的检察官依据国家法律执行攸关人民权利与影响政府行政运作的公权力，

---

① 蔡明夫："党政干部职业道德初探"，载《实事求是》1986年第2期，第13~14页。
② 有学者认为，法律专业真正的特殊之处在于专业人员与客户甚至与社会之间有信托关系。[美] 布莱恩·肯尼迪：《美国法律伦理》，郭乃嘉译，商周出版社2005年版，第7页。

因此检察官权力的行使除受法律的限制与特定机关的监督外，自当建构检察官职业道德规范，用以制约及要求检察官的举止行为不得有所偏差，"且须能符合法律之规定及社会大众之期待"①。我国民国时期著名法学教育家孙晓楼先生在谈及法律教育时，强调法律人才要具备三个要件：法律的学问、法律的道德和社会的常识，并特别讲到法律的道德的重要性。他说："一定要有法律的道德，才有资格来执行法律。"否则，他们"拿了法律的工具来敲诈人家、欺侮人家，使社会上添一害群之马"。②物换星移，斯人已逝。但这段话却依然闪烁着思想的光芒，并将照亮社会主义法治国家建设之路。

（二）检察官职业道德的时代背景与现实观照

党的十八届四中全会提出了全面推进依法治国的总目标，即建设中国特色社会主义法治体系，建设社会主义法治国家。习近平总书记指出："提出这个总目标，既明确了全面推进依法治国的性质和方向，又突出了全面推进依法治国的工作重点和总抓手。"实现全面推进依法治国的总目标离不开法律人才的培养，离不开法治专门队伍的建设。"徒法不能以自行。"（《孟子·离娄上》）从法律适用、司法实践层面来看，如有人所言"法治就是法律家之治"③。德国法学家莱因斯坦曾简洁而明确地说：④"法的形成和适用是一种艺术，这种法的艺术表现为什么样式，取决于谁是'艺术家'。"马克斯·韦伯从社会学层面予以考察，也得出类似的结论。他说：⑤"法""法的制度""法的原则"的一个社会学观察方法要探索的是："在一个共同体内，事实上因此而发生着什么样的事情，因为存在着这样的机会，即参加共同体行为的人们，尤其是其中那些手中拥有对这种共同体行为在社会方面有着重大的实际影响的人们，主观上把一定的制度视为适用的，而且在实践中，也是这样对待的，即让他们的行为以之为取向。"在这个意义上，法律人才的培养对国家的法治进程起着决定性作用。

---

① 郑津津：《法律伦理学》，五南图书出版公司2013年版，第263页。
② 孙晓楼：《法律教育》，中国政法大学出版社1997年版，第9～10页。
③ 孙笑侠："法律家的技能与伦理"，载《法学研究》2001年第4期，第5页。
④ 转引自［日］大木雅夫：《比较法》，范愉译，法律出版社1999年版，第264页。
⑤ ［德］马克斯·韦伯：《经济与社会》（上），林荣远译，商务印书馆1997年版，第345页。

　　而法律人才的培养，其内涵绝不止于使法律职业人拥有精湛的法律专业知识和技能。如果仅有法律知识和技能，法律人完全可能凭借自己的专业知识和技能为自己谋利，检察官和法官公器私用、以权谋私，律师变为讼棍，"救护车的追逐者"①。事实上，司法领域中存在着这样的问题：司法不公、司法公信力不高等问题十分突出，一些司法人员作风不正、办案不廉，办金钱案、关系案、人情案，"吃了原告吃被告"，等等。有人曾在全国20个省、自治区、直辖市就司法文明情况进行问卷调查，调查对象分为普通公众与专家。调查结果显示，无论在法律共同体内，还是在普通公众眼中，中国的司法腐败现象都极为严重。其中"关系案"和"金钱案"是司法腐败的重要表现形式。② 虽然与警察和法官相比较，"检察官远离腐败"的得分最高③，但也不容乐观。针对"您所在地区，检察官办关系案的可能性有多大"这一问题，选择"非常可能"的占比5.3%，"很可能"的占比9.9%，"有可能"的占比42.2%，"不太可能"的占比32.3%，"非常不可能"的占比8.3%，拒答的占比2.0%。实践中，每年都有检察人员因违法违纪受到检察纪律处理，甚至刑事处罚。近十年违法违纪检察人员数字如下：④

表1-1　近十年全国违法违纪检察人员数字

年份	违法违纪检察人员
2008	258
2009	247
2010	267
2011	176
2012	174
2013	210

① 在美国，人们以此来称呼那些在交通事故后，纷纷赶来争着受理损害赔偿案件的缺德律师。当然，这种行径是为律师职业伦理规范所禁止的。季卫东：《法治秩序的建构》，中国政法大学出版社1999年版，第241页。

② 施鹏鹏："我国司法腐败的现状与遏制——以20个省/自治区/直辖市的实证调查为分析样本"，载《证据科学》2016年第1期，第35页。

③ "检察官/法官/警察远离腐败"得分分别为：59.5、57.4、56.8。施鹏鹏："我国司法腐败的现状与遏制——以20个省/自治区/直辖市的实证调查为分析样本"，载《证据科学》2016年第1期。

④ 数字来源于2009年到2018年《最高人民检察院工作报告》。

续表

年份	违法违纪检察人员
2014	404
2015	465
2016	474
2017	536

在这些违法违纪的检察人员中，有的是违反检察纪律、办案规则；有的是违法犯罪。在违法犯罪的检察官中，以权谋私的有之；索贿受贿的有之；徇私枉法的有之；不能从严要求近亲属，甚至与近亲属共同犯罪的有之。在违纪的检察官中，生活腐化堕落的有之；赌博嫖娼的有之；酗酒闹事的有之；借婚丧嫁娶敛财的有之；玩忽职守造成安全事故的有之；公车私用的有之。

退一步讲，即便检察官没有以权谋私，没有故意枉法或滥用职权，检察官的疏忽过失和不端行为[1]也可能导致无罪的人受到刑事追究，造成冤假错案；也可能使有罪的逃脱法律制裁或从轻发落，从而玷污司法的公正性，严重影响社会和谐，破坏司法公正，损害司法公信力。我们可以从美国莱昂斯错案看检察官不端行为对司法公正的破坏。[2] 尼努·莱昂斯（Nino Lyons），1960 年出生，佛罗里达州商人，拥有一家服装连锁店和夜总会，全国有色人种协进会地方分会（NAACP）副主席。2001 年 8 月 23 日，莱昂斯因涉嫌毒

---

[1] 不端行为（misconduct，又译为不当行为），《布莱克法律词典》解释为："渎职行为，违法或不当的行为"。关于检察官的不端行为，该词典进一步解释为"检察官不诚实或者企图通过欺诈或不道德手段说服法庭或陪审团的行为"。蓝向东主编：《卓越与底限——美国检察官奖惩机制研究》，中国检察出版社 2015 年版，第 3 页。另外，美国司法惩戒的基准是不端行为，而不是错误判决。错误判决主要是适用法律错误，可以由上诉审予以纠正。下列情形属于不端司法行为：（1）不当法庭言行。如侮辱、威胁、带有偏见性言行。（2）滥用司法职权。典型行为是利用职权为自己或亲朋谋利。有一个法官在监护权案以掷硬币的方式决定孩子跟谁过圣诞节。（3）其他不当司法行为。忘记做笔录、严重超期、单方接触、发表不当言论、不当接受礼物、拒绝公开财产。（4）不当业外行为。美国鼓励司法人员参加公益类业外活动；对商业行为采取谨慎的态度；对有碍司法公正和正义的业外活动，予以明确禁止。胡田野："美国法官惩戒制度的评价与借鉴"，载许身健主编：《法律职业伦理论丛》（第二卷），知识产权出版社 2015 年版，第 119 页。

[2] 蓝向东主编：《卓越与底限——美国检察官奖惩机制研究》，中国检察出版社 2015 年版，第 1～3 页。

品犯罪和假冒商品犯罪等七项指控被逮捕。由联邦助理检察官布鲁斯·欣谢尔伍德（Bruce Hinshelwood）负责起诉。检方采信了26名联邦毒品重罪犯的证言，他们证实莱昂斯卖给他们价值超过600万美元的可卡因。因莱昂斯不认罪，该案交由陪审团审理。陪审团几乎用了一周的时间听取上述证人的当庭陈述。其中一名证人称，在奥兰多经营服装和夜总会的莱昂斯甚至企图唆使他去杀死两名提供毒品的人。2001年11月26日，陪审团认定了全部针对莱昂斯的指控，其中最严重的是有关持有和贩卖毒品犯罪的指控。但此案没有单独的证据佐证证人证言：既没有起获的毒品和其他非重罪犯的证词，也没有窃听证据以及磁带录音。莱昂斯收到若干服刑证人的来信，他们称检察官和他们有过接触，但是他们拒绝作伪证以换取减刑。在庭审中，检察官隐匿了大量有利于莱昂斯的无罪证据，且在上诉审中也迟迟不移送相关证据。直到2004年，即莱昂斯被羁押的第3年，一份缓刑官向法庭出具的量刑建议报告的字里行间透露出该案存在未开示的无罪证据的信息，真相才逐渐浮出水面。这一线索引起了莱昂斯的律师罗伯特·贝利（Robert Berry）的注意，他怀疑自己还有一些没有被告知的事实，并最终"挖掘"出检察官尚未开示的数百页的其他证据。原来，联邦检察官隐瞒了相关事实。如26名证人之一的囚犯戴维·莫瑟（David Mercer）曾向FBI侦探供认"3年来每周两次面对面地与莱昂斯进行毒品交易，先后购得5公斤强效可卡因"，但在第一次讯问后警方组织的辨认中，他几乎很难从诸多的照片中认出莱昂斯。此外，为说明证言的可靠性，莫瑟还说自己从圣彼得堡驾车到奥兰多莱昂斯处购买毒品时因交通违章而受到处罚，而他在第一次向FBI侦探供述的则是自己驾车前往马丁郡运送毒品时受到交通违章处罚，根本就没有谈到"莱昂斯"这个人。检察官并没有将这一事实告诉陪审团。2004年3月14日，联邦政府作出妥协并准备撤回大陪审团对莱昂斯贩卖毒品的指控，宣称将不申请对莱昂斯案重新审理并考虑撤回起诉。联邦上诉法院准许该动议。10天后莱昂斯被获准保释。至此，莱昂斯已被关押1003天。2010年7月，美国联邦地区法院宣布莱昂斯无罪，理由"证实莱昂斯有罪的证人即便不是被鼓励也是在默许的情况下，在向法庭宣誓后撒了谎"。最后，莱昂斯获得14万美元的赔偿金,并获得后来接手此案的检察官李·本特利(Lee Bentley)以个人名义所作的道歉。而导致错案的检察官布鲁斯·欣谢尔伍德(Bruce Hinshelwood)在事后接受采访时,拒绝透露他是否被追究责任,只是说已责成佛罗里达州律师协会安排他接受为期一天的道德标准学习班培训。

　　检察人员发生违纪行为,甚至走上违法犯罪道路,往往是道德防线首先被打开缺口。从中我们不难看出检察官职业道德建设的必要性。[①] 加强检察官职业道德建设不仅是推进检察队伍建设的基础性工作,有助于指导检察官在本职岗位上确立崇高的工作目标,培养良好的职业习惯,同时也是推进检察事业全面发展的强大精神动力和思想保证。十八届四中全会强调指出:"全面推进依法治国,必须大力提高法治工作队伍思想政治素质、业务工作能力、职业道德水准,着力建设一支忠于党、忠于国家、忠于人民、忠于法律的社会主义法治工作队伍,为加快建设社会主义法治国家提供强有力的组织和人才保障。"

[①] 有人认为强化检察官职业道德必要性在于:一是履行法律监督职能的需要。检察机关的监督权力由具体检察官个人针对个案行使,检察官的敬业精神等道德素养状况直接影响监督的力度和效果。二是妥当行使追诉裁量权,提升检察工作公信力的需要。裁量的过程,是检察官运用知识、经验、道德素养、良知对具体案件事实进行综合判断的过程。由于人为操作的空间较大,这些案件处分的合法性和妥当性,在很大程度上依赖于检察官的职业道德素质。三是树立接近于公众的一般价值观需要。司法为实现公正这一目标,就必须关注公众渴望公开和公正的要求。公众期望司法实现其所能认识到的一般的价值观。如果想实现法律的平等和公正,检察官就必须超越自身的人生经历,使自己对法律的理解不是服从于个人偏狭的见解,而是更接近于一般公众的价值观。四是实现检察为民理念的需要。现代司法的主要任务,是保障每一个人都应当得到社会尊重,使其幸福的生活,享有公平、公正地适用法律等方面的人权,以及法律赋予公民的其他方面的权利。尊重他人本身,即是一种道德素养。详见金文彤:"检察职业道德面临的冲突与对策",载《青海师范大学学报》(哲学社会科学版)2003年第5期,第31~32页。也有人认为检察官职业道德的价值表现于三个方面:首先,检察官职业道德能够保障检察权正常运行。良好的道德是执法的基础,有助于降低法律的实施成本,增加法律实施的效力。检察官职业道德融法律精神与道德伦理为一体,可以使法律实施变成体现公平、正义与效率的制度安排,是确保检察权正常运行、实现依法治国的有力保障。其次,检察官职业道德能够规范检察官职业行为和个体活动。检察官职业道德能够使检察官们适应现代化、市场化、法律化社会生活的需要,增强其独立自主意识、竞争意识、效率意识、民主法制意识和开拓创新意识等,有助于提高检察官的思想道德与精神境界,使检察官成为一个人格高尚的人。这是检察官作为人立于社会的根本。最后,检察官职业道德能够引导社会道德。由于检察官职业的特殊性以及这种职业道德所贯穿的服务于社会的精神,使它同时拥有丰富的社会道德内涵,在社会道德的建设中具有引导示范的效应。详见王艳敏:"检察官的职业道德建设",载《国家检察官学院学报》2009年第5期,第68页。

（三）法律思维与检察官职业道德

法律思维的特殊性，更加凸显了检察官职业道德的必要性。

思维是职业技能中的决定性因素；法律思维方式是法律职业区别于其他职业的特殊性之所在。对法律思维的特点，我国学者见仁见智。孙笑侠将法律思维特征归纳为以下五个方面：① 第一，运用术语进行观察、思考和判断；第二，通过程序进行思考，遵循向过去看的习惯，表现得较为稳妥，甚至保守；第三，注重缜密的逻辑，谨慎地对待情感因素；第四，只追求程序中的真，不同于科学中的求真；第五，判断结论总是非此即彼，不同于政治思维的"权衡"特点。郑成良认为：法律思维方式具有诸多特殊之处，其中至少有以下六个方面属于至为重要的区别：② （1）以权利义务为线索。一切法律问题，说到底都是权利与义务问题，法律思维的实质就是从权利与义务这个特定的角度来观察问题、分析问题和解决问题。（2）普遍性优于特殊性。对普遍性的考虑是第一位的，对特殊性的考虑是第二位的，原则上，不允许以待决问题的特殊性来排斥既定规则的普遍性。（3）合法性优于客观性。法律思维推导出的法律结论建立于合法性的基础上，而不是客观事实的基础上。（4）形式合理性优于实质合理性。（5）程序问题优于实体问题。法律对利益和行为的调整是在程序中实现的，如果违反法定强制性程序，即使符合实体法的规定，也不能引起预期的法律效果。（6）理由优于结论。法律思维的任务不仅是获得处理法律问题的结论，而且，更重要的是提供一个能够支持所获结论的理由。陈金钊将法律思维的特点概括为以下五个方面：③ （1）规范性思维方式。它强调只有按照法律规范所要求的行为方式去行为，才能得到法律的充分保护。（2）站在人性"恶"的立场上思考一切问题的思维方式。其实质就是用法律规则克服人性恶的弱点。（3）求实的思维方式。即用法律规则所陈述的模型事实去衡量得出的具有法律意义的事实。（4）利益性思维方式。（5）确定性的单一思维方式。它体现的是以法律规则为前提的形式逻

① 孙笑侠："法律家的技能与伦理"，载《法学研究》2001 年第 4 期，第 8～11 页。
② 郑成良："认法治理念与法律思维"，载《吉林大学社会科学学报》2000 年第 4 期，第 7～10 页。
③ 陈金钊：《法治与法律方法》，山东人民出版社 2003 年版，第 103～104 页。

辑的推理方式。尽管学者作出了不同的概括与归纳，但究其实质，法律思维就是一个适用法律的过程；也就是根据法律规定的一般规则，结合具体案件的特殊事实，得出结论的演绎推理的过程。在这个过程中，要确保结论的真理性，前提是否真实是至关重要的。英国法哲学麦考密克说过：[①]"如果前提为真那么结论必为真，这是一个有效的论证所需要的。但是，逻辑本身不能保证前提的真实性。前提是否真实乃是（或至少可能是）一个经验问题。"影响前提真理性的经验问题主要涉及两个要素：其一是对一般规则的认识与解读，其二是对事实的判断与认定。

而法律规定本身的意义往往是模棱两可的，即便看起来清楚、明确的法律规则，也经不起现实生活中具体案件的拷问，因此，在具体适用时需要进行解释。法律解释则有不同的方法。詹姆斯·安修在其《美国宪法判例与解释》一书中所提及的宪法解释方法可谓五花八门，宪法解释的指南（或准则）竟达 50 种之多，每一种解释方法之下又有不同的纲目。仅就根据制宪者的意图解释而言，确定制宪者意图的方式就达至 14 种。[②] 不同法律解释方法自然会得出不同的解释结论，而方法的选择与解释目的有关。惠廷顿说：[③]"对一种解释方法的选择，实际上需要外在于解释本身的证立理由。"苏力教授说：[④]"司法中的所谓'解释'，就其根本来看不是一个解释的问题，而是一个判断问题。""司法的根本目的并不在于搞清楚文字的含义是什么，而在于判定什么样的决定是比较好的，是社会可以接受的。"解释目的的确立又不能不与解释者的价值观、意识形态、伦理道德观等发生必然的联系。美国联邦最高法院法官人员构成的变化与宪法解释方法之间的关联，即是一个很好的例证。近年来，美国联邦最高法院人员构成发生了变化，2005年持中立立场的奥康纳大法官辞职以及首席大法官伦奎斯特逝世后，具有

---

① ［英］尼尔·麦考密克：《法律推理与法律理论》，姜峰译，法律出版社 2005 年版，第 23 页。
② ［美］詹姆斯·安修：《美国宪法判例与解释》，黎建飞译，中国政法大学出版社 1999 年版，第 67 页以下部分。
③ ［美］基思·F. 惠廷顿：《宪法解释：文本含义，原初意图与司法审查》，杜强强等译，中国人民大学出版社 2006 年版，第 45 页。
④ 苏力："解释的难题：对几种法律文本解释方法的追问"，载梁治平编：《法律解释问题》，法律出版社 1998 年版，第 58 页。

保守倾向的约翰·罗伯茨进入联邦最高法院并出任首席大法官，这使得坚持原旨主义的大法官在联邦最高法院占据了多数的地位，从而使得原旨主义解释在联邦最高法院具有抬头的趋势。① 2015 年美国联邦最高法院关于同性恋婚姻合法化的判决和异议判决再次向世人显示出法律解释的多元性。法律规范的模糊，加之人们对法律或严格或宽松或主观或客观的解释，致使法律成为"任人打扮的小姑娘"，"一法二解"甚至"一法多解"也是常有之事。个别检察官就会借此大做文章，以不同见解为名，行贪赃枉法之实。毛建平案即是一例。②

2008 年 3 月，重庆市公安局以涉嫌非法拘禁、串通拍卖罪对黑社会团体头目陈某进行刑事拘留。陈某的辩护律师通过关系找到毛建平，要求对陈某案件予以照顾。在检察院研究讨论涉黑犯罪嫌疑人陈某案件时，毛建平不顾侦查机关多次要求"对陈进行逮捕以便于侦查"的建议以及检察机关侦查监督部门负责人认为对陈某应当批准逮捕的意见，提出"证据不足，不予批捕"的意见，陈某因此于 2008 年 4 月被取保候审，成功"滑脱"。为此，毛建平收受了律师送来的 20 万元人民币。

法律规则如此，而案件事实又如何呢？

案件事实更是扑朔迷离。在法律上，案件事实是依靠证据加以证明的。依拉伦茨所言：③"在判决的事实部分出现之'案件事实'，是作为陈述的案件事实。"而事实上，"被陈述出来"的证据往往是含混的，或证据间充满矛盾，甚至某个证据前后也说法不一。另外，拉伦茨还提醒我们必须留意：④"案件事实是以日常用语来描述，而法律用语则包含诸多抽象的专业用语及概念。"这些都需要"去伪存真"，需要"裁剪"，需要重新界定，从而对案件事实作出法律上的判断。并且退一万步来说，即便是确凿的证据可以呈现

① 侯学宾："美国宪法解释中的原旨主义：一种学术史的考察"，载《法制与社会发展》2008 年第 5 期，第 132 页。
② 李广成主编：《检察人员廉洁守纪指南》，中国检察出版社 2012 年版，第 61 页。
③ 〔德〕卡尔·拉伦茨：《法学方法论》，陈爱娥译，商务印书馆 2004 年版，第 160 页。
④ 〔德〕卡尔·拉伦茨：《法学方法论》，陈爱娥译，商务印书馆 2004 年版，第 153 页。

清楚的事实，但对这个事实应如何认定，也是一个不小的难题。陆勇案①可为典型。因此，案件的结论往往不是唯一的。这就使法律结论往往带有"主观色彩"。波斯纳认为：②"政治权力、私人友谊、意识形态以及偶然的运气所起的作用太大了。因此，不能把法院系统视为一帮子圣洁的天才和英雄，他们并不神奇，不会不受自我利益的牵引。"弗兰克更是认为不存在法官的客观性判断，他指出：③"司法判决是由情绪、直觉的预感、偏见、脾气以及其他非理性的因素决定的。因此，法律规则方面的知识在观测某个特定法官所作的判决几乎不能提供什么帮助，在作出一个特定的判决（裁判、命令或裁定）以前，没有人会知道在审理有关案件或有关特定情形、交易或事件时所适用的法律。"当我们将波斯纳和弗兰克上述表述中的"法官"换成"检察官"时，对他们的最终结论或判断恐怕也不会有丝毫的影响。在美国哥伦比亚特区，上诉法院曾作出这样的判决：④ 有必要在经过一段时间之后撤回

———————————

① 2002 年，陆勇被查出患有慢粒性白血病，需要长期服用抗癌药品。我国国内对症治疗白血病的正规抗癌药品"格列卫"系列系瑞士进口，每盒需人民币 23500 元，陆勇曾服用该药品。为了进行同其他病患者的交流，相互传递寻医问药信息，通过增加购同一药品的人数降低药品价格，陆勇从 2004 年 4 月开始建立了白血病患者病友网络 QQ 群。2004 年 9 月以后，陆勇服用由印度生产的同类药品。陆勇通过自己服用一段时间后，觉得印度同类药物疗效好、价格便宜，遂通过网络 QQ 群等方式向病友推荐。随着病友间的传播，从印度赛诺公司购买该抗癌药品的国内白血病患者逐渐增多，药品价格逐渐降低，直至每盒为人民币 200 余元。为支付便利，2013 年 8 月间，陆勇先后在互联网上以"SAMCHINA680406"名义从"诚信卡源"的淘宝店主郭××（另案处理）手中以 500 元每套的价格购买了 3 套他人身份信息的银行卡。陆勇购买了这 3 张卡以后使用了 1 张卡名为夏××的农业银行卡为病友购药转账到印度赛诺公司指定的张××账户。陆勇为病友们提供的帮助全是无偿的。对所购买的 10 余种抗癌药品，有 3 种药品经益阳市食品药品监督管理局出具的相关鉴定，系未经我国批准进口的药品。公安机关以陆勇涉嫌妨害信用卡管理罪、销售假药罪，移送检察机关审查起诉。检察机关认为，陆勇的购买和帮助他人购买未经批准进口的抗癌药品的行为，违反了《中华人民共和国药品管理法》的相关规定，但陆勇的行为不是销售行为，不符合《中华人民共和国刑法》第 141 条的规定，不构成销售假药罪。陆勇通过淘宝网从郭××处购买 3 张以他人身份信息开设的借记卡，并使用其中户名为夏××的借记卡的行为，违反了金融管理法规，但其目的和用途完全是白血病患者支付自服药品而购买抗癌药品款项，且仅使用 1 张，情节显著轻微，危害不大，根据《中华人民共和国刑法》第 13 条的规定，不认为是犯罪。根据《中华人民共和国刑事诉讼法》第 15 条第（1）项和第 173 条第 1 款的规定，决定对陆勇不起诉。详见湖南省沅江市人民检察院沅检公刑不诉〔2015〕1 号不起诉决定书。

② ［美］波斯纳：《超越法律》，苏力译，中国政法大学出版社 2001 年版，第 28 页。

③ ［美］博登海默：《法理学：法律哲学与法律方法》，邓正来译，中国政法大学出版社 1999 年版，第 154 而。

④ 案例见［美］门罗·弗里德曼：《对抗制下的法律职业伦理》，吴洪淇译，中国人民大学出版社 2017 年版，第 116 页。

同一名检察官对某嫌疑人所确定的几项定罪，这些定罪都是其在总结陈词阶段通过煽动性语言所导致的。可见，检察官在履职过程中也不免有非理性的、情绪化的行为。

由于检察职业的专业性、检察工作与人权保护关系的紧密性、检察事业与国家法治建设意义的重要性，检察官职业道德与其他职业相比，更有其特殊之处。张森年教授将检察官职业道德的特殊性概括为以下三点：[①] 首先，责任性更大。检察官是法律监督者，其权力更大，相应地其承担的责任也就更大。其次，示范性更特殊。检察官肩负执行法律、监督法律的双重使命，其职业道德的优劣，直接关系到司法工作是否能够廉洁高效地运行，并对公共利益、国家利益产生重大影响。最后，强制性更高。职业道德的实行固然离不开"自律"，但更主要的是依靠强制性较高的"他律"。因为对于检察官来说，违背职业道德就意味着以权谋私、贪赃枉法、玩忽职守和滥用职权，就是对法律的亵渎和对法律权威的挑战。正人先正己。监督者要自身强自身硬。笔者认为，检察官职业道德不仅责任性更大，示范性更特殊，而且要求也更高。以未经批准获取境外永久居留资格的行为来说，检察纪律处分较公务员处分更为严厉。《行政机关公务员处分条例》第18条按照比例原则，根据不同情节，给予不同处分，有未经批准获取境外永久居留资格行为的，"给予记大过处分；情节较重的，给予降级或者撤职处分；情节严重的，给予开除处分"。而检察人员如果有上述行为，对其处分则没有情节区别，一律开除处分[②]。另外，检察官职业道德虽然离不开他律的强化和约束，但较其他职业具有更高的、更严格的自律性。职业道德产生和存在的目的就在于规范和约束履职行为，保障职务行为的行使符合职权设立的初衷，一般来说职务外行为不在职业道德规范调整范围之内。但为打造过硬队伍，从严治检，检察机关在1999年就提出"要把思想政治工作延伸到八小时之外，正确引导干警的业余活动，开展经常性的家访，发挥'贤内助'和'廉内助'作用"[③]。2009

---

① 张森年主编：《司法职业道德概论》，广西师范大学出版社2009年版，第154页。

② 《检察人员纪律处分条例》（2016年）第72条规定："违反有关规定取得外国国籍或者获取国（境）外永久居留资格、长期居留许可，非法出境，或者违反规定滞留境外不归的，给予开除处分。"

③ 韩杼滨："强化法律监督，深化检察改革，把充满生机与活力的检察事业全面推向新世纪——1999年12月22日在全国检察长工作会议上的报告"，载《中国检察年鉴》（2000），中国检察出版社2007年版，第43页。

年 1 月 21 日、2013 年 9 月 30 日最高人民检察院分别发布《禁酒令》(2018 年修订)和《检察人员八小时外行为禁令》,将检察人员的部分职务外行为纳入职业道德调整范围,体现从严治检的原则,彰显自律的品格操守。

二、职业道德的成文化

道德①与法律同为调整人们行为和生活的一种规范和约束,它们之间有着密切的关系。哈特认为:②"法律与道德之间有着许多不同类的关系,没有什么东西能够让我们富有意义地挑选出来,以作为它们之间特定关系来研究。"因此,"不容认真争辩的是,法律在任何时候和任何地方的发展,事实上既受特定社会集团的传统道德、理想的深刻影响,也受到一些个别人所提出的开明的道德批评的影响,……"其实哈特这段话是告诉我们,道德规范与法律规范有相当大的重合度,"即法律制度必须展示出与道德或正义的某些具体的一致性,我必须依靠我们有服从法律制度的道德义务这种广为流传的信念。"换言之,就是许多规范不仅是道德规范同时也是法律规范,道德和法律互为保障。尽管如此,哈特仍然认为关于法律与道德的关系,还有许多问题应去考虑,法律与道德之间存在着"不能共有的某些特点"③,包括:重要性、非有意改变、道德罪过的故意性、道德强制的形式④。如果说"重要性"强调了道德的内在规定性、"罪过的故意性"指出了道德的归责原则,

---

① 何怀宏认为:"一般来说,'道德'与'伦理'大多数情况下都是被用作同义词的。它们有微殊而无迥异。除了某些哲学家那里之外,这对词在后来的用法中也更多地接近而不是分离。无论如何,两个概念的趋同还是主流,我们在日常和理论上的使用也基本上还是大致可以遵循这一主导倾向。"见何怀宏:《伦理学是什么?》,北京大学出版社 2002 年版,第 14 页。笔者认同何怀宏教授的观点,本书中"伦理"与"道德"作同一词使用。

② [英]哈特:《法律的概念》,张文显等译,中国大百科全书出版社 1996 年版,第 181 页。

③ [英]哈特:《法律的概念》,张文显等译,中国大百科全书出版社 1996 年版,第 169 页。

④ 哈特认为:(1)就所有法律规则的地位来说,其重要性并不像道德规则的地位那样突出;(2)道德不能像法律那样由立法文件直接改变,不能通过有意识的选择或制定而废止或改变;(3)道德罪过的故意性,即指如果一个其行为从外在判断已经触犯了道德规则或原则的人成功地证实他这样做是无意识的,并证实他做了对他来说可能采取的每一种预防措施,他就会被免除道德责任;(4)在道德方面,典型的强制形式是唤起人们对规则的尊重,这种尊重因其自身的重要性而被推定为是受道德调整的人们共有的。道德强制不是通过威胁或借助惧怕或利诱所施加。[英]哈特著:《法律的概念》,张文显等译,中国大百科全书出版社 1996 年版,第 170~177 页。

那么，"非有意改变"和"强制的形式"则凸显了道德"外在"特征，即：非成文性和良心制裁。凯尔森在讲到法律与道德的区别时恰恰也是着眼于外在特征。他说：[①] 法律与道德就手段方面，"使用了很不同的技术"，法律禁止杀人是通过规定"如果一个人犯杀人罪，那么由法律秩序所选定的另一个人就应对杀人者适用由法律秩序所规定的某种强制措施"。与法律相反地，道德禁止杀人，其一不是由成文的规范所规定的；其二效力源于内心，体现在同伴的道德谴责。[②] 法律的约束源于客观法，是直接的、刚硬的；道德的约束源于主观法，是间接的，较温和的。

作为主观法的道德，是对人们行为应当达到的境界（包括善良意志和正确目的或动机）的表达，它更倾向于个人的感受、更含主观、个体、个人的意味。因此，主体角色的责任处于一种模糊或者可辩论的状态。特别是现代人，在社会生活中担负着不同的角色，是"道德人""自然人""政治人""经济人"的"矛盾统一体"[③]，不同角色间的责任有时会发生冲突，这时主体责任具有相当的不确定性。当一人进入检察机关成为检察官之时，他也就在其原有的社会关系中多了一种身份——检察官。在诸多的身份背后，承载着各不相同的法律责任、伦理责任。中国古人常说的忠孝不能两全，大抵就是说的是多重身份的伦理冲突。就职业身份而言，每一种职业和职务都体现着社会关系的三个要素——责、权、利，即每种职业都意味着承担一定的社会责任，每种职业都意味着享有一定的社会权力，每种职业都体现和处理着一定的利益关系。[④] 以"依法行使国家检察权"为自己角色定位、以"忠实执行宪法和法律，全心全意为人民服务"为价值追求的检察官，一方面享有

① ［奥］凯尔森：《法与国家的一般理论》，沈宗灵译，中国大百科全书出版社1996年版，第20页。

② 霍桑的小说《红字》中有一段关于道德惩处的描写。海丝特·白兰因与人通奸，而受到宗教法庭的审判。法庭对海丝特既没有判处监禁也没有判处罚款，而是宣判在她的衣服上绣个字母"A"。霍桑写道："那个象征物，或者可以说由它表明的社会地位，在海丝特·白兰本人的心灵上，产生了强烈而奇特的影响。她性格中一切轻柔优美的枝叶，都已被这个烙铁般火红的印记烧得枯萎，脱落精光，只剩下一个光秃秃粗糙的轮廓……"

③ 陈国权、李院林："论责任政府的基本属性"，载《社会科学战线》2008年第2期，第203页。

④ 蔡志良：《职业伦理新论》，中国文史出版社2005年版，第51～54页。

法律所赋予"履行检察官职责应当具有的职权和工作条件""依法履行检察职责不受行政机关、社会团体和个人的干涉""非因法定事由、非经法定程序，不被免职、降职、辞退或者处分"等各项权利；另一方面也有自己应有的权益，如"获得劳动报酬，享受保险、福利待遇""人身、财产和住所安全受法律保护""参加培训""提出申诉或者控告""辞职"等。检察官既是代表个人利益的"自然人""公民"，又是代表国家利益和公共利益的"公益代表"，行使国家检察权的国家公职人员。检察官集多种身份于一身，严格来说，在特定时间特定场合应以特定身份出现，时间变化，场合变化，身份亦随之变化。但人的行为、人的思维具有一定的连贯性，甚至固化为定式，这就容易造成了公职人员角色意识的模糊、混淆。对这种"异位""错位"的表现形式，有人进行了归纳分析：① （1）在与民众关系上，认为自身是主人，民众是仆人。颠倒了人民和政府的关系，从而也颠倒了自身和普通民众的关系。（2）是为公还是为私，一些公职人员思想异化，将权力私有化，为所欲为，为自身谋取私利。（3）应有职责和不当职责，一些公职人员区分不清。不同的身份，有着不同的利益诉求。因此，身为公职人员的检察官时常会遭遇这样的困境：在公共利益与自身利益发生冲突的场合，是选择公共利益放弃个人利益，还是选择个人利益放弃公共利益。即便面对公共利益时，同样还会遇到道德抉择困境。检察官的职业角色是要处理相互冲突的价值观和利益追求，比如诉讼程序中两造的诉讼请求往往就代表交织复杂和冲突的多种价值观，使得居中裁判的法律职业者，时常处于道德冲突的旋涡之中。如何让这种主体责任具有确定性和可操作性，正是伦理学要解决的难题。

霍布斯在论述君主政体与民主政体贵族政体的不同时，特别提及：② "不论任何人承当人民的人格，或是成为承当人民人格的会议中的成员时，也具有其本身的自然人身份。他在政治身份方面虽然留意谋求公共福利，但他会同样或更多地留意谋求他自己以及他的家属和亲友的私人利益。在大多数情

---

① 刘光顺、吕永超："角色伦理与官德建设"，载《社会科学论坛》2014 年第 9 期，第 205 页。
② ［英］霍布斯：《利维坦》，黎思复译，商务印书馆 1986 年版，第 144 页。

况下，当公私利益冲突的时候，他就会先顾个人的利益，因为人们的感情的力量一般来说比理智更为强大。"卢梭也洞察到行政官个人身上有三种本质不同的意志，他说：① "首先是个人固有的意志，它仅只倾向于个人的特殊利益；其次是全体行政官的共同意志，唯有它关系到君主的利益，我们可以称之为团体的意志，这一团体的意志就其对政府的关系而言则是公共的；就其对国家——政府构成国家的一部分——的关系而言则是个别的；第三是人民的意志或主权的意志，这一意志无论对被看作全体的国家而言，还是对被看作全体的一部分的政府而言，都是公意。"毋庸置疑，更无需大惊小怪，这是人性中的利己性使然。公共选择理论的代表人布坎南指出：② "个人的行为天生要使效用最大化，一直到他们遇到的抑制为止……个人必须要像预计或期望那样，追求增进他们的自己利益，即狭义的以纯财富状况衡量的自己利益。"为了克服公职人员的利自主义倾向，防止以个人意志和利益代替公共意志和利益，霍布斯和卢梭给出了不同的解决方案。

霍布斯认为：③ "公私利益结合得最紧密的地方，公共利益所得到的推进也最大。在君主国家中，私人利益与公共利益是同一回事。君主的财富、权力、和尊荣只可能来自人民的财富、权力和荣誉。"卢梭认为：④ "在一个完美的立法之下，个别的或个人的意志应该是毫无地位的，政府本身的团体意志应该是极其次要的，从而公意或者主权的意志永远应该是主导的，并且是其他一切意志的唯一规范。"在一个与完美立法状态相反的情况下，公意便总是最弱的，团体的意志占第二位，而个别意志则占一切之中的第一位。因此之故，政府中的每个成员都首先是他自己本人，然后才是行政官，再然后才是公民。"立法者的艺术就正是要善于确定这样的一点：使永远互为反例的政府的力量与政府的意志，得以结合成为一种最有利于国家的比率。"⑤ 不难看出，霍布斯极为推崇君主制。但君主制已成为历史；霍

──────────

①　［法］卢梭：《社会契约论》，何兆武译，红旗出版社 1997 年版，第 110～111 页。

②　［美］詹姆斯·M. 布坎南：《自由、市场和国家》，吴良健等译，北京经济学院出版社 1988年版，第 23 页。

③　［英］霍布斯：《利维坦》，黎思复译，商务印书馆 1986 年版，第 144 页。

④　［法］卢梭：《社会契约论》，何兆武译，红旗出版社 1997 年版，第 111 页。

⑤　［法］卢梭：《社会契约论》，何兆武译，红旗出版社 1997 年版，第 113 页。

布斯的方案无济于事。卢梭完善立法的方案，对我们来说倒是颇有建设意义。

另一方面，社会的发展也使道德与法律的关系发生着悄然的变化。前资本主义时期，法律更多地表现为宗教法，道德与法律也具有更多的通约性。如哈特所指出的那样：[①] "在人类社会的原始阶段，根本就没有明确规定的'确认规则'，而这些规则是用以确定某些规则为'法律规则'并使这些法律规则区别于其他类型的规范（如道德规范或宗教禁忌）。"正是借助宗教神谕的力量，良知的命令，那时期的统治秩序得以维持。尼采宣布上帝死亡之后，神谕的力量随之减弱，良知的命令随之取消。一切道德和自然、年龄和性别、白天和黑夜的界限都被打破了。唯有资本在狂欢。人们终于不得不冷静地直面他们生活的真实状况和他们的相互关系。他们相互关系是什么呢？

马克思在《共产党宣言》中指出：[②] "它（资产阶级）无情地斩断了把人们束缚于天然尊长的形形色色的封建羁绊，它使人和人之间除了赤裸裸的利害关系，除了冷酷无情的'现金交易'，就再也没有任何别的联系了。它把宗教虔诚、骑士热忱、小市民伤感这些情感的神圣发作，淹没在利己主义打算的冰水之中。它把人的尊严变成了交换价值，用一种没有良心的贸易自由代替了无数特许的和自力挣得的自由。总而言之，它用公开的、无耻的、直接的、露骨的剥削代替了由宗教幻想和政治幻想掩盖着的剥削。""资产阶级抹去了一切向来受人尊崇和令人敬畏的职业的神圣光环。它把医生、律师、诗人和学者变成了他出钱招雇的雇用劳动者。资产阶级撕下了罩在家庭关系上的温情脉脉的面纱，把这种关系变成了纯粹的金钱关系。"没有了永恒，似乎一切皆为可能。但社会实践证明有一件事不可能，那就是单纯依靠外在的强制力量，法治是不可能实现的。国家和社会治理需要法律和道德共同发挥作用，以法治体现道德理念、强化法律对道德建设的促进作用，以道德滋养法治精神、强化道德对法治文化的支撑作用。日本学者川岛武宜指出：[③]

---

① 转引自博登海默：《法理学：法律哲学与法律方法》，邓正来译，中国政法大学出版社 1999 年版，第 375 页。
② 马克思、恩格斯：《共产党宣言》，人民出版社 2014 年版，第 30 页。
③ ［日］川岛武宜：《现代化与法》，申政武等译，中国政法大学出版社 1996 年版，第 52 页。

"说法律生活的近代化，绝不只意味着引进近代国家的法制进行立法"而关键在于"把这种纸上的'近代法典'变为我们生活现实中的事实"。现代法治的实现离不开人们对法律价值内化而产生的内生性信仰和积极守法精神。系统理论告诉我们，① 价值系统自身不会自动地实现，而要"依靠制度化、社会化和社会控制一连串的全部机制"。道德的制度化、成文化便成为现代法治实现的一种必然要求。有人就明确指出：② "道德固然是一种内在自觉的秩序，但仅有以直觉、情感和良知为基础的元伦理是不够的。只有诉诸规范伦理，良好的伦理秩序方能建立。而规范伦理构建的一个重要的过程，就是伦理价值的制度化。"

1836 年美国法律伦理之父——霍夫曼，在其《法律课程》一书写入《律师专业行为的五十项决议》，尝试着以条文形式将不成文的道德规范明示出来。③ 1854 年美国宾夕法尼亚州法官乔治·谢伍德出版《论专业伦理》，对法律伦理的内容进行更为详细的探讨。1887 年美国阿拉巴马州订立《阿拉巴马伦理守则》。在上述基础之上，1908 年美国律师协会制定《专业伦理准则》，开启检察官职业道德制度化的先河。中国检察官职业道德建设可以追溯到 1913 年中华民国司法部颁发的《将所属各员密加查察令》。该法令要求所属各级单位对于检察官办案作法有所训令指示，要求检察官"不得有列举出来"的不符合伦理规范之行为。其后于 1928 年最高法院检察署颁布《检察官应奋发从公令》，要求检察官"意存宽大而不可流于枉纵，案无积压而不可流于粗疏……欲求廉洁政府之实现，必以纠弹贪官污吏为前提，职责所关弥形重大……不可放弃职权，亦不得滥用职权"。吴嘉生教授认为：④ 上述训令虽为"训示性要求"，但已包含毋枉毋纵，勿弃权勿滥权，追求廉洁，整饬风纪等检察官伦理规范的实质内涵。

透过制度化，明确了检察官履职行为的基本准则和规范标准，把检察官

---

① ［美］T·帕森斯：《现代社会的结构与过程》，梁向阳译，光明日报出版社 1998 年版，第 141 页。

② 李洁珍："论伦理秩序、法治秩序与公民意识"，载《求实》2007 年第 5 期，第 54 页。

③ ［美］布莱恩·肯尼迪：《美国法律伦理》，郭乃嘉译，商周出版社 2005 年版，第 23 页。

④ 吴嘉生编著：《法律伦理专论》，一品文化出版社 2011 年版，第 263～264 页。

单纯的个体道德提升为检察队伍整体的道德规范，把道德的价值和意义从个体的直觉和良心的自在状态提升到检察官群体共同的原则和规范的自觉状态。同时，检察官职业道德厘定了检察官应担当的伦理责任，确立"优先原则"，即检察官在履行职务过程中，如果公共利益与个人利益发生冲突，应以公共利益为先，从而为检察官正确履行宪法法律赋予的职责，满足人民群众新期待新要求，提供优质检察产品提供了精神力量和内生动力。

三、我国检察官职业道德建设的历程

（一）研究基础：一个成果综述

中华人民共和国成立后，检察机关十分重视检察官职业道德建设，特别是检察机关恢复重建以来，始终将检察官职业道德建设作为加强自身建设和提升执法公信力的"基础性工程"，常抓不懈。历经四十年的深耕，硕果累累。但对于我国检察官职业道德建设发展阶段的划分，学者有不同认识。需要特别说明的是，作者检索到的两个文献均发表于 2014 年。2016 年的《检察官职业道德基本准则》不在他们的研究范围。

有人认为应分为三个阶段：① 第一阶段是 1995 年《检察官法》制定以前。这个时期检察机关快速实现从恢复到壮大，是检察机关扩权的时期，产生了检察官职业道德的"萌芽"。其间，在加强检察队伍建设方面，最高人民检察院虽然开始提出了一些纪律性规定，如 1989 年颁布实施的"八要八不准"检察人员纪律，但是没有上升到检察官职业道德标准上来，只能算是检察官职业道德的"萌芽"。第二阶段是以《检察官法》实施为标志，检察机关进一步加强了组织纪律建设，检察官职业道德雏形初现。《检察官法》第三章"义务和权力"部分，第一次明确提出检察官职业道德问题，要求检察官做到"清正廉明，忠于职守，遵守纪律，恪守职业道德"。随着《检察官法》的颁布实施，检察官职业道德问题也被提上了议事日程，建立完善的检察官职业道德规范成为新时期检察官队伍建设战略重点之一。最高人民检察

---

① 李自民："检察官职业道德溯源"，载《河南法制报》2010 年 4 月 14 日。

院随后以纪律的形式,相继出台《关于加强检察机关领导班子建设的意见》《九条硬性规定》和《关于加强基层检察院建设的意见》等检察人员职业纪律。这些文件,为检察队伍的职业道德建设提出了良好条件,奠定了坚实基础。2002 年 2 月,最高人民检察院出台《检察官职业道德规范》,提出检察官职业道德是检察官在职业活动中应遵循的基本行为准则,规定了"忠诚、公正、清廉、严明"的八字规范。第三阶段是检察官职业道德的完善成熟阶段。随着对检察工作规律的认识不断深入,对建设高素质检察队伍的目标更加清晰。由于《检察官职业道德规范》存在相对原则抽象、操作性不强的缺憾,把检察官职业道德的基本要求细化,提升为执法、司法工作的规则、机制成为当务之急。从 2008 年 10 月开始,最高人民检察院在深入调研、广泛征求意见的基础上数易其稿,历时一年制定了涵盖执法办案全过程以及职务外活动的《检察官职业道德基本准则(试行)》,明确将"忠诚、公正、清廉、文明"作为检察官职业道德规范。

还有人认为对检察官职业道德建设发展历程应进行这样的划分:① 第一阶段,从人民检察院建立到 2002 年,属于探索、摸索阶段。检察官职业道德规范体现在宪法、检察院组织法、诉讼法(尤指刑事诉讼法)、检察官法以及最高人民检察院颁布的诸操作规程等规范性文件中。特别是检察官法明确规定检察官必须忠实执行宪法和法律,全心全意为人民服务。这些虽然不是以专门的规范性文件的形式规定,但毕竟是对检察官职业道德的基本要求。第二阶段,2002 年至 2009 年,职业道德规范阶段。2002 年,最高人民检察院制定了《检察官职业道德规范》和《人民检察院基层建设纲要》,2005 年又出台了《关于进一步深化检察改革的三年实施意见》。其中,《检察官职业道德规范》尤其具有文本价值。第三阶段,2009 年至 2014 年,职业道德"准则"阶段。并认为道德规范与道德准则之间存在着以下差别:② 道德规范比较具体,而道德准则比较抽象、宏观;道德规范调整对象主要是行为,而道德准则不限于规范行为,还包括信念、情感、态度、价值观;道德规范侧重规范外在,而道德准则是外在要求与内在要求的结合。

① 石先钰等:《检察官职业道德建设研究》,华中师范大学出版社 2014 年版,第 15 ~ 16 页。
② 石先钰等:《检察官职业道德建设研究》,华中师范大学出版社 2014 年版,第 17 页。

上述两种划分方式，都有其可取之处，也有可商榷的余地。第一种划分，将纪律纳入道德范畴，没有对两者做严格区分。从理论上讲，一般地认为纪律与道德均为人类调整社会关系的行为规范，两者既有着明显的区别，又有着十分广泛和密切的联系，[①] 至于职业道德与职业纪律之间的关系则更为紧密：一方面两者在内容上相近或交叉，另一方面两者相辅相成，互为基础与保障。如检察官职业道德基本准则要求检察官"坚持为民宗旨，保障人民权益"，"为民"的道德要求是把群众的冷暖时刻放在心中，全心全意为人民服务。"为民"在纪律方面要求检察人员在履职时"不得刁难群众、吃拿卡要""对群众诉求不得消极应付、推诿扯皮""接待群众时不得耍态度""遇到国家财产和人民群众生命财产受到严重威胁时，不得能救而不救"，等等。在检察实践中，尽管职业道德与职业纪律关系密切，甚至有时也把检察纪律作为检察道德的内容，[②] 但通常情况下，两者分别为不同的范畴、属于并列关系。第二种划分，注意到了纪律与道德的不同，但对法律义务与道德义务之间区别没有给予适当的应有的关注，如诉讼法的规定于检察官而言是法律义务；另外，放大了"道德规范"和"道德准则"两者的差别。尽管从用语上讲，规范偏重于行为的"标准"，准则偏重于行为的"原则"，一个较为具体，一个较为抽象。但仅就2002年的《检察官职业道德规范》与2009年的《检察官职业道德基本准则（试行）》来说，无法作出这样的判断。相比较，

---

① 纪律与道德规范的区别主要有：其一，在适用范围上，道德规范适用于全体社会成员，纪律规范只适用于一定社会组织及其成员；其二，在表现形式上，道德规范属于观念形态，是一种无形的精神约束力量，纪律规范通过文字形式表现出来，通过组织约束加以推行，是一种实在、具体的物质强制力量；其三，在主观意愿上，道德行为是人们在主观意愿驱使下的自觉行为，纪律行为则自觉与不自觉兼而有之；其四，在实现方式上，道德的实现依靠人们的内心信念、习俗惯例、社会评价的力量来维护，纪律的实现主要依靠组织强制力量的规范和约束。两者的联系：一是产生于同一母体——原始社会习惯，它们在人类社会中同存共长，并且伴随人类社会发展的始终；二是道德相对纪律，一般比较概括和抽象；三是两者在内容上相互包容、相互渗透；四是两者相互依托、互为保障。余实践：《纪律简说》，天津社会科学出版社2012年版，第60~61页。

② "职业纪律是职业道德的重要内容，也是公正执法、廉洁从检的重要保证。要以纪律教育为基础，以加强管理为重点，以规范执法行为为核心，以制度建设为保证，使全体干警牢固地树立正确的权力观和利益观，严格的执法观和纪律观，做严守纪律的模范，做严格守法的模范，做清正廉洁的模范。"见贾春旺："深入学习贯彻十六大精神，不断提高检察队伍整体素质——2002年12月25日在国家检察官学院第二期检察长续职资格培训班结业式上的讲话"，载《中国检察年鉴》（2003），中国检察出版社2004年版，第42页。

后者倒像"标准"而前者好似"原则"。《检察官职业道德规范》不分条款，全文 164 个字，去掉标点符号后有 139 个字；《检察官职业道德基本准则（试行）》，共六章 48 条，"忠诚""公正""清廉""文明"各独立成章，并有明确的规范要求。

在充分借鉴前述研究成果的基础上，紧扣职业道德这一主题，结合历史背景和时代特征，笔者尝试对我国检察官职业道德建设历程划分为萌芽期、发展期、形成期、完善期。下面分述之。

（二）萌芽期

萌芽期，从 1978 年恢复重建到 1986 年，主要以党的十二大报告和宪法为指导依据。

1979 年 9 月 29 日叶剑英《在庆祝中华人民共和国成立三十周年大会上的讲话》中首次提出"精神文明"的概念。他说："我们要在建设高度物质文明的同时，提高全民族的教育科学文化水平和健康水平，树立崇高的革命理想和革命道德风尚，发展高尚的丰富多彩的文化生活，建设高度的社会主义精神文明。"1982 年 9 月，胡耀邦在党的十二大报告中提出：社会主义精神文明建设重要内容之一，要在各行各业加强职业责任、职业道德、职业纪律的教育。1982 年 12 月精神文明建设写入宪法。精神文明建设主要包括两个方面：一是思想道德建设，一是文化建设。《宪法》第 24 条集中体现了思想道德建设的内容。该条规定："国家通过普及理想教育、道德教育、文化教育、纪律和法制教育，通过在城乡不同范围的群众中制定和执行各种守则、公约，加强社会主义精神文明的建设。"

1984 年，结合精神文明建设要求，着眼于提高反腐蚀能力，检察机关要求检察人员"忠实履行和遵守职业责任、职业道德、职业纪律"①。这是最高人民检察院工作报告中首次提出"职业道德"。虽然已经明确提出"职业道德"概念，但没有明确职业道德的具体内容和要求。但在最高人民检察院的工作报告中对先进人物先进性进行了归纳和提炼：1982 年，"立场坚定，刚

①　杨易辰：《最高人民检察院工作报告——1984 年 5 月 26 日在第六届全国人民代表大会第二次会议上》。

直不阿，秉公执法"；1984 年，"立场坚定、刚正不阿、秉正执法、勤奋工作、爱护人民"；1985 年，"立场坚定、秉公执法、忠于职守、勤奋工作、不怕牺牲、舍己为人"。笔者认为，这实际上反映出这一时期检察官职业道德建设的一大特点，即借助于对先进人物的定性和评价，间接性地表达对检察官职业道德要求，以此充实职业道德的内容，避免概念的"空壳化"。

（三）发展期

发展期，从 1987 年到 2001 年，以《中共中央关于社会主义精神文明建设指导方针的决议》（1986 年 9 月 28 日）（以下简称《86 决议》）和《中共中央关于社会主义精神文明建设若干重要问题的决议》（1996 年 10 月 10 日）（以下简称《96 决议》）为指导依据。

《86 决议》从精神文明建设的高度，对道德建设和职业道德建设提出要求。《86 决议》指出：社会主义道德建设的基本要求是爱祖国、爱人民、爱劳动、爱科学、爱社会主义。社会主义精神文明建设的根本任务，是适应社会主义现代化建设的需要，培育有理想、有道德、有文化、有纪律的社会主义公民，提高整个中华民族的思想道德素质和科学文化素质。同时，《86 决议》对职业道德提出了明确的要求："在我们社会的各行各业，都要大力加强职业道德建设。首先是党和国家机关的干部，要公正廉洁，忠诚积极，全心全意为人民服务，反对官僚主义、弄虚作假、利用职权谋取私利。" 1987年，杨易辰检察长在《最高人民检察院工作报告——1987 年 4 月 6 日在第六届全国人大第五次会议上》中，第一次将检察官职业道德的具体要求和内容明确下来。他说："在道德教育中，重点加强了职业道德教育，要求广大检察干警做到'一身正气、两袖清风、刚正不阿、秉公执法'。"[1] 1988 年 3 月6 日，杨易辰检察长在《坚持改革，增强法律监督职能，推进检察工作发

---

[1] 虽然"一身正气、两袖清风、刚正不阿、秉公执法"最早出现于 1986 年的最高人民检察院工作报告中，但该报告没有将这句话与职业道德直接地明确地联系在一起。1986 年工作报告是这样表述的：坚持从严治警，教育广大干警做到有理想有道德有文化有纪律，坚决抵制封建主义、资本主义等各种腐朽思想的侵蚀，一身正气、两袖清风、刚正不阿、秉公执法。1987 年年初，杨易辰检察长《在全国检察长会议上的总结讲话》（1987 年 3 月 12 日）中提出"从严治警"，要求检察干警真正做到"一身正气、两袖清风、刚正不阿、秉公执法"。

展——在第八次全国检察工作会议上的报告》中总结了检察机关 1978 年重建十年以来的工作，他指出：其中一条基本经验是在思想上，开展了"四有"教育，在广大干警中树立一身正气、两袖清风、刚正不阿、秉公执法的职业道德；本着"从严治警"① 的精神，严肃处理了极少数违法乱纪，徇私枉法的干警，建立了"一支忠于职守、秉公执法的检察队伍"。1989 年 11 月 26 日最高人民检察院《关于加强检察机关思想政治工作的决定》提出，认真开展职业道德、职业责任、职业纪律教育。检察人员的职业道德是："热爱检察事业，忠于法律，忠于人民，秉公执法。"

《96 决议》根据全面实现我国国民经济和社会发展"九五"计划和 2010 年远景目标的要求，分析社会主义精神文明建设面临的形势，总结经验和教训，指出当时存在"一些领域道德失范，拜金主义、享乐主义、个人主义滋长"的问题，在此基础上，对思想道德和文化建设方面作出部署，提出全面加强社会主义道德建设，大力倡导爱岗敬业、诚实守信、办事公道、服务群众、奉献社会的职业道德，并提出"当前要以加强职业道德建设、纠正行业不正之风为重点"。

1996 年 10 月 28 日在全国检察机关第三次政治工作会议上，陈明枢在题为《大力加强检察机关社会主义精神文明建设，为造就高素质的检察队伍而努力奋斗》的报告中指出："检察职业道德是检察队伍道德建设的重点，它的核心是全心全意为人民服务。各级检察院要大力加强爱检敬业、恪尽职守、严格执法、文明办案，遵纪守法、清正廉明，刚直不阿、护法为民为基本内容的检察职业道德建设，抓好干警职业道德的养成，严禁把经济活动中的商品交换原则引入执法活动。"1996 年 11 月 1 日，张思卿《在全国检察机关第三次政治工作会议上的讲话》中指出："检察队伍的职业道德建设要坚持高标准。检察官的职业道德至少应包括以下内容：坚持党性，忠于人民的政治品格；实事求是，坚持真理的理性修养；秉公执法，无私无畏的职业追求；

---

① 1984 年 6 月，第五次全国公安政治会议上首次提出"从严治警"。1985 年 4 月 3 日在第六届全国人民代表大会第三次会议上，"从严治警"出现于最高人民检察院工作报告。1988 年 10 月 31 日，刘复之《在全国检察系统先进集体和先进个人表彰大会上的讲话》上提出"从严治检"，代替了之前检察机关文件中"从严治警"的提法。

勤奋敬业，开拓创新的进取精神；艰苦奋斗，自强不息的创业意志；光明磊落，廉洁奉公的人格情操。"1997 年 3 月 11 日，张思卿检察长在第八届全国人大第五次会议上的最高人民检察院工作报告中，提到检察机关"以全心全意为人民服务为核心，加强职业道德建设"，结合检察职业特点和队伍建设的实际，开展了以"秉公执法、清正廉明"为基本内容的检察职业道德建设。

从"一身正气、两袖清风、刚正不阿、秉公执法"到"热爱检察事业，忠于法律，忠于人民，秉公执法"，再到"爱检敬业、恪尽职守，严格执法、文明办案，遵纪守法、清正廉明，刚直不阿、护法为民"，又到"秉公执法、清正廉明"，不难看出，检察机关在职业道德建设方面的努力。这一时期检察官职业道德建设的特点可以用"探索"一词来概括。检察机关结合检察职业特点以及检察队伍建设的实际，不断地探索、挖掘检察职业道德的实质内核和要义精髓，尝试提炼出符合检察职业特质、体现检察职业属性、满足检察职业期待的道德"箴言"。

（四）形成期

形成期，从 2002 年到 2015 年，以《中共中央关于加强和改进思想政治工作的若干意见》（1999 年 9 月 29 日）（以下简称《加强和改进思想政治工作意见》）和《公民道德建设实施纲要》（2001 年 9 月 20 日）为指导依据。

思想政治工作是经济工作和其他一切工作的生命线。高度重视思想政治工作，是我们党的优良传统和政治优势。《加强和改进思想政治工作意见》提出："加强以为人民服务为核心、以集体主义为原则的社会主义道德建设。积极进行社会公德、职业道德、家庭美德教育，引导广大群众遵守道德规范，提高道德素质，在社会做个好公民，在单位做个好职工，在家庭做个好成员。"同时指出"要抓紧制订《公民道德建设实施纲要》"。2001 年 9 月 20 日中共中央印发《公民道德建设实施纲要》，针对社会的一些领域和一些地方道德失范，是非、善恶、美丑界限混淆，拜金主义、享乐主义、极端个人主义有所滋长，见利忘义、损公肥私行为时有发生，不讲信用、欺骗欺诈成为社会公害，以权谋私、腐化堕落现象严重存在，《公民道德建设实施纲要》

阐明了公民道德建设的重要意义。公民道德建设是提高全民族素质的一项基础性工程，对弘扬民族精神和时代精神，形成良好的社会道德风尚，促进物质文明与精神文明协调发展，全面推进建设有中国特色社会主义伟大事业，具有十分重要的意义。公民道德建设涉及方方面面，其中一个主要内容即是："从我国历史和现实的国情出发，社会主义道德建设要坚持以为人民服务为核心，以集体主义为原则，以爱祖国、爱人民、爱劳动、爱科学、爱社会主义为基本要求，以社会公德、职业道德、家庭美德、个人品德为着力点。"《公民道德建设实施纲要》对什么是职业道德作出明确界定，"职业道德是所有从业人员在职业活动中应该遵循的行为准则，涵盖了从业人员与服务对象、职业与职工、职业与职业之间的关系"。随着现代社会分工的发展和专业化程度的增强，市场竞争日趋激烈，整个社会对从业人员职业观念、职业态度、职业技能、职业纪律和职业作风的要求越来越高。因此，在公民道德建设中，特别是职业道德建设中，应当把上述主要内容具体化、规范化，使之成为从业人员普遍认同和自觉遵守的行为准则；要大力倡导以爱岗敬业、诚实守信、办事公道、服务群众、奉献社会为主要内容的职业道德，鼓励人们在工作中做一个"好职工"。

为了认真贯彻《中共中央关于印发〈公民道德建设实施纲要〉的通知》要求，全面提高检察队伍的职业道德素养，2002 年 2 月 26 日最高人民检察院颁布《检察官职业道德规范》，明确将"忠诚、公正、清廉、严明"作为检察官职业道德规范，旨在"全面提高检察干警的道德素质和文明程度，从根本上建设一支能够担当新世纪重任、党和人民满意的检察队伍"。《检察官职业道德规范》对检察官职业道德八字"箴言"的内容作出了明确规范和严格界定。"忠诚"即指"忠于党、忠于国家、忠于人民，忠于事实和法律，忠于人民检察事业，恪尽职守，乐于奉献"。"公正"要求"崇尚法治，客观求实，依法独立行使检察权，坚持法律面前人人平等，自觉维护程序公正和实体公正"。"清廉"包含"模范遵守法纪，保持清正廉洁，淡泊名利，不徇私情，自尊自重，接受监督"。"严明"的含义是"严格执法，文明办案，刚正不阿，敢于监督，勇于纠错，捍卫宪法和法律尊严"。2009 年 9 月 29 日最高人民检察院颁布《检察官职业道德基本准则（试行）》（2009 年 9 月 3 日最高人民检察院第十一届检察委员会第十八次会议通过），在继承吸收原有规定并补充新鲜内容的基础上，确定了"忠诚、公正、清廉、文明"的四项基本要求。一般认为，"严"有"严肃而公正"之义，因此，"严明"与"公正"的含义存在交叉。有人认为：① "严明"改为"文明"，既消除了"严明"与"公正"之间部分内容的逻辑交叉，又顺应了当时人民群众对文明执法的新要求和新期盼。

这一时期检察官职业道德建设的最大特点是提炼出符合检察职业特点的职业道德基本准则。其中，"忠诚"突出检察官的政治品格，是检察官职业道德的本质要求；"公正"彰显检察官的职业特质，是检察官职业道德的核心内容；"清廉"凸显检察职权的"公器"属性，是检察官职业道德的价值取向；"文明"展现检察官基本素养，是检察官职业道德的必然之义。

（五）完善期

完善期，从 2016 年以来，以新时代好干部基本标准和《党政领导干部选拔任用工作条例》为指导依据。

2013 年 6 月，在全国组织工作会议上，从选人用人是关系党和人民事业的关键性、根本性问题这一的战略高度出发，我们党强调：面对复杂多变的国际形势和艰巨繁重的国内改革发展任务，关键在党，关键在人，关键在于建设一支宏大的高素质的干部队伍。好干部必须做到：信念坚定、为民服务、勤政务实、勇于担当、清正廉洁。2014 年 1 月 15 日中央颁发《党政领导干部选拔任用工作条例》，以好干部"五个标准"为干部选拔任用的重要指引。新时代好干部的标准，既是选拔任用干部的尺子，也是对领导干部的道德要求。随着社会发展时代变化，2009 年《检察官职业道德基本准则（试行）》对检察官道德的要求，不能充分满足新时代对检察官职业道德的新要求，不能完全切合新时代好干部的新标准。2016 年 12 月最高人民检察院印发《检察官职业道德基本准则》，共五条："坚持忠诚品格，永葆政治本色。""坚持为民宗旨，保障人民权益。""坚持担当精神，强化法律监督。""坚持公正理念，维护法制统一。""坚持廉洁操守，自觉接受监督。"结合检察机关司法

---

① 盛赞："浅议检察官职业道德"，载《法制与经济》2010 年 7 月，第 118 页。

办案的实际和检察机关职能，《检察官职业道德基本准则》赋予检察官"忠诚""为民""担当""公正""廉洁"更深刻的内涵。"忠诚"在强调忠于党、坚定维护以习近平同志为核心的党中央权威的基础上，突出忠于法律、信仰法治；"为民"突出让人民群众在每一个司法案件中都感受到检察机关在维护公平正义；"担当"突出敢于对司法执法活动的监督、坚守防止冤假错案的底线；"公正"，突出维护法制的统一、权威和尊严；"廉洁"，突出监督者更要接受监督。[①] 在接下来的内容中，笔者将围绕"忠诚""为民""担当""公正""廉洁"10 个字，着重论述检察官职业道德基本准则的含义、思想源流及对检察官行为规范的基本要求。

[①] 《法制日报》2016 年 12 月 7 日，第 1 版。

第二章

忠　诚

　　无产阶级革命政党的纪律是靠什么来维持的？是靠什么来检验的？是靠什么来加强的？第一，是靠无产阶级先锋队的觉悟和它对革命的忠诚，是靠它的坚韧不拔、自我牺牲和英雄气概。第二，是靠它善于同最广大的劳动群众，首先是同无产阶级劳动群众，但同样也同非无产阶级劳动群众联系、接近，甚至可以说在某种程度上同他们打成一片。第三，是靠这个先锋队所实行的政治领导正确，靠它的政治战略和策略正确，而最广大的群众根据切身经验也确信其正确。

　　——列宁（《列宁选集》第 4 卷，人民出版社 2012 年版，第 135 页）

一、忠诚的含义

　　忠诚是政治伦理和行政伦理领域中一个理论问题，又是一个实践问题，并且是一个"十分重要却又十分棘手的问题"①；它不仅有着深刻的现实性，也有着深远的历史性。

　　在中国传统文化中，"忠"和"诚"最初是两个独立的词汇，各自有着不同的内涵。《左传·成公九年》云："无私，忠也。"东汉许慎《说文解字》云："忠，敬也，从心。"司马光《四言铭系述》云："尽心于人曰忠。""忠"，把心放在正中，心无旁骛，即忘我无私，全身心投入，尽心竭力之意。"忠"，就是对世间万物怀有崇敬之心和审慎虔诚的态度，表现

---

①　李好："论忠诚之为政治伦理美德"，载《道德与文明》2008 年第 3 期，第 88 页。

为一以贯之的行为。①

在儒家经典《论语》中,"忠"有三层含义②:其一是对领导者与被领导者的关系规范。"君使臣以礼,臣事君以忠。"(《论语·八佾篇》)其二是对具有普遍性的人的行为规范。"居之无倦,行之以忠。"(《论语·颜渊篇》)要求行为人要有不知疲倦、奋力拼搏的精神和劲头,忠于职守,勤勉敬业。其三是对行为主体与社会环境的规范。"居处恭,执事敬,与人忠。虽之夷狄,不可弃也。"(《论语·子路篇》)热爱自己的岗位,勤奋敬业,对人忠诚,无论何时何地都保持做人的本色。

所谓"诚",即诚实,真诚,就是"实在"——真实的存在。《中庸》和《孟子》中都说:"诚者,天之道也。""诚之者/思诚者,人之道也。"《中庸》还特别强调:"至诚无息""诚者物之终始,不诚无物"。《孟子》也说:"至诚而不动者,未之有也;不诚,未有能动者也。"真可谓"诚者自成也"。东汉许慎《说文解字》云:"诚,信也,从言。"《易·乾》云:"闲邪存其诚。"宋明理学家周敦颐在《通书·诚》中说,"诚"是"五常之本,百行之源",不仅是诚之行为的根据,也是各种德行与规范的理由,从而非常直接地肯定了诚实的第一性。由于"诚"作为"实在"不仅是天、地、圣人之本体,而且是万物之根源和规律,所以有人说中国文化中的"诚"是中国人所追求的道德本体,具有西方基督教"上帝"的意义与地位。③

在儒家经典《论语》中,"诚"有三层含义:④ 其一是就个人的言行而言,要做到"言必信,行必果"。(《论语·子路篇》)其二是指人与人的关系,无论是交朋友还是做官都要讲信用,有诚信。其三是指构建上下和谐的社会,关键在于当政者。"上好信,则民莫敢不用情。"(《论语·子路篇》)

自唐以后独立的两个词合成一个词"忠诚",内含也远较两个单独的词汇更为丰富,"并演变成一种代表、象征意志、信念、行为规范和精神面貌

① 张艳国:"忠诚文化及其现代价值",载《江汉论坛》2005 年第 9 期,第 98 页。
② 张艳国:"忠诚文化及其现代价值",载《江汉论坛》2005 年第 9 期,第 98~99 页。
③ 曹义孙:"诚:实与信",载〔美〕W. 布拉德利. 温德尔:《法律人与法律忠诚》,尹超译,中国人民大学出版社 2014 年版,代序部分。
④ 张艳国:"忠诚文化及其现代价值",载《江汉论坛》2005 年第 9 期,第 99 页。

的文化符号"①。"忠诚"是指真心诚意,绝无二心。有人从心理机制上将它界定为"一种先入之见,一种对特定归属未经反思的依恋"②。有人从道德层面上视之为"对人或者对事矢志不渝、尽心竭力的思想觉悟和道德品格"③。有人从基本属性角度把它定义为:④ "所谓忠诚,就是指道德主体对道德客体理性选择的基础上形成的、对归属对象稳定的情感态度和持久的责任行为,是人与人之间、人与社会之间的基本伦理规范。"德国学者伊能堡对忠诚作出深入浅出通俗易懂的解释,他说:⑤ "所谓忠诚是,因二个人间所产生的关系,一个人负有义务,以其最好的智、能,以言、行来增益他方。"这两方,既可能是私领域中关系密切的个人与个人,如家庭成员之间,也可能是公共领域(如集团、族群、共同体)和政治生活中的一方与另一方。弗莱彻说:⑥ "忠诚是政治生活的起点,在政治生活中,与其他人相互作用是解决问题的基本手段。"没有忠诚,政治组织与行政权力的正常运转就不可想象,行政命令就难以执行,更无法彻底落到实处。

在实践层面,不同的人以不同的行为表达和诠释忠诚。诗人何达用诗歌抒发了对爱情的忠诚。"我是不会变心的,就是不会的。大理石雕成像,铜铸成钟,而我这个人,是用忠诚制造,即使是破了、碎了,我片片都是忠诚。……我向你要求什么呢,不,一无所求,我只要能爱,能在活着的时候贡献自己的一切。也许,我要求的只是你的信任。我们的爱,不是私相授受,我们的爱,是集中在一个目标上的火花"。航天员景海鹏以其坚定的意志、顽强的品质以及对祖国的热爱在"茫茫天宇写忠诚"⑦;车著明、屈建军、高

---

① 张艳国:"忠诚文化及其现代价值",载《江汉论坛》2005年第9期,第99页。

② 张清国、刁小行:"正义、忠诚和团结——罗蒂与沃尔泽社会批评理论之比较",载《浙江社会科学》2013年第4期,第113页。

③ 最高人民检察院政治部编:《检察官职业道德读本》,中国检察出版社2010年版,第14页。

④ 梁涌:《社会转型期忠诚问题研究》,中国文史出版社2002年版,第66页。转引自姜裕富:"论公务员忠诚义务的内涵及其属性",载《四川行政学院学报》2012年第4期,第90页。

⑤ 陈新民:《德国公法学基础理论》(上册),山东人民出版社2001年版,第216页。

⑥ 转引自张清国、刁小行:"正义、忠诚和团结——罗蒂与沃尔泽社会批评理论之比较",载《浙江社会科学》2013年第4期,第113页。

⑦ 康慧珍:"茫茫天宇写忠诚——在载人航天伟大实践中感悟核心价值观",载《光明日报》2015年5月9日,第6版。

敏忠等科学家为国家科研事业，用自己坚守边疆几十年的科研奋斗和人生信念，诠释着科学家对祖国的"绝对忠诚"①。

忠诚不仅是一种个人品德，还是一种职业道德。特别是对行使公权力的国家公务员来说，更需要忠诚。公民一旦成为公务员，便与国家之间形成公法上的职权关系，公务员以国家代表的身份对外行使职权，并享有相应的权利。为此，公务员应以忠诚义务为对价，将其全部精力、才智献给国家，必须效忠国家。这个忠诚义务，即可产生积极之作为也可产生消极之不作为。也就是说，依义务人之见，一切有利于被效忠者之行为，义务人皆应去完成；反之，若一切有害于被效忠者之行为，义务人即负有不作为之义务。② 换言之，即凡是增益于忠诚对象的事，必须尽心竭力而为；凡是增损于忠诚对象的事，坚决拒绝并予以抵制。忠诚是公职人员执业之基石、政治之品格，是检察官修炼职业道德的"基本功"③。

1989 年 11 月 26 日最高人民检察院《关于加强检察机关思想政治工作的决定》明确检察人员的职业道德是：热爱检察事业，忠于法律，忠于人民，秉公执法。1996 年 8 月 16 日，最高人民检察院发布《检察工作"九五"计划和 2010 年远景目标纲要》，对检察官明确提出忠诚要求。第 30 条规定："坚持依法建院、从严治检。……努力建设一支忠诚可靠、训练有素、精通业务、纪律严明、作风过硬、秉公执法的人民检察官队伍。"2002 年 2 月，《检察官职业道德规范》明确将"忠诚""公正""清廉""严明"作为检察官职业道德规范。2009 年 9 月，《检察官职业道德基本准则（试行）》确定了"忠诚""公正""清廉""文明"四个方面的基本要求。2016 年 12 月，《检察官职业道德基本准则》将"忠诚""为民""担当""公正""廉洁"确定为检察官职业道德基本准则。可见，"忠诚"是对检察官始终如一的道德要求，"忠诚"更是检察官不变的优秀品格和政治本色。

---

① 贺弘联："《绝对忠诚》呼唤直击人心的价值观"，载《光明日报》2014 年 6 月 10 日，第 7 版。

② 陈新民：《德国公法学基础理论》（上册），山东人民出版社 2001 年版，第 216 页。

③ 有人从职责角度论证检察官的忠诚，认为：我国检察机关是国家的法律监督机关，是保障人民安居乐业、服务经济社会发展、维护国家安全和社会稳定的政法机关，肩负着中国特色社会主义事业建设者、捍卫者的职责使命。因此，检察官必须具有基本的政治品格——忠诚。谢鹏程："忠诚是修炼职业道德的基本功"，载《检察日报》2010 年 2 月 26 日。

二、检察官忠诚的内涵

"长夜将至，我从今开始守望，至死不休。我将不娶妻、不封地、不生子。我将不戴宝冠，不争荣宠。我将尽忠职守，生死于斯。我将尽忠职守，生死于斯。我是黑暗中的利剑，长城上的守卫。我是抵御寒冷的烈焰，破晓时分的光线，唤醒眠者的号角，守护王国的坚盾。我将生命与荣耀献给守夜人，今夜如此，夜夜皆然"。这是《权力的游戏》中守夜人的誓词。在遭遇强大危险时，守夜人以"天地英雄气"般的豪情诵读这段誓词，表达着守夜人的职业忠诚。那么，什么是检察官的忠诚呢？检察官的忠诚集中体现于"五个忠于"，即忠于党、忠于国家、忠于人民、忠于宪法和法律、忠于检察事业。"其中，忠于党、国家和人民，明确了忠诚的对象，回答了检察官忠于谁的问题；忠于宪法和法律，明确了忠诚的内容，回答了检察官忠于什么的问题；忠于检察事业，明确了践行忠诚的基本途径，回答了检察官怎样实现忠诚的问题"①。

（一）忠于党

党的领导是中国特色社会主义最本质的特征，是社会主义法治最根本的保证。2018 年宪法修正案规定：宪法第 1 条第 2 款"社会主义制度是中华人民共和国的根本制度"后增写一句"中国共产党领导是中国特色社会主义最本质的特征"。坚持党的领导，是党和国家的根本所在、命脉所在，是全国各族人民的利益所系、幸福所系，是治国理政之根本。忠于党始于中国共产党在中国的领导地位。中国共产党的领导地位是由中国社会的历史特点、政治发展路径以及中国共产党的宗旨性质决定的。中华民族创造了光辉灿烂的中华文化和成熟的中央集权制度。鸦片战争以后，中国逐渐沦为半殖民地半封建的国家，救亡图存成为民族的集体诉求。民族资本主义经济不发达，资产阶级先天发育不良——具有软弱性和妥协性，无法担当救国于列强割据分裂之患、救民于军阀混战之苦的重任。中国共产党作为中国最先进阶级——

---

① 最高人民检察院政治部编：《检察官职业道德读本》，中国检察出版社 2010 年版，第 18 页。

工人阶级——的政党，不仅代表中国工人阶级的根本利益，同时也代表了中国最广大人民群众和整个中华民族的根本利益，担负起拯救国家、民族、人民的重任，中国共产党将政党自己的命运与国家命运紧紧地联系在一起，其宗旨主要是"推翻封建帝制，建立现代政治国家，而不是要在一个现存的国家体制内部争夺或分享国家的治理权"①。在中国近代历史中，中国共产党成为新民主主义革命、社会主义建设和改革开放的"中流砥柱"。因此，中国共产党领导地位和执政地位的确立绝非偶然，它是中国政治发展路径选择的结果，深深地植根于中国独特的经济、政治和文化传统的土壤之中，是各民主党派及全国人民共同作出的正确的历史选择，是中国共产党对马克思主义政党理论和人类政治文明的重大贡献。②

我国宪法在序言中确立了中国共产党的领导地位。"中国新民主主义革命的胜利和社会主义事业的成就，是中国共产党领导中国各族人民，在马克思列宁主义、毛泽东思想的指引下，坚持真理，修正错误，战胜许多艰难险阻而取得的。"党的领导地位的宪法化，意味着党对国家政治生活的领导不是自封的，也不是神授的，而是凝聚着中华各族人民的共识，是人民意志的集中体现。坚持党的领导，就是全面贯彻实施宪法。宪法规定了国家的根本任务，党的十八大又提出"两个一百年"的奋斗目标——实现国家富强、民族复兴、人民富裕、社会和谐的"中国梦"。党的十九大提出了新时代中国共产党的历史使命——实现中华民族伟大复兴。实现伟大梦想，必须进行伟大斗争，必须建设伟大工程，必须推进伟大事业。十九大报告指出："伟大斗争、伟大工程、伟大事业、伟大梦想，紧密联系、相互贯通、相互作用，其中起决定性作用的是党的建设新的伟大工程。"中国近代受压迫受屈辱的历史告诉我们，没有先进理论的指导，没有用先进理论武装起来的先进政党的领导，没有先进政党顺应历史潮流、勇担历史重任、敢于作出巨大牺牲，中国人民就无法打败压在自己头上的各种反动派，中华民族就无法改变被压迫、被奴役的命运，我们的国家就无法团结统一、在社会主义道路上走向繁

---

① 王金水："党的领导地位的政治学阐释"，载《社会科学》2010年第7期，第13页。
② 王金水："党的领导地位的政治学阐释"，载《社会科学》2010年第7期，第18页。

荣富强。历史已经并将继续证明，没有中国共产党的领导，民族复兴必然是空想。"历史还告诉我们，历史和人民选择中国共产党领导中华民族伟大复兴的事业是正确的，必须长期坚持、永不动摇；中国共产党领导中国人民开辟的中国特色社会主义道路是正确的，必须长期坚持、永不动摇；中国共产党和中国人民扎根中国大地、吸纳人类文明优秀成果、独立自主实现国家发展的战略是正确的，必须长期坚持、永不动摇。"① 而且，"中国经验"越来越得到国际社会的重视和肯定，并逐步形成"北京共识"，中国也在中国共产党的领导下从"中国模式"理念走向"中国道路"。党的领导，是中国人民和中华民族继往开来、奋勇前进的现实基础。需要特别指出的是，绝大多数检察官是共产党员，在入党时已庄严地宣读了誓词："我志愿加入中国共产党，拥护党的纲领，遵守党的章程，履行党员义务，执行党的决定，严守党的纪律，保守党的秘密，对党忠诚，积极工作，为共产主义奋斗终生，随时准备为党和人民牺牲一切，永不叛党。"

（二）忠于国家

国家问题是马克思主义政治学中的"核心问题之一"②。对国家的起源有神意论、契约论、群演论、水利论、暴力论、暴力潜能论和祭司论等多种不同的解释。按照契约论的观点，国家不是由于"联合的需要"而产生的，也不是"自然的产物"，国家是"社会契约"的一种结果。人类在进入国家之前，生活在自然状态。洛克将自然状态描写成一种"人人服从理性、和平美好的境界"③；霍布斯则视自然状态为一种"互相为战的状态"④。借着"情感的平静和对邪恶的无知"，卢梭笔下的自然状态是"最能保持和平，对于人类也是最为适宜的状态"⑤。自然状态的人们，为了建立一种能抵御外来侵略和制止相互侵害的共同权力，便订立信约，每个人都放弃管理自己的权利，

① 习近平：《在庆祝中国共产党成立95周年大会上的讲话》（2016年7月1日）。
② 于玉宏："马克思主义国家理论的文本解读"，载《福建省社会主义学院学报》2013年第4期，第107页。
③ [英]洛克：《政府论》（下），叶启芳等译，商务印书馆1997年版，第127页。
④ [英]霍布斯：《利维坦》，黎思复、黎廷弼译，商务印书馆1996年版，第130页。
⑤ [法]卢梭：《论人类不平等的起源与基础》，李常山译，红旗出版社1997年版，第84页、第86页。

把它让渡给这个集体或一个人，这便是国家。但洛克等人的自然状态的假说，与已发现的人类原始记录相抵触。有文字记载的历史已经告诉我们"国家就是：领主伙同他的追随者主要是用暴力取得统治地位"①。马克斯·韦伯是这样界定国家的：②"国家是这样一个人类团体，它在一定疆域之内（成功地）宣布了对正当使用暴力的垄断权。"

马克思主义认为，国家是人类为解决自身困境而创造的政治共同体。国家并不是从来就有的，"在经济发展到一定阶段而必然使社会分裂为阶级时，国家就由于这种分裂而成为必要了"③。恩格斯说：④"国家绝不是从外部强加于社会的一种力量。国家也不是像黑格尔所断言的什么'道德观念的现实'，'理性的形象与现实'。国家乃是社会发展到某一阶段上的产物；国家乃是这种社会已经陷于自身不可解决的矛盾中并分裂为不可调和的对立而又无力挣脱这种对立之承认。为了使这些对立，这些经济利益相互矛盾的各阶级，不要在无益的斗争中互相消灭而使社会同归于尽，于是一种似乎立于社会之上的力量，似乎可以缓和冲突而把它纳入'秩序'之中的力量，便成为必要的了。这个从社会中发生，而又高居于社会之上而且日益离开社会的力量，便是国家。"

现代国家是以国家主权为核心特征，以公民与国家关系为主要内容，建诸现代经济与社会基础之上的政权形式。⑤ 从国家与公民关系角度来说，国家对公民负有一定的责任和义务。美国《独立宣言》（1776 年）称："人人生而平等，他们都有天赋的不可转让的生命权、自由权和追求幸福的权利，人们为了保障和实现自己的这些天赋权利才成立政府。"法国《人权宣言》（1789 年）第 2 条称："任何政治结合的目的都在于保存人的自然的和不可动摇的权利"。我国宪法序言规定国家的根本任务是："中国各族人民将继续在

---

① ［德］弗兰茨·奥本海：《论国家》，商务印书馆 1999 年版，第 6 页。
② ［德］马克斯·韦伯：《学术与政治》，冯克利译，生活·读书·新知三联书店 2005 年第 2 版，第 55 页。
③ 《马克思恩格斯选集》（第 4 卷），人民出版社 1995 年版，第 174 页。
④ 恩格斯：《家庭、私有制和国家的起源》，人民出版社 1955 年版，第 163 页。
⑤ 易承志："试论现代国家与公民权的内涵及两者之关系"，载《太平洋学报》第 18 卷（2010 年）第 3 期，第 24 页。

中国共产党领导下，在马克思列宁主义、毛泽东思想、邓小平理论和'三个代表'重要思想、科学发展观、习近平新时代中国特色社会主义思想指引下，坚持人民民主专政，坚持社会主义道路，坚持改革开放，不断完善社会主义的各项制度，发展社会主义市场经济，发展社会主义民主，健全社会主义法治，贯彻新发展理念，自力更生，艰苦奋斗，逐步实现工业、农业、国防和科学技术的现代化，推动物质文明、政治文明、精神文明、社会文明、生态文明协调发展，把我国建设成为富强民主文明和谐美丽的社会主义现代化强国，实现中华民族伟大复兴。"宪法第 33 条第 3 款规定："国家尊重并保障人权。"从共和主义视角来看，共和作为一种政体形式，它的第一要旨是天下为公，即政府必须为人民利益服务。党的十八届三中全会报告指出："加强中央政府宏观调控职责和能力，加强地方政府公共服务、市场监管、社会管理、环境保护等职责。"党的十九大报告指出："全党必须牢记，为什么人的问题，是检验一个政党、一个政权性质的试金石。带领人民创造美好生活，是我们党始终不渝的奋斗目标。必须始终把人民利益摆在至高无上的地位，让改革发展成果更多更公平惠及全体人民，朝着实现全体人民共同富裕不断迈进。"

另外，国家对于社会成员而言，是一个伦理共同体，兼有着政治统治和社会公共事务管理双重职能。国家不仅是阶级压迫的工具，它还履行着公共服务的职能。齐格蒙特·鲍曼认为：[①]"共同体是一个'温馨'的地方，一个温暖而又舒适的场所……在共同体中，我们能够互相依靠对方。"由此也孕育出特殊的"人"的观念，"人即公民，公民即人，也就是说，个人是私人性与公共性的综合体，个人离开国家就不能成为人（公民）；国家是公民的联合体，没有公民也就无所谓国家"[②]。特别是在中国传统文化中，"家"与"国"连缀为一个词，"齐家"与"治国"被放在同一道德层面，并建立起

---

① 齐格蒙特·鲍曼：《共同体》，欧阳景根译，江苏人民出版社 2007 年版，第 3 页。转引自杨素云："公民与国家关系的法哲学范式——以黑格尔《法哲学原理》为中心的分析"，载《学习与探索》2010 年第 6 期，第 88 页。

② 万健琳、杨松雷："公民与国家和谐关系的构建——共和主义理论意蕴再挖掘"，载《山东社会科学》2015 年第 4 期，第 126 页。

紧密的逻辑关系。"欲治其国者，先齐其家""所谓治国必先齐其家者，其家不可教而能教人者，无之"。(《大学》)"齐家"与"治国"的先后顺序不仅是事物发展的规律，更是为政做人之根本。这种文化传统孕育了中国不同于西方的集体主义思想和精神。《国家》这首歌蕴含着挥之不去、说不完道不尽的家国情怀，真切地表达了热爱国家忠于国家的无限情感。

"一玉口中国，一瓦顶成家。

都说国很大，其实一个家。

一心装满国，一手撑起家。

家是最小国，国是千万家。

在世界的国，在天地的家。

有了强的国，才有富的家。

国的家住在心里，家的国以和蠡立。

国是荣誉的毅力，家是幸福的洋溢。

国的每一寸土地，家的每一个足迹。

国与家连在一起，创造地球的奇迹。"

(三) 忠于人民

人民在终极意义上，是忠诚的根本对象之一，既是忠诚的起点也是忠诚的终点。[1] 人民是创造社会历史的客观物质力量，是社会实践的主体。然而，"人民"一词，在古代中国并不具有社会实践主体这层含义。[2] 在古汉语中，"人"与"民"两个字，或单独成词，或连字为"民人"或"人民"。"民""民人""人民"有三个基本意义:[3] 第一，生物学意义，泛指人类。如"牛马之牧不相及，人民之俗不相知"，(《管子·侈靡》)"人民少而禽兽众"。(《韩非子·子蠹》) 第二，政治意蕴，指与治者相对的作为治理对象的人，

---

① 李好:"论忠诚之为政治伦理美德"，载《道德与文明》2008 年第 3 期，第 90 页。

② 在古汉语中，"人民"——亦可称作"民人"——多为"平民"之义；与其含义大致相同的词汇包括"百姓""黔首""群氓"等。详见郭忠华:"20 世纪上半期的'人民'语义与国家建构"，载《政治学研究》2016 年第 6 期，第 60～61 页。

③ 周永坤:"中国宪法中'人民'概念的变迁与宪法实施"，载《甘肃社会科学》2017 年第 3 期，第 138～139 页。

是帝王的财产。如"诸侯之宝三：土地、人民、政事。"（《孟子·尽心》）第三，道德含义，"民"指后知后觉的人，依附他人的人。"民，无知之称"，（《书·多士序·郑注》）"民，众萌也。萌，草芽也"。（《说文解字》）"民"因其"众"而"贵"。所谓的"民为贵"的"贵"并非"贱"的对称，而是指"百姓最为重要"。董仲舒最为透彻地表达了"民"的"无知之称"。"民者，瞑也。"民是眼睛未开的蒙昧无知的人。甚至在 20 世纪初，这层意思仍然存在，"人民就是懵懂、柔弱之众，是君主及其官吏应该管理和教化的对象"①。郭忠华对"人民"一词的语义变迁进行了深入考察。他认为：20 世纪 20 年代之后，随着中国共产党的成立及其边区政府的建立，"人民"语义发生了重大转型，人民具有了主体性和法律上的人格。笔者认为，这种语义变迁与马克思主义在中国的传播有着密不可分的关系。

尊重人民的主体地位，是马克思主义历史唯物主义的基本理论观念精神。马克思认为，人民是历史的创造者、社会变革的推动者。恩格斯则进一步将历史动力与历史发展规律联系在一起，认为历史动力背后体现着客观必然性，体现着历史发展规律。他指出：② "如果要去探究那些隐藏在——自觉地或不自觉地，而且往往是不自觉地——历史人物的动机背后并且构成历史的真正的最后动力的动力，那么问题涉及的，与其说是个别人物、即使是非常杰出的人物的动机，不如说是使广大群众、使整个整个民族，并且在每一民族中间又是使整个阶级行动起来的动机。"因此，从根本上讲，人民群众的认知、意愿、要求和实践，反映着社会发展动态和趋向，体现着社会发展潮流和规律。中国共产党继承这一思想，充分肯定人民在社会历史发展中的作用和地位。毛泽东说：③ "人民，只有人民，才是创造世界历史的动力。"人民群众也是我们力量的源泉。习近平总书记强调指出：④ "我们党在不同历史时期，总是根据人民意愿和事业发展需要，提出富有感召力的奋斗目标，团结带领

---

① 郭忠华："20 世纪上半期的'人民'语义与国家建构"，载《政治学研究》2016 年第 6 期，第 61 页。
② 《马克思恩格斯选集》第 4 卷，人民出版社 2012 年版，第 255~256 页。
③ 《毛泽东选集》（第 3 卷），人民出版社 1991 年版，第 1031 页。
④ 中央党的群众路线教育实践活动领导小组办公室：《党的群众路线教育实践活动学习文件选编》，党建读物出版社 2013 年版，第 32 页。

人民为之奋斗。"尊重人民的主体地位是党的生命之所在，尊重人民主体地位是社会历史发展的必然要求、是中国共产党的性质和宗旨决定的、也是党的实践经验总结、共产党的执政基础和党的理论与实践源泉，对党的发展和建设具有重大意义。① 党的十九大提出新时代坚持和发展中国特色社会主义的基本方略，其中之一即"坚持以人民为中心"。报告指出："人民是历史的创造者，是决定党和国家前途命运的根本力量。必须坚持人民主体地位，坚持立党为公、执政为民，践行全心全意为人民服务的根本宗旨，把党的群众路线贯彻到治国理政全部活动之中，把人民对美好生活的向往作为奋斗目标，依靠人民创造历史伟业。"

有人认为，仅仅从本体论意义上认识人民主体地位，是远远不够的，还应从价值论意义上理解人民的主体地位。因为，"本体论上的人民主体地位，无法体现社会的文明程度，无法体现人的尊严和价值，无法体现人的自由和解放的程度"②。价值论意义上的人民主体地位是指人民是价值的创造主体、评价主体、享受主体。③ 在这个意义上，归根结底，人是价值主体。康德说：人是目的，不是手段。人是价值主体，也就意味着人认识世界、改造世界的认识活动和实践活动都应以"人为实践活动与认识活动的中心内容"④，服务于人的需要、利益和发展。

马克思主义是我国宪法的指导思想，历史唯物主义是我国《宪法》第24条⑤规定的精神文明建设的重要内容。尊重人民的主体地位这一历史唯物史观集中体现在我国《宪法》第2条。《宪法》第2条规定："中华人民共和国的一切权力属于人民。人民行使国家权力的机关是全国人民代表大会和地方各级人民代表大会。"国家的一切权力属于人民，是宪法的基本原则，即人民主权原则。

---

① 张毅："尊重人民的主体地位是党的执政之基"，载《佳木斯大学社会科学学报》2013年第5期，第38~39页。
② 费聿辉："论人民主体地位与党的群众路线"，载《临沂大学学报》2014年第2期，第109页。
③ 费聿辉："论人民主体地位与党的群众路线"，载《临沂大学学报》2014年第2期，第109页。
④ 有人认为："人是价值主体，意味着人成为实践活动与认识活动的中心内容。"见郑礼平、周康林："论人民主体地位与群众路线的关系"，载《马克思主义研究》2014年第5期，第91页。
⑤ 《宪法》第24条第2款规定："国家倡导社会主义核心价值观，提倡爱祖国、爱人民、爱劳动、爱科学、爱社会主义的公德，在人民中进行爱国主义、集体主义和国际主义、共产主义的教育，进行辩证唯物主义和历史唯物主义的教育，反对资本主义的、封建主义的和其他的腐朽思想。"

　　"主权"一词，来源于拉丁文，是"最高""较高"的意思。① "主权"的含义经博丹演绎，由某些贵族，特别是王室贵族所具备的特殊属性，变成单纯的王权——公民和臣民之上的、不受法律限制的最高权力，并进一步成为君主的私有物——君主主权。在君主主权的基础上，经阿里哲尔楠·锡德尼的人民主权原则和乔治·劳森的"表现为一种所有权"的人民主权观，②主权在卢梭那里又发展为人民主权。卢梭认为，社会契约赋予国家以绝对权力，这个权力受全体人民"共同意志"支配，名为主权。主权属于全体人民，全体人民就是主权的主体。马克思主义批判地继承了人民主权思想。马克思在批判封建专制制度时曾指出：③"人民的主权不是从国王的主权中派生出来的，相反地，国王的主权倒是以人民的主权为基础的。"现代宪法确认了人民主权原则，宣布国家的最高权力来源于人民，并永远属于人民。这意味着人民是国家权力的最终极意义的、也是最初始意义的主体。

　　在我国，全国人民代表大会和地方各级人民代表大会都由民主选举产生，对人民负责，受人民监督。国家行政机关、监察机关、审判机关、检察机关都由人民代表大会产生，对它负责，受它监督。由此，我国人大以及其他国家机关的权力，来自人民的授予。而且，正如郭道晖所言：④"中华人民共和国一切权力属于人民中的'一切权力'不仅限于国家权力，也包括社会权力，人民成为国家权力与社会权力的主人。"毛泽东给予人民高度评价，他说：⑤"对于人民，这个人类世界历史的创造者，为什么不应该歌颂呢？"对于检察官而言，人民是检察官拥有一切权利的源泉，是检察官依法行使法律监督权的动力，是检察官履行职责的依归。"作为一名人民检察官，首先要知道，检察官前面是有'人民'二字的"。全国模范检察官彭少勇的话，语言质朴却道出了忠于人民的深刻寓意。检察官不仅要歌颂人民，更应忠于人民。

---

① 肖蔚云等：《宪法学概论》，北京大学出版社 2002 年版，第 24 页。
② 周叶中主编：《宪法》，高等教育出版社、北京大学出版社 2000 年版，第 94 页。
③ 《马克思恩格斯全集》第 1 卷，人民出版社 1956 年版，第 279 页。
④ 郭道晖："论国家权力与社会权力——从人民与人大的法权关系谈起"，载《法制与社会发展》1995 年第 2 期，第 25 页。
⑤ 《毛泽东选集》（第 3 卷），人民出版社 1991 年版，第 873 页。

（四）忠于宪法和法律

宪法和法律是人民意志的体现。忠于宪法和法律是忠于人民的必然要求和题中之义。从辞源上考察，宪法一词出自拉丁文"Constitutio"，最初的词意是规定、组织和结构。[①] 亚里士多德将"宪法"作为一个描述性概念来使用，特指"事实上的国家"[②]，即城邦的组织机构的安排及其所追求的目标。西塞罗将古希腊文中的 politeia（政制、宪法）译成 constitutio，他用这个词指涉传说中的立法者所建立的基本法规以及依循人民过去之惯常生活方式而订定的适当协议。[③] 而这种观念影响着近代以前人们对宪法的认识。在中世纪的欧洲，宪法一词通常被用来特指封建主所享有的，蕴含于法律、制度和习俗之中的特权。与亚里士多德所言之"宪法"不同，近代意义的宪法在"建立、组织、构造"含义之外，又增添了新意：分权和保护人权。[④] 法国《人权宣言》（1789 年）为宪法下了这样的定义："凡权利无保障和分权未确立的社会，就没有宪法。"这一定义被广泛接受，并成为经典。

宪法之于公民权利的意义，列宁曾有精辟的概括，他认为：[⑤] 宪法就是一张写着人民权利的纸。无论是近代宪法还是现代宪法，也无论是资本主义类型的宪法还是社会主义类型的宪法，都将公民权利列为宪法的重要组成部分。但社会主义类型宪法不同于资本主义类型宪法：宪法不但规定了广泛的公民权利，而且规定了对行使这些权利的物质保障。我国宪法是社会主义类型宪法，以马克思主义为指导，它的制定是以事实为根据的。我国宪法关于公民权利的规定符合我国经济发展的实际情况，具有现实可行性。我国现行宪法第二章 24 个条文中关于公民的基本权利与自由的就有 18 条。具体规定了公民的平等权、选举权与被选举权、政治自由、宗教信仰自由、人身自由（包括狭义的人身自由、人格尊严及公民的住宅不受侵犯、通信自由和通信

---

① 许崇德主编：《宪法》，中国人民大学出版社 2004 年第 2 版，第 8 页。
② ［美］C. H. 麦基文：《宪政古今》，翟小波译，贵州人民出版社 2004 年第 2 版，第 21 页。
③ ［加拿大］詹姆斯·塔利：《陌生的多样性：歧异时代的宪政主义》，上海世纪出版集团 2005 年版，第 61 页。
④ 温辉：《国家与教育——国家教育权研究纲要》，中国方正出版社 2008 年版，第 47 页。
⑤ 《列宁全集》第 12 卷，人民出版社 1959 年第 1 版，第 50 页。

秘密）、监督权（申诉、批评、控告、检举的权利）、取得国家赔偿的权利、劳动权、休息权、获得物质帮助权、受教育权、进行科学研究、文学艺术创作和其他文化活动的自由等权利和自由。宪法是人民意志的集中体现。我国宪法所规定的公民的权利和自由是中国人民革命和建设的奋斗成果，是人民意志的体现。忠于宪法和法律，是忠于人民的题中之义，是忠于人民的具体表达。

对公民来说，"遵守宪法和法律"是一项基本义务；对公职人员来说，不仅要遵守宪法和法律，而是要"模范遵守宪法和法律"[1]。模范遵守宪法和法律的核心意义是对于宪法的忠诚。[2] 2013 年 3 月习近平在"两会"闭幕式上的讲话中说道："我将忠实履行宪法赋予的职责，忠于祖国，忠于人民，恪尽职守，夙夜在公，为民服务，为国尽力，自觉接受人民监督。"李克强在中外记者见面会上也说道："我们将忠诚于宪法，忠实于人民，以民之所望为施政所向。"2018 年宪法修正案规定："国家工作人员就职时应当依照法律规定公开进行宪法宣誓。"宣誓词为："我宣誓：忠于中华人民共和国宪法，维护宪法权威，履行法定职责，忠于祖国、忠于人民，恪尽职守、廉洁奉公，接受人民监督，为建设富强民主文明和谐美丽的社会主义现代化强国努力奋斗！"

在德国，公务员的忠诚已写入宪法。德国基本法（1949 年）将公务员的忠诚义务从一种"品质上"的道德指导原则提升到宪法规定层面。该法第 33 条第 4 款规定："行使国家权力是固定职能，原则上应委托公务人员担任。公务人员之地位、服务及忠诚均有公法规定。"德国联邦宪法法院在 1975 年 5 月通过一则判例对公务人员的忠诚义务作出了明确的界定和解释。[3] 本案诉愿人是某大学法律系毕业生。该生于 1971 年 10 月通过第一次国家考试，1972 年 3 月 1 日其申请到一个邦高等法院担任实习工作，并准备参加第二次国家考试。同年 7 月 17 日，该邦高等法院院长拒绝了其申请，理由为该毕业

---

① 《公务员法》第 12 条规定："公务员有模范遵守宪法和法律的义务。"

② 中共中央组织部等编写：《〈中华人民共和国公务员法〉释义》，中国人事出版社、党建读物出版社 2005 年版，第 29 页。

③ 陈新民：《德国公法学基础理论》（上册），山东人民出版社 2001 年版，第 231～232 页。

生在大学就读时，曾经参加一个名为"红色小组"的"左倾"组织。并且，是该组织的活跃分子。他曾经参加过该小组四十次以上的活动，公开担任该小组的委员职务。基于该毕业生以上的经历，法院当局认为，这个小组是敌视宪法的组织，该毕业生既然积极参与这个组织，即表示在其以后的职业生涯中不能保证其能够随时毫无保留地维护并认同宪法理念，故不适格担任公务员之职位。原告提出宪法诉愿。联邦宪法法院首先肯定公务员对于国家及宪法有"特别的政治忠诚义务"。尽管宪法秩序是可以经过修宪程序予以变更，但是，公务员必须完全尊重，并维护这个现行秩序。接下来，法院对什么是公务员全力维护宪法的行为进行了解释。法院认为，基本法的公务员忠诚义务并不是仅仅要求公务员对宪法及国家只有一个形式上正确的态度，而内心上却对之采取漠不关心、冷漠、内在排斥的态度。公务员必须完全远离那些攻击、对抗、诋毁宪法机构及宪法制度的团体及活动。法院因而特别指出：自由、民主的法治国家，无法也不应将命运交到其毁灭者之手。

在德国，忠诚义务引申出一个问题，即公务员是否有宣传义务或有沉默权？所谓宣传义务是指公务员遇到有攻击宪法，煽动贬视宪法理念的活动时，有挺身而出，予以辩驳宣传的义务。① 通说认为，倘公务员参加一个自始就反对宪法体制的集会，自然是明显的违反忠诚义务，自不待言。倘该集会先是由支持宪法的主办单位举办，中途变质，由左派或右派的极端分子所操纵，倘若仍允许公务员享有沉默权，任其作壁上观，易让人误认其有默许、认同该偏激言论之嫌。因此，该公务员至少应起身离去以释嫌。如集会场地过大及会场情绪激动，公务员之离去，无任何示意价值（引起人注意），则公务员在可能的方法内，应公开表示其无法赞同那些敌视民主宪法的言论。倘若，无法当场发表言论，至少在事后，公务员应补充书面报告予其上级机关，以释嫌疑。

（五）忠于检察事业

忠于检察事业，是中国传统"敬业"文化在检察工作中的具体体现和现实写照，是忠于党和忠于国家的自然延展，是检察官对职业认知的升华。

---

① 陈新民：《德国公法学基础理论》（上册），山东人民出版社 2001 年版，第 240 页。

1. 传统敬业观

中国传统文化中，"敬"是一项重要的社会道德规范，主要体现在敬神、敬人、敬业三个方面。① 敬业是中国古代官德的重要内容。《周礼·天官》说："敬，不懈于位也。"孔子多次谈到敬业，他说："居处恭，执事敬，与人忠。虽之夷狄，不可弃也。"（《论语·子路》）孔子视敬业为为官者之天职。荀子也认为："修饬端正，尊法敬分，守职修业，不敢损益，可传世也，而不可使侵夺，是士大夫官师之材也。"（《荀子·君道》）朱熹主张："一日立乎其位，则一日业乎其官。"由此不难发现，传统文化特别强调做事的态度，"敬事而信"，（《论语·学而篇》）并赋予敬业丰富的内涵。孙德厚将其归纳为以下几个方面：② 其一，以"兴业"为"敬业"之前提。《管子·牧民》云："仓廪实而知礼节，衣食足而知荣辱。"孔子更是把"富之"视为"教之"的基础。"子适卫，冉有仆。子曰：'庶矣哉！'冉有曰：'既庶矣，又何加焉？'曰：'富之。'曰：'既富矣，又何加焉？'曰：'教之。'"（《论语·子路篇》）"先富而后教"实是中国文化的一种传统。"敬业"就要先"兴业"，有"敬"之对象和内容。其二，以"勤业"为"敬业"之体现。"敬业"是"勤业"的前提和动力，而"勤业"是"敬业"的岗位要求和责任。其三，以"乐业"为"敬业"之动力。孔子说："知之者不如好之者，好之者不如乐之者。"（论语·雍也篇）由"敬业"到"勤业"是外在的责任要求，具有被动性，而由"乐业"到"勤业"则是从业者的主观愿望、内在需要，是从业者对职业内容趣味和固有价值的追求，可以为"勤业"提供更持久的动力和心理保障。什么是勤呢？就是尽力做事，不偷懒，不怠惰。勤政，勤勉于政事而不懈怠，做到"早入晏出，奉公忘私，虽休勿休，恪勤匪懈"。现代社会，职业分工越来越细，职业的专业性越来越强，检察官应"永远根据法律和他们职业规则和道德履行职责"。因此，敬业除了包含上述

---

① 任者春："敬业：从道德规范到精神信仰"，载《山东师范大学学报》2009 年第 5 期，第 82 页。

② 孙德厚："中国传统'敬业乐业'职业道德观释义及培育路径"，载《管子学刊》2015 年第 3 期，第 58～59 页。有人认为敬业在职业实践上至少应体现五个方面：畏业、研业、爱业、精业、创业。见任者春："敬业：从道德规范到精神信仰"，载《山东师范大学学报》2009 年第 5 期，第 84 页。

含义外，还有另外一层意思，就是"精业"。精业要求，掌握职业知识和技能，不断学习新知识，精益求精。正如张军检察长所要求的那样：进一步深化学习，深化思考，把专业做足、做精，不要只做"工匠"，而要做"大师"。概言之，敬业是执业者所表现出来的对于服务对象和服务工作本身的专注的基本心态及这种心态的外在表现，追求卓越的工作态度，[①] 并做到"任何时候都以完美和谨慎的最高标准工作"。

2. 忠于党和忠于国家的自然延展

马克思主义认为：国家是阶级统治的机关。国家与旧的氏族组织有一个不同点，即是公共权力的设立，如监狱和各种强制设施。其职能主要有两个：[②] 第一，维护共同利益（如在东方是灌溉），为了抵御外敌；第二，用暴力对付被统治阶级，维持统治阶级的生活条件和统治条件。国家是一个抽象的政治实体，它的上述职能是由一系列具体行使国家权力和国家职能、并以国家名义进行活动的机构承担完成。不同于三权分立的资本主义国家，我国国家机构实行民主集中制原则，即在人民代表大会制度之下设立行政机关、监察机关、审判机关和检察机关；分别行使行政权、监察权、审判权和检察权。而这些机构的职责和权能又需要具体的人来行使，国家的意志需要通过公务员来贯彻实施。西塞罗认为：[③] "没有官员的智慧和尽心，国家便不可能存在，整个国家管理靠官员之间的权力分配来维持。"德国著名社会学家弗兰茨·奥本海指出：[④] "现代立宪国家与之前的国家在本质上没有差别，只有一个新发展，那就是在各个阶级为其利益而进行的斗争中，官员代表整个国家的共同利益。"而在社会主义国家，国家机关是由统治阶级中最优秀或最积极的那部分成员组成，由其代表国家实现国家统治和管理职

---

① 姜裕富："论公务员忠诚义务的内涵及其属性"，载《四川行政学院学报》2012年第4期，第91页。
② 于玉宏："马克思主义国家理论的文本解读"，载《福建省社会主义学院学报》2013年第4期，第109页。
③ 转引自王国良等："论公务员的忠实义务"，载《江西社会科学》2006年第6期，第188页。
④ ［德］弗兰茨·奥本海：《论国家》，商务印书馆1999年版，第113页。

能。① 因此，对于公职人员而言，对于党和国家的忠诚，自然就投射到对自己所服务的机关及所从事的事业的忠诚。对于检察官而言，就是忠于检察事业。

3. 对职业认知的升华

自检察制度产生以来，检察官的身份也经历了一个历史变迁：在封建君主国家，检察官是国王的代理人；在民主国家，检察官是公共利益的代表。② 德国学者萨维尼将其誉为"法律守护人"。欧洲理事会成员国部长会议于2000年10月通过《关于检察官在刑事司法制度中的作用》（The Role of Public Prosecution in the Criminal Justice System），对检察官的职责是这样界定的："检察官是公共权力机关，他们代表社会和公共利益。"我国检察机关有着鲜明的中国特色，具有独立的宪法地位。《宪法》第134条规定："中华人民共和国检察院是国家的法律监督机关。"它承担着保障宪法法律统一正确实施、维护国家法制统一的职责。并且，就其政治属性来说，人民检察院是人民民主专政机关。③ 检察工作是政法工作的重要组成部分，与人民利益、党和国家的利益、民族的利益息息相关。政法工作做得怎么样，直接关系广大人民群众切身利益，直接关系党和国家工作大局，直接关系党和国家长治久安，直接关系"两个一百年"奋斗目标和中华民族伟大复兴的中国梦。这是何等神圣而伟大的事业啊！伟大事业需要伟大精神。检察事业需要检察官深刻认识自己肩负的光荣使命，以强烈的事业心和责任感，真抓实干，开拓创新，为公平为正义，贡献自己的聪明才智。

三、忠诚的行为模式与规范要求

有人说：④ "忠诚不是哲学家理论证明的结果，而是人类共同体生活实践

---

① 许崇德主编：《宪法》，中国人民大学出版社2009年第4版，第235页。
② 温辉："检察官：从国王代理人到公共利益代表"，载《广西大学学报》（哲学社会科学版）2007年第3期，第129页。
③ 王桂五主编：《中华人民共和国检察制度研究》，中国检察出版社2008年版，第419页。
④ 张国清、刁小行："正义、忠诚和团结——罗蒂与沃尔泽社会批评理论之比较"，载《浙江社会科学》2013年第4期，第112页。

的结果。"在这个意义上，忠诚是一个实践课题，要求检察官的行为模式必须符合相应的规范要求。

（一）宪法宣誓

2018 年 3 月 11 日第十三届全国人民代表大会第一次会议通过宪法修正案，正式确定了宪法宣誓制度。

1. 宪法宣誓制度的内涵

宪法宣誓，是指国家公职人员就职时依法公开承诺忠于和遵守国家宪法。有人认为，宪法宣誓制度之"实"，即宪法宣誓制度的核心在于"宪法"，是宪法实施的一种重要方式；宪法宣誓制度之"名"，即宪法宣誓制度的表现在于"仪式"[1]，是认真对待宪法的一种公开表达。[2] 宪法宣誓制度包括以下几个方面：

第一，以立宪为前提，并不以成文宪法为限。成文宪法国家有宪法宣誓制度，不成文宪法国家也存在宪法宣誓制度。不成文宪法国家虽然没有一部称为"宪法"的法律，但有一系列宪法性文件，它们构成了该国的"不成文宪法"。如以色列是一个不成文宪法国家，其《总统法》第 9 条规定：当选总统应当按下列誓词向议会宣誓并签字。"我宣誓：效忠以色列国及其法律，忠实履行总统之职责。"虽然誓词中没有出现"宪法"字样，但其意义与成文宪法宣誓制度并无二致。

第二，以捍卫维护效忠宪法为主旨。建立宪法宣誓制度的目的在于促进宪法的实施，"将忠于宪法由初始意义上的道德要求转化为具有规范效力的宪法语言，使之成为普遍的行为规范而非一种偶尔为之的善行"，这样可以使宣誓者在外在约束下遵从宪法依法办事，慎权谨行。如湖南一位副县长宣誓后道出他对宪法及宪法宣誓仪式的敬畏感，他说：[3]"既然宣誓了，就要兑

---

[1] 有学者认为，宪法宣誓本身是神圣的仪式，从仪式角度理解宪法宣誓制度更有助于认清该制度的实质内核。所谓宪法宣誓，应当指在一国的宪法中规定新当选的国家元首、重要领导人以及新近入职的国家公职人员等通过法定程序公开宣誓遵守宪法、崇尚宪法，并效忠国家的重要仪式。见赫然、王鑫磊："西方宪法宣誓给我国的启示"，载《社会科学战线》2017 年第 10 期，第 214 页。

[2] 刘连泰、周雨："宪法宣誓制度的'实'与'名'"，载《浙江社会科学》2015 年第 2 期，第 21 页。

[3] 田必耀："宪法宣誓，从探路到规制"，载《人大研究》2016 年第 3 期，第 23 页。

现，绝不能当儿戏。"

第三，以公开宣誓为仪式。仪式是一种由文化加以构建的象征性交流，由模式化的、有秩序的一连串语词和行为构成，其不仅是表达性的——展示观念的、心智的内在逻辑，而且是建构性的——展现和建构权威的权力技术。① 按照英国著名结构学派人类文化学家埃德蒙·利奇的说法就是仪式具有在传达了某些信息即"说"了某些事情之外，它还能"做"某些事情，即"仪式象征具有能挑动仪式参与者情绪的效力，在他们的心理上发生某些实际的作用、仪式因而能够达成某些我们认为它所具有的功能"②。为了发挥上述作用，宪法宣誓须按照一定的程式，在庄严神圣的氛围下进行，如宣誓场所要悬挂国旗国徽等，表现宣誓活动的神圣性，以此增强其心理作用的内在效力。

第四，恪尽职守履行职责为誓词主要内容。尽管各国宪法宣誓的誓词不尽相同，但恪尽职守履行职责构成誓词的主要内容。韩国总统誓词为："我庄严地向国民宣誓：我将忠实地履行总统的职责，遵守宪法，保卫国家，为祖国的和平统一、增进国民的自由和福利、繁荣民族文化而努力。"印度总统誓词为："以神的名义庄严宣誓：本人将忠诚地履行总统的职责，尽本人所能维护、保护并保卫宪法和法律，本人将为印度人民服务并致力于他们的福祉。"不丹官员就职誓词："我某某某庄严宣誓：我会忠诚捍卫不丹的主权和完整，在对国王、国家和人民的服务中认真履行我的职责，毫不畏惧，竭尽所能。我真诚信仰和忠诚于不丹宪法。"从这些不同的文字中可以提取一个相同的关键词：履行职责。而正是履行职责构成宪法宣誓的核心内容。

第五，以权力授予者为宣誓对象。有人将宣誓对象分为以下几种：③ 一是向人民宣誓。如《俄罗斯宪法》第82条规定："俄罗斯联邦总统就任时向人民作如下宣誓：……"二是向任命者或直接间接选举的机构或组织宣誓；如《保加利亚宪法》规定总统和副总统应当依照该国宪法第76条第2款规

---

① 刘连泰、周雨："宪法宣誓制度的'实'与'名'"，载《浙江社会科学》2015年第2期，第22页。

② 转引自汪太贤、卢野："我国宪法宣誓制度的效力与实现"，载《河北法学》2016年第3期，第26页。

③ 刘连泰、周雨："宪法宣誓制度的'实'与'名'"，载《浙江社会科学》2015年第2期，第24页。

定向国民议会宣誓。三是向司法机关宣誓。如《马里共和国宪法》规定，当选总统在就职前向最高法院宣誓。四是向国王宣誓。五是向真主或上帝宣誓。六是向特定物宣誓，如《蒙古国宪法》规定向国徽宣誓。各国宪法宣誓对象各不相同，但笔者认为它们背后的逻辑是一致的，即向权力赋予者宣誓。所谓向司法机关宣誓，司法机关是监誓人的身份。《蒙古国宪法》第 32 条规定：总统当选后 30 日内向国家大呼拉尔宣誓就职，誓词为："我谨宣誓：我将为捍卫蒙古国独立和主权、人民的自由、国家的统一而奋斗，崇奉和遵守宪法，忠实地履行总统职责。" 现代宪法多以主权在民为基本原则，国家权力来自人民的授予，民意成为权力的重要来源。在终极意义上，人民是一切权力的源泉；而宪法恰是民意的集中体现。即便实行君主立宪的国家，君主的行为也要受到宪法和法律的约束，如《比利时宪法》规定，国王就职誓词为："我宣誓遵守宪法和法律，维护国家的独立和领土完整。"

2. 宪法宣誓制度的起源与发展

党的十八届三中全会提出，"要进一步健全宪法实施监督机制和程序，把全面贯彻实施宪法提高到一个新水平。建立健全全社会忠于、遵守、维护、运用宪法法律的制度"。党的十八届四中全会进一步提出，在全社会普遍开展宪法教育，弘扬宪法精神，并提出建立宪法宣誓制度。宪法宣誓制度是世界上大多数有成文宪法的国家所采取的一种制度。在 142 个有成文宪法国家中，规定相关国家公职人员必须宣誓拥护或效忠宪法的有 97 个。[1]

宪法宣誓制度的雏形可追溯到 1215 年英国《自由大宪章》。[2] 大宪章规定："余等及余等之后嗣坚决应许上帝，根据本宪章，英国教会应享有自由，其权利将不受干扰，其自由将不受侵犯。……此外，余等及余等之子孙后代，同时亦以下面附列各项自由给予余等王国内一切自由人民，并允许严行遵守，永矢勿渝。" 英国国王以 "表决心" 的方式承诺遵守大宪章的规定，显现宪法宣誓制度之端倪，奠定近代意义上宪法宣誓制度之基础。

---

[1] 习近平：《关于〈中共中央关于全面推进依法治国若干重大问题的决定〉的说明》（2014 年 10 月 20 日）。

[2] 赫然、王鑫磊："西方宪法宣誓给我国的启示"，载《社会科学战线》2017 年第 10 期，第 214 页。

宪法宣誓制度正式起源于美国宪法。1787年《美国宪法》规定，美国总统就职时必须宣誓："我郑重宣誓，我必忠实地执行合众国总统的职务，并尽我最大的能力，维持、保护和捍卫合众国宪法。"根据美国宪法的规定，宣誓主体仅限于总统，总统宣誓时由联邦最高法院首席大法官主持。1791年法国宪法对宪法宣誓也作出了明确规定，宣誓主体包括国王、摄政王、国民立法议会代表，甚至还包括公民。公民誓言为："我宣誓忠于国家、忠于法律和忠于国王，并以我的一切能力来支持国民制宪会议于1789年、1790年和1791年所制定的王国宪法。"议会代表们则全体一致宣读不自由毋宁死的誓词，并个别宣誓："以其一切能力来支持国民制宪会议于1789年、1790年和1791年所制定的王国宪法；在立法议会的任期中决不提出也不同意任何可能损害宪法的事件，并且要完全忠于国家，忠于法律和忠于国王。"国王在其登位时或在其已达成年时，应在立法议会向国民宣誓："要忠于国家和忠于法律，要用其所承受的一切权力来支持国民制宪会议于1789年、1790年和1791年所制定的宪法并下令施行法律。"摄政王宣誓："要忠于国家和忠于法律，要用国王所承受的一切权力——此项权力在国王未成年期间委托他行使——来支持国民制宪会议于1789年、1790年和1791年所制定的宪法并下令施行法律。"

1919年德国魏玛宪法把宣誓主体限定于总统、公务人员和军人。宪法第42条规定："联邦大总统于就职时，应对联邦国会作下列之宣誓。余誓竭余力，谋人民之幸福，增进其利益，祛除其弊病，遵守宪章大典，依照良心，尽忠义务，并用正义以临万民，谨誓。"魏玛宪法第176条规定："一切公务人员及国防军人，应对本宪法宣誓。其细则，以大总统命令定之。"魏玛宪法还确立了宣誓内容不得更改的原则。此后，宪法宣誓逐渐在国际社会得到广泛认可，成为世界上大多数国家宪法制度的一项重要内容。特别是元首宣誓，作为宪法宣誓制度的重要组成部分，充分体现了宪法至上的现代宪法理念和维护宪法权威保障宪法实施的法治精神。

3. 我国宪法宣誓制度的确立

我国宪法宣誓制度经历了一个由观念到实践、由"入法"到"入宪"的发展过程。1989年钱卫清在《理论探讨》上发表论文，提出我国应建立公务员就职宣誓制度；2000 年蒋伟在《法商研究》发表题为《论建立忠于宪法的宣誓制度》的文章，提出建立宪法宣誓制度。① 1998 年，人大代表刘重来递交一份题为《关于将宣誓就职列入我国公务员制度的议案》，提出政府领导人在人大闭幕上宣誓就职。2002 年人事部首次组织了中央机关 43 个部门 500 多名新进公务员进行就职宣誓。② 此后，宪法宣誓的实践活动在一些地方政府和部分中央机关逐渐开展起来。

2005 年 3 月，四川省委组织部及人事厅通过《认真做好新录用公务员宣誓工作的通知》；2005 年 10 月，威海人事局发布《建立新录用公务员宣誓制度的意见》；2007 年，全国政协委员韩方明提交《关于建立国家政治宣誓制度的建议案》；2010 年 2 月，最高人民检察院颁布《检察官宣誓规定（试行）》，明确"初次担任检察官职务、检察官晋升等次"时必须公开进行就职宣誓；2012 年 2 月，司法部颁布《关于建立律师宣誓制度的决定》，要求"首次取得或重新申请取得律师执业证书的人员，应当参加律师宣誓"；2012 年 12 月，最高人民法院颁布《法官宣誓规定（试行）》，规定"初次担任或重新担任法官职务的人员"必须进行就职宣誓。

2014 年 10 月，党的十八届四中全会决定：建立宪法宣誓制度。2015 年 7 月 1 日，第十二届全国人民代表大会常委会第十五次会议以 153 票赞成、0 票反对，2 票弃权表决通过了全国人民代表大会常务委员会《关于实行宪法宣誓制度的决定》（2018 年 2 月 24 日修订）（以下简称宣誓决定）。宣誓决定以国家法律形式，确立了我国的宪法宣誓制度、明确了宪法宣誓的适用范围、誓词③、基本规则、组织形态等。

宣誓决定的颁布标志着我国以立法形式正式建立并施行宪法宣誓制度。

① 汪太贤、卢野："我国宪法宣誓制度的效力与实现"，载《河北法学》2016 年第 3 期，第 25 页。
② 马华、王晓宾："就职宣誓：国家治理现代化的构建"，载《政治学研究》2016 年第 6 期，第 95 页。
③ 在宣誓决定草案稿中，誓词内容表述为"拥护中华人民共和国宪法"，最后正式法律文本中改为"忠于中华人民共和国宪法"。有人认为，从"拥护"宪法到"忠于"宪法，境界要求得到极大提升，不仅需要在行为上遵守、捍卫宪法，而且更应在内心形成宪法信仰。田必耀："宪法宣誓，从探路到规制"，载《人大研究》2016 年第 3 期，第 22 页。

宣誓决定颁布后，各地出台了实施细则。湖南省的实施办法对宣誓人的站位进行了细化规定。① 在进行集体宣誓时，由负责组织宣誓仪式的机关从选举或者任命、决定任命的国家工作人员中指派 1 人领誓。进行单独宣誓时，宣誓人面对国旗或者国徽站立，左手抚按宪法，右手举拳，诵读誓词。集体宣誓时，领誓人站在宣誓人前方，面对国旗或者国徽站立，左手抚按宪法，右手举拳，领诵誓词；其他宣誓人整齐排列，右手举拳，跟诵誓词。

2018 年 2 月 24 日第十二届全国人民代表大会常务委员会第三十三次会议对宣誓决定进行了修改，主要修改内容包括：誓词（由 70 个字修改为 75 个字），有关条款增加了与监察委员会有关的内容，同时规定：宣誓仪式应当奏唱中华人民共和国国歌。

按照宣誓规定，宣誓范围包括：各级人民代表大会及县级以上各级人民代表大会常务委员会选举或决定任命的国家工作人员，以及各级人民政府、监察委员会、人民法院、人民检察院任命的国家工作人员，在就职时应当公开进行宪法宣誓。2018 年 3 月 11 日第十三届全国人民代表大会第一次会议通过宪法修正案，规定：宪法第 27 条增加一款，作为第 3 款："国家工作人员就职时应当依照法律规定公开进行宪法宣誓"。至此，我国宪法宣誓制度完成了由"入法"到"入宪"的发展历程。

4. 宪法宣誓制度的意义

宪法宣誓制度具有多重意义，下面从政治学、国家治理、法律等三个角度分别阐释。

首先，从政治学角度来看。有人认为，借助古代仪式的表象，对国家公职人员及公民的思想进行启蒙，强化其内在政治理念，是现代就职宣誓制度的价值内核。② 从政治学角度，宪法宣誓是一种政治性的仪式，通过行礼如仪的庄严的、象征性的外在表达形式，将宣誓者内在的政治意识、理想信念、道德观念外现于形，并加以强化，逐渐形成稳固的行为模式、思维定式和心理惯性。在此基础上，宣誓仪式所传达的政治理念、政治文化、政治信仰通过大众媒体的传播，有利于凝聚共识，提升"四个自信"。

---

① 田必耀："宪法宣誓，从探路到规制"，载《人大研究》2016 年第 3 期，第 23 页。
② 马华、王晓宾："就职宣誓：国家治理现代化的构建"，载《政治学研究》2016 年第 6 期，第 100 页。

其次，从国家治理角度来看。作为国家治理体系的重要一环，建立宣誓制度是丰富和完善国家治理体系的重要方面，是提高国家治理能力的重要举措，是有效实现国家治理现代化的重要制度前提。从治理意义上讲，政治仪式是在对公民进行强制性影响之外，提供的一种较为柔和的影响方式，通过价值和信仰获得合法性资源。① 与此同时，宣誓制度也是对传统政治文化的一种革新，为我国政治文明建设民主政治发展提供了文化支持与制度支撑。

最后，从法律角度来看。有人认为，宣誓制度具有以下法律上的意义：② 第一，对于我国制度建设而言，有利于推进我国法制建设与国际接轨，有利于推动社会监督制度的规范和完善。第二，对于社会法治教育而言，有利于维护宪法尊严，树立宪法权威；有利于在全社会开展宪法教育，维护良好的社会秩序；有利于强化公民宪法意识，形成宪法信仰。第三，对于宪法宣誓主体自身而言，有利于强化宣誓主体的责任意识，有利于深化宣誓主体的职业认同；有利于增强宣誓主体根据自身的价值判断来调节、指导和规范自身的行为。

从法律视角看宣誓制度的意义，不得不提及两个关键词，一是职责，二是效力。前者是说宣誓的内容，后者是讲宣誓的后果。就职责而言，宪法宣誓制度的意义就是将宣誓人的职责宣告于世，并遵照宪法按照法律对其职责予以约束。宪法宣誓者必须按照宪法和法律规定行使职责，履行公职人员应尽的义务，"随时要提醒自己不忘承诺，牢记自身肩负的责任"③。进而，有利于促使国家工作人员树立宪法意识，恪守宪法原则，弘扬宪法精神，履行宪法使命；也有利于彰显宪法权威，激励和教育国家工作人员忠于宪法，遵守宪法，维护宪法，加强宪法实施。就效力而言，宣誓人在宣誓时应举止庄严，表现出将接受誓词约束的真情实感，并完整地读出誓词。2016年10月，香港发生议员宣誓事件，极个别议员在新一届立法会议员宣誓时亵渎誓词，

① 姬会然："论宪法宣誓制度的政治内涵、价值及其完善——以现代政治仪式建构为分析视角"，载《社会主义研究》2016年第6期，第72页。
② 张志泉："我国宪法宣誓制度的构建与完善"，载《国家行政学院学报》2016年第4期，第72～73页。
③ 赫然、王鑫磊："西方宪法宣誓给我国的启示"，载《社会科学战线》2017年第10期，第215页。

有的增加或修改誓词内容；有的玩慢读，在每个单词之间停顿 3 秒，用 13 分钟龟速宣誓。香港法院按照全国人大对香港基本法第 104 条的解释①，认定涉案议员宣誓不符合人大释法和香港法律规定的宣誓，确定为无效宣誓。由此看出，宣誓的效力主要体现在：宣誓人必须真诚信奉并严格遵守法定誓言。宣誓人作虚假宣誓或者在宣誓之后从事违反誓言行为的，依法承担法律责任。

（二）严明政治纪律

中国共产党是靠革命理想和铁的纪律组织起来的马克思主义政党。制定和执行严格的纪律尤其是极为严格的政治纪律、廓清组织边界是中国共产党的历史传统、政治特色和独特组织优势。②

纪律严明是马克思主义政党的光荣传统和独特优势。没有纪律，一个团体，一个组织，一个政党，就是一盘散沙。1859 年 5 月 18 日，马克思在《致恩格斯》的信中鲜明地指出：③"我们现在必须绝对保持党的纪律，否则将一事无成。"1886 年 10 月 23 日，恩格斯在《致劳拉·拉法格》的信中指出：④"胜利的首要条件是严格遵守纪律，……这种纪律是一个有成效的和坚强的组织的首要条件，是资产阶级最害怕的。"列宁最早把"党的纪律"定性为"铁的纪律"。他强调：⑤"要使无产阶级能够正确地、有效地、胜利地发

---

① 2016 年 11 月 7 日，第十二届全国人大常委会第二十四次会议通过了《全国人大常委会关于香港特别行政区基本法第一百零四条的解释》。其中第 2 条规定：《中华人民共和国香港特别行政区基本法》第一百零四条规定相关公职人员"就职时必须依法宣誓"，具有以下含义：（一）宣誓是该条所列公职人员就职的法定条件和必经程序。未进行合法有效宣誓或者拒绝宣誓，不得就任相应公职，不得行使相应职权和享受相应待遇。（二）宣誓必须符合法定的形式和内容要求。宣誓人必须真诚、庄重地进行宣誓，必须准确、完整、庄重地宣读包括"拥护中华人民共和国香港特别行政区基本法，效忠中华人民共和国香港特别行政区"内容的法定誓言。（三）宣誓人拒绝宣誓，即丧失就任该条所列相应公职的资格。宣誓人故意宣读与法定誓言不一致的誓言或者以任何不真诚、不庄重的方式宣誓，也属于拒绝宣誓，所作宣誓无效，宣誓人即丧失就任该条所列相应公职的资格。（四）宣誓必须在法律规定的监誓人面前进行。监誓人负有确保宣誓合法进行的责任，对符合本解释和香港特别行政区法律规定的宣誓，应确定为有效宣誓；对不符合本解释和香港特别行政区法律规定的宣誓，应确定为无效宣誓，并不得重新安排宣誓。

② 李斌雄、张银霞："中国共产党严明政治纪律政治规矩的利益基础和生态分析"，载《马克思主义研究》2016 年第 1 期，第 29 页。

③ 《马克思恩格斯全集》第 29 卷，人民出版社 1972 年版，第 413 页。

④ 《马克思恩格斯全集》第 36 卷，人民出版社 1974 年版，第 540 页。

⑤ 《列宁全集》第 39 卷，人民出版社 1986 年版，第 24 页。转引自郭绍均、王学俭："严明党的政治纪律和政治规矩"，载《中国特色社会主义研究》2016 年第 3 期，第 100 页。

挥自己的组织作用（而这正是它的主要作用），无产阶级政党的内部就必须实行极严格的集中和极严格的纪律。"1938 年，毛泽东在党的六届六中全会的报告中，首次提出"纪律是执行路线的保证"的科学论断。① 邓小平指出：我们这么大一个政党，怎样才能团结起来、组织起来呢？一靠理想，二靠纪律。

习近平总书记指出：②"革命战争年代，我们党团结带领人民打败穷凶极恶的敌人、夺取中国革命胜利，靠的是铁的纪律保证。新的历史条件下，我们党要团结带领人民全面建成小康社会、基本实现现代化，同样要靠铁的纪律保证。"严明党的纪律，首要的是严明政治纪律。政治纪律是最重要、最根本、最关键的纪律，遵守党的政治纪律是遵守党的全部纪律的重要基础。我们党历来高度重视党的政治纪律。1927 年五大通过《组织问题决议案》，明确提出政治纪律，指出：③"党内纪律非常重要，但宜重视政治纪律，不应将党的纪律在日常生活中机械的应用。"这个决议案虽然强调了政治纪律在党的纪律体系中的重要地位，但并未对政治纪律概念作出界定。④ 1927 年 11月，党中央召开临时政治局扩大会议，通过了中共历史上唯一一个《政治纪律决议案》，提出"只有最高严密的政治纪律，才能够增厚无产阶级政党的斗争力量，这是每一个共产党所必具的最低条件"⑤。

1980 年 2 月 29 日，党的十一届五中全会通过《关于党内政治生活的若干准则》，总结了党内政治生活的 12 条基本原则。准则对健全党内政治生活，提高党员的思想政治水平和党性修养起到了很大的促进作用。党的十八大以来，我们党更加重视政治纪律。习近平总书记强调指出：⑥"现代政党都是有

① 胡真："对中国共产党政治纪律的考察与思考"，载《学校党建与思想教育》2015 年第 12期，第 4 页。
② 中共中央文献研究室编辑：《十八大以来重要文献选编》（上），中央文献出版社 2014 年版，第 131 页。
③ 转引自马怀德等：《扎紧党纪的制度笼子——〈中国共产党纪律处分条例〉释义》，人民出版社 2016 年版，第 103 页。
④ 李斌雄、张银霞："中国共产党严明政治纪律政治规矩的利益基础和生态分析"，载《马克思主义研究》2016 年第 1 期，第 30 页。
⑤ 中央档案馆：《中共中央文件选集》（1927 年），中央党校出版社 1991 年版，第 478 页。转引自杨卫军："党的政治纪律的历史考察及其启示"，载《江西社会科学》2014 年第 6 期，第 132 页。
⑥ 习近平："严明政治纪律，自觉维护党的团结统一"（2013 年 1 月 22 日），载中共中央文献研究室编辑：《十八大以来重要文献选编》（上），中央文献出版社 2014 年版，第 133 页。

政治纪律要求的，没有政治上的规矩不能称其为政党……一个政党，不严明政治纪律，就会分崩离析。"政治纪律是全党在政治方向、政治立场、政治言论、政治行动方面必须遵守的刚性约束。遵守政治纪律和政治规矩，重点要做到以下五个方面。一是必须维护党中央权威，决不允许背离党中央要求另搞一套。二是必须维护党的团结，决不允许在党内培植私人势力，要坚持五湖四海，团结一切忠实于党的同志，团结大多数，不得以人画线，不得搞任何形式的派别活动。三是必须遵循组织程序，决不允许擅作主张、我行我素，重大问题该请示的请示，该汇报的汇报，不允许超越权限办事，不能先斩后奏。四是必须服从组织决定，决不允许搞非组织活动，不得跟组织讨价还价，不得违背组织决定，遇到问题要找组织、依靠组织，不得欺骗组织、对抗组织。五是必须管好亲属和身边工作人员，决不允许他们擅权干政、谋取私利，不得纵容他们影响政策制定和人事安排、干预正常工作运行，不得默许他们利用特殊身份谋取非法利益。

政法工作的性质决定政法队伍必须严明纪律，而政治纪律是最重要、最根本的纪律。对检察官而言，政治纪律是第一位的，是必须始终坚守的底线。2016年10月20日最高人民检察院第十二届检察委员会第五十六次会议对2004年6月1日通过、2007年3月6日修改的《检察人员纪律处分条例（试行）》（以下简称旧《检纪处分条例》）进行了修订，颁布了《检察人员纪律处分条例》（以下简称新《检纪处分条例》），强调严明政治纪律，凸显了检察官忠诚的政治品格。遵守党的政治纪律，最核心的，就是坚持党的领导，坚持党的基本理论、基本路线、基本纲领、基本经验、基本要求，同党中央保持高度一致，自觉维护中央权威。新《检纪处分条例》增加了这方面的内容，条文数量由旧条例的7条增至新条例的17条，主要增加了下列处罚条款："妄议中央大政方针，破坏党的集中统一"（第44条第1款第2项）；"歪曲党史、军史"（第44条第1款第3项）；"搞团团伙伙、结党营私、拉帮结派、培植私人势力或者通过搞利益交换、为自己营造声势等活动捞取政治资本"（第49条）；"领导干部对违反政治纪律和政治规矩等错误思想和行为放任不管，搞无原则一团和气，造成不良影响"（第58条）；"组织参加旨在反对党的领导、反对社会主义制度或者敌视政府等组织"（第47

条）等。新《检纪处分条例》不仅增加了政治纪律的处罚事由，还对有些条款进行了细化。如旧《检纪处分条例》第 31 条规定："违反党和国家的民族、宗教政策，情节较轻的，给予警告、记过或者记大过处分；情节较重的，给予降级或者撤职处分；情节严重的，给予开除处分。"新《检纪处分条例》第 51 条细化了对违反党和国家民族政策行为的处分。（1）明确列举出最严重的违反民族政策的行为，即挑拨民族关系制造事端或者参加民族分裂活动；（2）根据在违纪行为中所起的作用，给予不同处分。挑拨民族关系制造事端或者参加民族分裂活动的，对策划者、组织者和骨干分子，给予开除处分。对其他参加人员，情节较轻的，给予警告、记过或者记大过处分；情节较重的，给予降级或者撤职处分；情节严重的，给予开除处分。对不明真相被裹挟参加，经批评教育后确有悔改表现的，可以免予处分或者不予处分。

政治信念是本，容不得一丝一毫的"杂质"。

1993 年 1 月，陕西省蓝田县检察院原助理检察员朱某参加非法组织"门徒会"，在其中担任蓝田分会配执，主抓"开新工"工作。朱某先后 5 次参加"门徒会"蓝田分会"同工会"会议。1993 年 3 月，蓝田县政府发出了关于坚决取缔非法组织"门徒会"的通告。县检察院党组发现了朱某的问题，及时对朱某进行了批评教育。朱某不听党组织的批评教育和挽救，不正视自己的严重错误，背着党组织继续参加"门徒会"的活动。自 1994 年 6 月任"门徒会"蓝田分会配执主抓"开新工"期间，朱某共组织发展新工教会 50 个，新教徒 100 多人。1994 年 10 月 19 日，"门徒会"成员被公安机关抓获后，朱某打探消息，烧毁自己存放"门徒会"的材料。1995 年，组织对朱某作出开除党籍和开除公职处理。①

（三）严守组织纪律

党的力量来自组织，组织能使力量倍增。1921 年党的一大通过了起临时党章作用的《中国共产党第一纲领》，纲领针对党处于秘密状态下的建党环

---

① 资料来源于《检察官纪律读本》，中国检察出版社 2000 年版。转引自林广成主编：《检察人员廉洁守纪指南》，中国检察出版社 2012 年版，第 8~9 页。

境，作出党员应保守秘密的纪律要求。1922 年党的二大通过中国共产党第一部党章。党章共 6 章 29 条，专设"纪律"一章，有 9 条内容，规定下级机关必须完全执行上级机关的命令，全党服从中央和少数绝对服从多数的组织规矩和纪律原则，明确规定党员违反党纪党规必须开除党籍。我们党从一个只有几个人的小党发展成为世界第一大执政党，组织严密是重要保证。毛泽东说过："加强纪律性，革命无不胜。"严密组织纪律，就是要做到忠诚于组织，贯彻民主集中制原则，自觉接受组织安排和纪律约束。

新《检纪处分条例》将组织纪律列于分则第二节，位于政治纪律之后，条文由旧条例的 6 条增加至新条例的 16 条，增加了民主集中制和对组织忠诚等条款。如新《检纪处分条例》第 61 条规定："下级检察机关拒不执行或擅自改变上级检察机关决定的，对直接责任者和领导责任者，给予警告、记过或者记大过处分；情节严重的，给予降级或者撤职处分。"第 63 条规定："离任、辞职或者被辞退时，拒不办理公务交接手续或者拒不接受审计的，给予警告、记过或者记大过处分；情节较重的，给予降级或者撤职处分；情节严重的，给予开除处分。"第 64 条规定："不按照有关规定或者工作要求，向组织请示报告重大问题、重要事项的，给予警告、记过或者记大过处分；情节严重的，给予降级或者撤职处分。"第 65 条规定，有"违反个人有关事项报告规定，不报告、不如实报告""在组织进行谈话、函询时，不如实向组织说明问题""不如实填报个人档案资料"行为的，情节较重的，给予警告、记过或者记大过处分。第 66 条规定："领导干部违反有关规定组织、参加自发成立的老乡会、校友会、战友会等，情节严重的，给予警告、记过、记大过或者降级处分。"这些条款突出对检察官组织忠诚度的要求，但史少林、钟长鸣等人①却没有把心放在正中，最终无法写出"忠"字。

1995 年至 2013 年，新疆维吾尔自治区检察院原党组成员、副检察长史少林利用职务上的便利，在干部选拔任用、企业经营等方面为他人谋取利益，索取、收受财物。2008 年以来，为掩盖其严重违纪违法事实，多次将其收受

---

① 详见《检察日报》2017 年 5 月 27 日。

的现金、银行卡等转移至亲友处藏匿。2015 年 12 月，与其妻陈某就家庭拥有房产情况统一口径，订立攻守同盟，企图逃避组织审查。此外，还与他人长期保持不正当性关系，不按规定如实报告个人有关事项。2016 年 8 月、2017 年 3 月，史少林先后受到开除党籍、开除公职处分；2017 年 12 月被法院以受贿罪和巨额财产来源不明罪判处有期徒刑 17 年 6 个月，并处罚金 300 万元。

1998 年至 2016 年间，四川省内江市检察院原党组书记、检察长钟长鸣利用职务上的便利，在职务晋升、工作调动、工程承揽等方面为他人谋取利益，收受财物。2011 年至 2016 年，收受他人所送礼金共计 36.2 万元。2015 年，多次违规安排、参与会见、公款宴请在押犯罪嫌疑人，后又与相关人员订立攻守同盟，对抗组织审查。此外，还存在违规组织和参加公款旅游、超标准配备和使用办公用房等问题。2017 年 1 月，钟长鸣受到开除党籍、开除公职处分，涉嫌犯罪移送司法机关处理。

史少林和钟长鸣在发生违纪问题后，为逃避责任，与相关人员订立攻守同盟，对抗组织审查。其行为违反新《检纪处分条例》第 64 条和第 65 条的规定，是对组织纪律的僭越。

还有的检察官不顾外事纪律，擅自变更出访路线，造成恶劣影响。

2006 年 7 月安徽省检察院决定派遣由一名副检察长任团长的 10 人考察团出访瑞典、芬兰。在联系出访过程中，省院的经办人员没有通过正式司法合作渠道联系，而是委托境外一非官方组织在华机构作为中介方代办相关事宜。该考察团还擅自在出访日程增加赴德国、丹麦、挪威等三国观光旅游。2006 年 11 月 20 日，考察团从上海出发赴芬兰，在抵达赫尔辛基机场后，芬兰边防官员发现中介提供给该团的芬兰司法部邀请函系伪造，遂拒绝该团入境。11 月 21 日，该团由赫尔辛基返回上海。① 上述行为违反了旧《检纪处分条例》第 39 条的规定。第 39 条第 2 款规定："临时出国（境）团（组）或者人员，擅自延长在国（境）外期限，或者擅自变更路线，造成不良影响或者经济损失的，对主要责任者，给予警告、记过或者记大过；情节严重的，

---

① 林广成主编：《检察人员廉洁守纪指南》，中国检察出版社 2012 年版，第 94~95 页。

给予降级或者撤职处分。"《中国共产党纪律处分条例》（2003 年）第 69 条规定："临时出国（境）团（组）或者人员的党员，擅自延长在国（境）外期限，或者擅自变更路线，造成不良影响或者经济损失的，对主要责任者，给予警告或者严重警告处分；情节严重的，给予撤销党内职务处分。"《中国共产党纪律处分条例》（2018 年，第 131 条）对此作出了更为严格的规范，不以是否"造成不良影响或者经济损失"为追责要件。

（四）坚定职业信仰，珍惜职业荣誉

根据《现代汉语词典》的解释，①"信仰是对某人或某种主张、主义、宗教极度的相信和尊敬，拿来作为自己行动的榜样或指南"。由此可见，信仰包含"知"和"行"两个方面。一方面，信仰是人的心理认知活动，是世界观、价值观、人生观的集中体现。在这个意义上，信仰即依赖、即知识、即承认②。另一方面，信仰也是人的社会实践活动，是以"知"面向的信仰为依据、为精神指导和力量源泉所进行的认识世界和改造世界的行为。这两个方面构成了信仰的两个主要的特征：由衷的相信和自觉不懈的追求。③ 人类文明中的信仰形态十分丰富，但基于信仰的社会学研究，有人认为，就其主要形式来说，不外就是两大信仰类型：以人为本与以神为本。④ 后者有如宗教信仰；职业信仰则属于前者。职业信仰把个人的信仰与其职业联系在了一起，是一个人对其职业的相信和崇敬。

检察官在保障人权，打击犯罪，维护国家法制统一实施等方面发挥着重要作用。1990 年 8 月 27 日至 9 月 7 日，第八届联合国预防犯罪和罪犯待遇大会在古巴哈瓦那召开，会议通过《检察官作用准则》（Guidelines on the Role of Prosecutors），积极肯定了检察官在司法工作中具有决定性作用，特别是在

① 中国社会科学院语言研究所词典编辑室编：《现代汉语词典》，商务印书馆 2005 年第 5 版，第 1520 页。

② 瑞士神学家巴特在他的《论基督宗教信仰》一文中，将此三点概括为基督宗教信仰的主要特征。笔者认为，它也是非宗教信仰的主要特征。转引自董莉、董玉整："论人道主义职业信仰及其四个层次"，载《理论月刊》2002 年第 5 期，第 48 页。

③ 刘建军：《马克思主义信仰论》，中国人民大学出版社 1998 年版，第 10 页。

④ 李向平："两种信仰概念及其权力观"，载《华东师范大学学报》（哲学社会科学版）2013 年第 2 期，第 22 页。

刑事诉讼中的作用——有助于刑事司法公平而合理，并有效地保护公民免受犯罪行为的侵害。为此，检察官应"认识到其职务所涉的理想和职业道德"（第2条），并"作为司法工作的重要作为者，应在任何时候都保持其职业的荣誉和尊严"（第3条）。1999年4月23日，国际检察官联合会通过《检察官职业责任准则和主要权利义务准则》（Standards of Professional Responsibility and Statement of the Essential Duties and Rights of Prosecutors），要求检察官"任何时候都保持他们的职业荣誉和尊严""任何时候都以完美和谨慎的最高标准工作""及时充分了解有关法律发展"。

在我国，检察官也肩负着重大职责，享有崇高荣誉。1978年3月1日，叶剑英在关于修改宪法的报告中，特别提到："鉴于同各种违法乱纪行为作斗争的极大重要性，宪法修改草案规定设置人民检察院。"检察官也是受人尊敬的职业。1997年《北京青年报》在5000人的范围内，对"你心目中理想的社会职业"进行了民意测验。在全国一百多个社会职业中，"检察官"职业名列第10位，超过了人们对行政官员的认可。① 检察官职业的性质、社会认可度构筑了检察官职业信仰的基础。检察官应通过个人的行为，维护职业荣誉，时刻考虑到自己的行为不仅关乎个人的得失，也关乎公众对检察官队伍整体的评价。检察官应当在任何时候都通过端正的行为和专业水准保持他们的职业荣誉和尊严，让"检徽在胸不染尘"。为此，检察官应"慎重社会交往，约束自身行为，不参与与检察官身份不符的活动"（《检察官职业行为规范（试行）》第45条）；"精研法律政策，充实办案所需知识，保持专业水准，秉持专业操守，维护职业信誉和职业尊严"（《检察官职业行为规范（试行）》第25条）。党的十九大代表、最高人民检察院刑事申诉厅副厅长杜亚起将专业能力与为人民服务联系在一起，提高了钻研专业的精神动力。他说："提高我们的办案能力和水平的终极目的，就是要服务于人民。"有了这样的精神信念，职业荣誉就不会被玷污。

程然以她的青春她的奉献为忠诚写下了至真至诚的注脚。程然，湖北

---

① 最高人民检察院政治部组织编写：《检察官政治读本》，中国检察出版社2000年版，第8页。

省孝感市孝南区人民检察院检察官，视检察事业如生命，视责任如泰山，视群众如亲人，为民公正执法，忘我无私奉献。从检 17 年，程然先后调换了 7 个岗位：法警大队、技术科、反贪局、财务室、办公室、案件管理中心、公诉科。她总能在看似不出彩的岗位上大放异彩，成为这个岗位"离不开的人"。

从事司法会计鉴定工作，程然鉴定的案件均得到法院认可；从事统计工作，她年年被上级评为优秀统计员，并荣立三等功；当检委会秘书，她利用自己精通电脑技术的特长，将多媒体示证系统运用到检委会工作中，有效节约了司法资源；负责社会治安综合治理工作五年，全院连续五年被孝南区委、区政府评为"社会治安综合治理先进单位"；任案件管理中心副主任，在没有经验和模式可以借鉴的情况下，她仅用了 7 天时间就完成了历年积累的线索清理、编号登记、造册工作，并顺利建起了综合受理平台，解决了长期困扰院里的案件归口管理问题。

2012 年，孝感市检察院档案管理面临省特级复核，专门借调"认真得出了名"的程然负责这项工作。档案整理十分烦琐枯燥，程然扎进办公室埋头苦干，整理案卷 3000 多卷，并全部使用了微机建档，使孝感市检察院档案管理达省特一级标准。原计划半年的工作，没想到程然一个月就完成了，孝感市检察院想要继续借调程然，孝南区检察院检察长周伦不放人："我们也离不开这样肯干事、能干事的人！"

程然获得荣誉无数。2001 年被评为先进个人，2004 年 2 月被孝南区评为政法工作先进个人，2005 年 3 月被孝南区评为政法工作先进个人，2005 年荣立三等功 1 次，2006 年 3 月评为孝南区普法工作先进个人，2010 年 10 月在孝感市人民检察院组织的新《刑事诉讼法》知识竞赛中荣获三等奖，2013 年 1 月孝感市检察院授予先进检察官荣誉称号、2013 年 2 月湖北省人民检察院授予先进检察官荣誉称号，2013 年 8 月被湖北省人民检察院授予 2008 ~ 2012 年度先进个人，并荣立个人二等功。程然以青春和热血、卓越的贡献，呵护了检察官的职业荣誉。

（五）严守国家秘密和检察工作秘密

保守秘密是检察官忠于法律、忠于检察事业的具体体现和外在表现。《公务员法》第 12 条第 6 项规定：公务员应当履行"保守国家秘密和工作秘密"的义务。《检察官法》第 8 条第 5 项规定：检察官应当履行"保守国家秘密和检察工作秘密"的义务。《国家保密法》第 2 条规定："国家秘密是关系国家安全和利益，依照法定程序确定，在一定时间内只限一定范围的人员知悉的事项。""保守国家秘密"是《宪法》第 53 条赋予公民的一项基本义务。但由于公职人员了解、掌握和接触国家秘密的机会、渠道多于普通公民，因此，相较于普通公民"保守国家秘密"的宪法义务而言，公务员保密义务更严格。《国家保密法》第 24 条规定："机关、单位应当加强对涉密信息系统的管理，任何组织和个人不得有下列行为：（一）将涉密计算机、涉密存储设备接入互联网及其他公共信息网络；（二）在未采取防护措施的情况下，在涉密信息系统与互联网及其他公共信息网络之间进行信息交换；（三）使用非涉密计算机、非涉密存储设备存储、处理国家秘密信息；（四）擅自卸载、修改涉密信息系统的安全技术程序、管理程序；（五）将未经安全技术处理的退出使用的涉密计算机、涉密存储设备赠送、出售、丢弃或者改作其他用途。"第 25 条规定："机关、单位应当加强对国家秘密载体的管理，任何组织和个人不得有下列行为：（一）非法获取、持有国家秘密载体；（二）买卖、转送或者私自销毁国家秘密载体；（三）通过普通邮政、快递等无保密措施的渠道传递国家秘密载体；（四）邮寄、托运国家秘密载体出境；（五）未经有关主管部门批准，携带、传递国家秘密载体出境。"违反上述规定的行为，将依法给予处分；构成犯罪的，依法追究刑事责任。

公务员除负有保守国家秘密的义务外，还负有保守工作秘密的义务。"工作秘密，是指未列入国家秘密的范围，但扩大知悉范围会对机关的正常工作带来不利影响的秘密事项"①。具体检察工作而言，工作秘密主要指正在办理中的案件的信息。检察人员如果泄露案件秘密，或者为案件当事人及其

---

① 中共中央组织部等编写：《〈中华人民共和国公务员法〉释义》，中国人事出版社、党建读物出版社 2005 年版，第 34 页。

近亲属、辩护人、诉讼代理人、利害关系人等打探案情、通风报信，依据新《检纪处分条例》第 77 条①的规定，给予记过或者记大过处分；造成严重后果或者恶劣影响的，给予降级、撤职或者开除处分。

2015 年 11 月和 2016 年 2 月，中央政法委先后两次公开通报干部干涉过问司法案件共计 12 件，其中涉及检察人员的有 3 件。

2014 年 7 月，上海市浦东新区检察院书记员刘一定受浦东新区商务委徐某的请托，向本院参与办案人员打探徐某涉嫌违纪违法案情。2014 年 9 月，南汇区房屋土地管理局原局长张某因涉嫌严重违纪违法问题被审查，刘一定又接受张某亲戚杨某的请托，向本院同事打探案情，干扰案件办理。刘一定受到行政记大过处分，并被免去书记员职务。

2015 年 5 月，北京市丰台区检察院法警队法警李朝阳受某亲戚之托，为该亲戚之子涉嫌强奸案向本院侦监处承办人电话询问案件进展、是否可以递交调解书等情况，并指使该亲戚与被害人达成赔款协议。检察机关对李朝阳给予行政记大过处分，并限期调离。

2015 年 6 月至 7 月，山西河津市检察院反渎职侵权局原副局长王建立接受涉嫌合同诈骗犯罪案件嫌疑人晋某的亲属请托，违反规定打探案情、通风报信，泄露检察工作秘密，严重干扰河津市检察院对晋某决定采取逮捕强制措施。王建立受到留党察看、撤职处分。

（六）勤勉敬业

敬业是检察官职业道德基本要求，是社会主义核心价值观的具体内容。2006 年 10 月，党的十六届六中全会第一次明确提出"建设社会主义核心价值体系"的重大命题和战略任务，明确提出社会主义核心价值体系的内容，并指出社会主义核心价值观是社会主义核心价值体系的内核。2012 年 11 月，党的十八大明确提出"三个倡导"，即"倡导富强、民主、文明、和谐，倡

---

① 旧《检纪处分条例》中对应的条文为第 41 条，该条规定："泄露国家秘密、检察工作秘密，或者为案件当事人及其代理人和亲友打探案情、通风报信的，给予记过或者记大过处分；造成严重后果的，给予降级、撤职或者开除处分。"相比较，新《检纪处分条例》的规定更为规范更为严谨：一是将"亲友"改为"近亲属、辩护人、诉讼代理人、利害关系人等"；二是在"造成严重后果"后增加了"或者恶劣影响"。

导自由、平等、公正、法治，倡导爱国、敬业、诚信、友善，积极培育社会
主义核心价值观"，这是对社会主义核心价值观的最新概括。敬业是对公民
职业行为的价值评价，要求公民忠于职守，克己奉公，服务人民，服务社会，
充分体现了社会主义职业精神。

《辞海》引用朱熹的话来注解敬业："敬业者，专心致志以事其业也。"
有人认为这句话包含两方面含义：[①] 一是好好做事，侧重于过程、态度，强
调充分尊重职业的内在规律，恭敬严肃地对待工作；二是把事做好，侧重于
效果、效益，强调充分注重职业的质量标准，实现最大的社会效益。据此判
断，敬业最为核心的含义是"守责"加"精进"。敬业，第一位的是"守
责"，在此基础之上则是"精进"，即不断进取，追求卓越，做到"精业"。
关于"精业"，前文已有阐释，不再赘述。这里主要讨论检察官的"守责"。
守责主要包含以下三个方面的要求。

一是履行职责。明确责任是履职的前提。伴随着司法责任制改革，各地
已制定出台了检察官权力清单，为检察官正确履行职责列出了正面清单，明
确了什么人享有什么权力，什么权能用，什么事项属于自己的职责所在。新
《检纪处分条例》为检察人员履职列出了负面清单，使检察人员明确什么行
为不可为，什么权不可用，否则，将要受到责任追究，纪律惩戒。同时，如
果发生违纪行为，不但要追究行为者的责任，还要追究领导者、管理者的监
督管理责任。新《检纪处分条例》第 4 条规定："检察机关及其所属机构、
单位、办案组织集体作出违纪决定或者实施违纪行为，对负有直接责任和领
导责任的检察人员，依照本条例给予纪律处分。"该条例第 91 条规定："负
有监督管理职责的检察人员因故意或者重大过失，不履行或者不正确履行监
督管理职责，导致司法办案工作出现错误，情节较重的，给予警告、记过或
者记大过处分；情节严重的，给予降级或者撤职处分。"

二是坚守岗位。坚守岗位要求，不因个人事务及其他非公事而影响职责
的正常履行，并认真执行请销假制定。新《检纪处分条例》第 148 条规定：

① 任者春："敬业：从道德规范到精神信仰"，载《山东师范大学学报》（人文社会科学版）
2009 年第 5 期，第 82 页。

"旷工或者因公外出、请假期满无正当理由逾期不归，造成不良影响的，给予警告、记过或者记大过处分；情节较重的，给予降级或者撤职处分；情节严重的，给予开除处分。"

三是对工作尽心尽力，不推诿搪塞。要求全身心地投入工作，对自己职责范围内的事情，"肯任事""不拖拉"，并最大限度地去做好。新《检纪处分条例》第127条规定："对群众合法诉求消极应付、推诿扯皮，损害检察机关形象，情节较重的，给予警告、记过或者记大过处分；情节严重的，给予降级或者撤职处分。"

王勇堪称检察官敬业的典范。

2017年4月21日，山东菏泽市曹县检察院公诉科副科长王勇在县群众工作综合服务中心工作时，突发脑溢血，23日，由于气管被切开，不能说话，他从昏迷中醒来第一件事就是通过医务人员向在外面焦急等待的亲属和同事们传递出三张纸条。纸条上的字歪歪扭扭，不连贯，也不通顺。"给孔令壮说，网上案子别超期。""给他们说一下，让他们替我开庭。""给俺娘说，别担心。""和你们在一起是我一辈子的荣幸，出院以后我们一起看案子。"

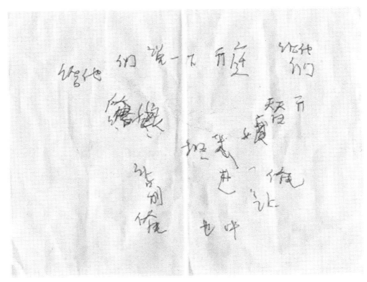

图2-1 王勇的纸条一

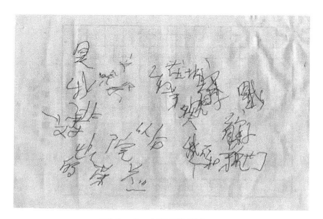

图 2 - 2　王勇的纸条二

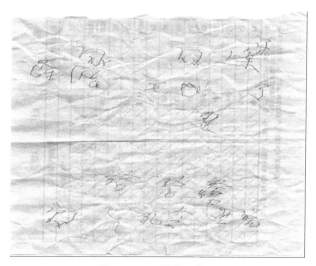

图 2 - 3　王勇的纸条三

因生病住院耽误工作，影响开庭，无可指责，也无需自己费思量，自己只需静心养病、安心休息，有关工作事宜，领导自然会作出适当安排，妥善处理。但王勇却在苏醒后第一时间传出这样的字条，表达的是他当时的所思所想，诠释的是检察官的敬业精神，彰显的是检察官的忠诚本色。

王勇的行为体现出他对职业的高度认知和坚定信仰。职业给人崇高，满足人的"超越性需要"①。检察工作，于检察官而言，不单单是满足人生存之

---

① 任者春："敬业：从道德规范到精神信仰"，载《山东师范大学学报》2009 年第 5 期，第83 页。

需的"饭碗",也不单单是满足人对安全、爱和归属需要的"媒介",而是基于人的社会生活和精神生活的要求,满足人的尊重和自我实现的高级需要的"舞台"。凭借这一舞台,检察官追逐法治理想,努力让人民群众在每一个司法案件中感受到公平正义。职业信仰,是一个人对于所从事职业的意义、规律、原则的极度信服和尊崇,并把它奉为自己的行为准则和活动指南的一种情感体验。"职业信仰是个人信仰的集中体现,它使个人的信仰与自己的职业联系在了一起,从而在职业中自觉地追求利己、利人和利群的高度统一"①。信仰不同于一般的信念,它是信念最集中、最高的表现形式,在人的精神世界中占据着统摄地位。有职业信仰者,把辛勤的工作视为获得人生意义的途径,并以此证实自己的人生价值;有职业信仰者,会对职业产生一种敬畏,甚至神圣感,给予爱岗敬业以心理基础和精神支撑,可以克服一切困难,去完成工作;有职业信仰者,把职业活动视为一种天职(calling),一种使命,从而内心产生一种强大的驱动力,不断地向更高的目标迈进。

---

① 任者春:"敬业:从道德规范到精神信仰",载《山东师范大学学报》2009 年第 5 期,第 85 页。

第三章

为　民

> "在行使国家权力的同时，必须一直把人民放在心中。"

> ——施净岚①

一、为民的内涵

"为民"是忠于人民的必然要求，是实现一切权力属于人民的实践指引。"为民"，就是以人民为中心，一切为了人民，关心群众疾苦，把群众的冷暖时刻放在心中。"为人民服务"可以说是"为民"的另一种表述方式。为人民服务是我们党的宗旨，是宪法赋予国家公职人员的法律义务。

（一）为人民服务是中国共产党的宗旨

1939年2月20日在写给张闻天的信中，毛泽东首次提出"为人民服务"

---

① 施净岚，上海市人民检察院第二分院检察员，党的十九大代表。在办理王伟抢劫案中，施净岚在得知被害人晓芳（化名）的丈夫和小姑子遇害身亡，她本人身中十余刀导致下半身截瘫，晓芳年幼的儿子因目击血案全过程身心受到严重创伤后，不仅慷慨解囊，扶危济困，而且通过沪上多个知名电视栏目、东方网检察官实名微博等媒体渠道呼吁社会各界对社会弱势群体予以关怀和帮助，劫后余生的晓芳亲赴检察院赠送"正义辞言辨善恶，帮困残疾服善心"的锦旗。之后一段日子里，施净岚始终对晓芳母子"不离不弃"，不仅逢年过节去探望，还在晓芳装修新居以后和其他东方网网友专程前往道贺。施净岚的无私关怀，让晓芳慢慢走出生活的阴霾，重新点燃生活的希望。当得知晓芳儿子顺利考入高中后，施净岚又主动资助新生学费，并联系当地政府落实减免今后学费事宜。

的命题。① 在谈到孔子的道德论时，毛泽东批判了孔子的"知、仁、勇"三大德。其中关于"勇"，毛泽东尖锐指出：② 这种所谓的"勇"，是"勇于压迫人民，勇于守卫封建制度，而不是勇于为人民服务的"。此后，毛泽东在1939年12月1日《大量吸收知识分子》的决定中，提出"为工农服务""为群众服务"；1940年1月在《新民主主义论》中指出，新民主主义文化"应为全民族中百分之九十以上的工农劳苦民众服务，并逐渐成为他们的文化"；1941年11月6日《在陕甘宁边区参议会的演说》中指出，共产党是"为人民谋利益的政党"；1942年5月《在延安文艺座谈会上的讲话》中，强调指出要改造过去时代的文艺形式，加进新内容，使之变成"革命的为人民服务的东西"。

　　1944年9月8日，毛泽东在中央警备团追悼张思德的会上发表讲演，这就是著名的《为人民服务》一文。毛泽东在演讲一开头说："我们的共产党和共产党所领导的八路军、新四军，是革命的队伍。我们这个队伍完全是为着解放人民的，是彻底地为人民的利益工作的。""因为我们是为人民服务的，所以，我们如果有缺点，就不怕别人批评指出"。这篇演讲明确地把为人民服务提高到党和人民军队宗旨的高度，是毛泽东最精粹的著作之一，也是在传播"为人民服务"思想方面影响最大的著作。③ 1944年12月15日，毛泽东在《一九四五年的任务》报告中，提出了"两个一切"的论断：我们一切工作干部，不论职位高低，都是人民的勤务员；我们所做的一切，都是为人民服务。1945年4月24日，毛泽东在党的七大上做《论联合政府》的政治报告，他明确提出"全心全意为人民服务"，并以此作为党的宗旨。他指出：④ "我们共产党人区别于其他任何政党的又一个显著的标志，就是和最

---

① 关于"为人民服务"的提出，学界有不同的观点。有观点认为，最早是朱德于1927年6月底提出。据最近公布的颁发于1927年6月30日的北伐时期国民革命军的一张军官毕业证显示，以朱德为首的国民革命军第五方面军第三军教导团中共秘密党支部至少在1927年6月就已经提出了"为人民服务"的口号。在朱德等为第三军教导团军官颁发的毕业证上赫然印有"誓为人民服务"几个大字。但有学者认为，尽管朱德提出的"誓为人民服务"的思想在中共党史上具有首倡地位，但其在思想理论上的贡献、历史作用及影响，和毛泽东都是无法比拟。朱文通、把增强："论毛泽东为人民服务思想的提出与确立"，载《湖南科技大学学报》（社会科学版）2016年第4期，第11页。
② 《毛泽东文选》第2卷，人民出版社1993年版，第163页。转引自刘建军："'为人民服务'的命题史考察"，载《马克思主义研究》2011年第7期，第110页。
③ 刘建军："'为人民服务'的命题史考察"，载《马克思主义研究》2011年第7期，第111页。
④ 《毛泽东选集》第3卷，人民出版社1991年版，第1094～1095页。

广大的人民群众取得最密切的联系。全心全意地为人民服务，一刻也不脱离群众；一切从人民的利益出发，而不是从个人或小集团的利益出发；向人民负责和向党的领导机关负责的一致性；这些就是我们的出发点。"毛泽东"全心全意为人民服务"思想，深刻阐释了中国共产党"为了谁""服务什么"以及共产党人应具有"什么样精神状态"三个重大问题，是中国共产党的立党宗旨，反映了以毛泽东为代表的中国共产党人的政治品格和行为准则，是中国共产党加强自身建设的灵魂。①

在党的七大上，"为人民服务"被写入党章："中国共产党人必须具有全心全意为中国人民服务的精神，必须与工人群众、农民群众及其他革命人民建立广泛的联系。"并将"为人民服务"确立为党员必须履行的四项义务之一。② 1956 年 9 月，中国共产党第八次全国代表大会通过的党章，对为人民服务的内涵作出如下表述："每一个党员都应当理解党的利益和人民利益的一致性，对党负责和对人民负责的一致性，都必须全心全意地为人民服务，遇事同群众商量，倾听群众的意见，关心群众的痛痒，尽力帮助群众实现他们的要求。"2017 年 10 月 24 日党的十九大通过新党章。新党章将"全心全意为人民服务"确立为党的建设必须坚决实现的五项基本要求③之一，写道："党除了工人阶级和最广大人民群众的利益，没有自己特殊的利益。党在任何时候都把群众利益放在第一位，同群众同甘共苦，保持最密切的联系，坚持权为民所用、情为民所系、利为民所谋，不允许任何党员脱离群众，凌驾于群众之上。我们党的最大的政治优势是密切联系群众，党执政后的最大危险是脱离群众。党风问题、党同人民群众联系问题是关系党生死存亡的问题。党在自己的工作中实行群众路线，一切为了群众，一切依靠群众，从群众中来，到群众中去，把党的正确主张变为群众的自觉行动。"

"为人民服务"作为执政党的宗旨，具有政治伦理的属性，其基本内涵主要包括以下几个方面：

---

① 戴立兴："毛泽东'全心全意为人民服务'思想分析——纪念毛泽东诞辰 120 周年"，载《探索》2013 年第 6 期，第 11 页。
② 党员的四项义务为：为人民群众服务、巩固党与人民群众的联系、了解并及时反映人民群众的需要、向人民群众解释党的政策。
③ 党章规定党的建设必须实现的五项基本要求是：坚持党的基本路线；坚持解放思想，实事求是，与时俱进，求真务实；坚持全心全意为人民服务；坚持民主集中制；坚持从严管党治党。

　　第一，为人民服务是马克思主义人民性基本原理的必然要求。马克思主义人民性主要体现以下几个方面：① 一是以维护和实现人民的根本利益作为人生奋斗目标；二是从改善大多数人的生活状况和生存条件入手来维护最广大人民的利益；三是要根据社会历史的发展状况来分析和判断现实社会中的"绝大多数"及其利益。四是把人民群众作为认识世界和改造世界的主要依靠力量。五是把最广大人民的根本利益作为评价理论和实践的标准。为人民服务要求情为民所系、权为民所用、利为民所谋，其思想内涵与人民性相通相联，符合人民性基本原理，并具有"中国化"的特点和时代气息。通过毛泽东为纪念张思德所作的《为人民服务》一文，为人民服务为广大群众耳熟能详，"拥有知名度、认可度"②，同时，不仅为全党全军全社会树立了为人民服务的先进典型张思德，也使为人民服务思想观念深入人心。

　　第二，为人民服务是中国共产党人的最高价值追求，是中国共产党先进性的集中体现。中国共产党是以马克思主义为行动指南，是按照列宁主义建党原则建立的无产阶级政党。"这些理论思想，不仅把共产党与历史上的一切政治力量区别开来，而且与其他工人政党区别开来，充分体现了党的先进性"③。党的先进性不是空洞抽象的，而是具体实在的，它贯穿于中国共产党的性质宗旨任务和全部工作中。胡锦涛指出：④ "一个政党，如果不能保持同人民群众的血肉联系，如果得不到人民群众的支持和拥护，就会失去生命力，更谈不上先进性。"党始终把人民群众的冷暖放在心中最高位置，把为绝大多数人谋利益，实现共产主义作为自己的奋斗目标。

　　第三，为人民服务是中国共产党的工作作风，是一切工作的着眼点和落脚点。中国共产党区别于其他政党的显著标志即为三大工作作风——理论和实践相结合、和人民群众紧密联系在一起和批评与自我批评。其中，和人民

---

　　① 郝立忠："'为人民服务'是社会主义价值体系的核心和灵魂——也谈社会主义核心价值观的凝练"，载《东岳论丛》2012 年第 11 期，第 64～68 页。

　　② 夏金华："为人民服务是社会主义核心价值观的重要体现——为纪念毛泽东〈为人民服务〉发表 70 周年而作"，载《毛泽东邓小平理论研究》2014 年第 5 期，第 75 页。

　　③ 郭玥："论党的初心与党的先进性和纯洁性"，载《探索》2016 年第 5 期，第 113 页。

　　④ 《十六大以来重要文献选编》（下），中央文献出版社 2008 年版，第 535 页。转引自中共中央文献研究室：《论群众路线——重要论述摘编》，中央文献出版社、党建读物出版社 2013 年版，第 99 页。

群众紧密联系在一起，既是无产阶级政党义不容辞的责任，又是革命最有利的条件，是获得胜利的最深厚的力量源泉。江泽民指出：① "政治问题，从根本上说，就是对人民群众的态度问题和同人民群众的关系问题。" 共产党之所以能够做到和人民群众紧密联系在一起，形成水乳交融的关系，源于党的初心，党的纯洁性。党的纯洁性集中体现在，共产党没有任何私利，除了工人阶级和最广大人民群众的利益以外，没有自己的特殊利益。1980 年 10 月 25 日，邓小平同中央负责同志谈话中指出：② "党的组织、党员，都要永远站在人民一边，同人民在一起，了解他们的要求，倾听他们的呼声，采取各种办法保护和争取他们的利益。" 中国共产党以解放全人类为自己的奋斗目标，为此它没有任何杂念，有的只是坚定不移的理想信念、为共产主义奋斗终生的自觉和对人民的无限忠诚。

第四，为人民服务是中国共产党人实践活动的最高标准，更是 "一种道德境界" ③。共产党人为人民服务，没有私心和私利，是全心全意为人民服务。毛泽东强调指出：④ "共产党就是要奋斗，就是要全心全意为人民服务，不要半心半意或者三分之二的心三分之二的意为人民服务。" 邓小平指出：⑤ "什么叫领导？领导就是服务。" 习近平总书记强调：为人民服务是共产党人的天职。为此，"我们要与人民心心相印、与人民同甘共苦、与人民团结奋斗。现在我们谈不上说一块苦，但一定要一块过、一块干，保持和发扬党的光荣传统和优良作风，保持同人民群众的血肉联系，切实把工作做好。" ⑥ 只有这样，党才能赢得人民的拥护；只有这样，党才能实现自己的宗旨。

---

① 江泽民："高中级干部要意识到肩负的重大历史责任"（1997 年 12 月 22 日），载中共中央文献研究室：《论群众路线——重要论述摘编》，中央文献出版社、党建读物出版社 2013 年版，第 77 页。

② 《邓小平年谱（1975～1997）》（上），中央文献出版社 2004 年版，第 685 页。载中共中央文献研究室：《论群众路线——重要论述摘编》，中央文献出版社、党建读物出版社 2013 年版，第 59 页。

③ 诸凤娟："为人民服务：从政治伦理到道德规范"，载《中国特色社会主义研究》2011 年第 4 期，第 66 页。

④ 《毛泽东文集》，人民出版社 1999 年版，第 285 页。转引自：诸凤娟："为人民服务：从政治伦理到道德规范"，载《中国特色社会主义研究》2011 年第 4 期，第 66 页。

⑤ 《邓小平文选》第 3 卷，人民出版社 1993 年版，第 121 页。

⑥ 习近平："在河北省阜平县考察扶贫开发工作时的讲话"（2012 年 12 月 29 日、30 日）。载中共中央文献研究室：《论群众路线——重要论述摘编》，中央文献出版社、党建读物出版社 2013 年版，第 125 页。

（二）为人民服务是国家公职人员的一项宪法义务

新中国成立后，为人民服务被写入宪法（包括宪法性文件）。1949 年《共同纲领》第 18 条规定："中华人民共和国的一切国家机关，必须厉行廉洁的、朴素的、为人民服务的革命工作作风，严惩贪污，禁止浪费，反对脱离人民群众的官僚主义作风。"同时在确定文化教育工作政策和任务的条款第 41 条中规定："中华人民共和国的文化教育为新民主主义的，即民族的、科学的、大众的文化教育。人民政府的文化教育工作，应以提高人民文化水平、培养国家建设人才、肃清封建的、买办的、法西斯主义的思想、发展为人民服务的思想为主要任务。"这是共同纲领"人民性"① 的一个重要表现。共同纲领序言写道："中国人民解放战争和人民革命的伟大胜利，已使帝国主义、封建主义和官僚资本主义在中国的统治时代宣告结束。中国人民由被压迫的地位变成为新社会新国家的主人……"在这个新社会新国家，人民享有广泛、现实的权利和自由，并且国家"制定保护人民的法律、法令"（共同纲领第 17 条），一切国家机关厉行为人民服务的革命工作作风。

1954 年《宪法》承袭《共同纲领》的规定，对国家机关工作人员提出明确的要求："一切国家机关工作人员必须效忠人民民主制度，服从宪法和法律，努力为人民服务。"（第 18 条）要求国家机关工作人员努力为人民服务，这是由我国国家机构性质和本质所决定的。我国国家机构是社会主义性质的国家机构。但是，国家机构能否充分体现社会主义的本质，"说到底取决于国家机关工作人员的素质如何"，"因此，《宪法》第 18 条对国家机关工作人员进行规范和提出要求，是完全必要的"②。1954 年《宪法》作为中华人民共和国的第一部根本大法和治国安邦的总章程，在社会主义建设事业中发挥了巨大的作用。1954 年宪法的社会主义精神贯穿于 1975 年、1978 年、1982 年宪法，稳固了新中国的国家和社会根本制度。③ 1975 年《宪法》第 11

---

① 共同纲领是"建国初期起临时宪法作用的"宪法性文件。许崇德教授认为，从整体上说，它主要有人民性、开创性、纲领性、宪法性、现实性、历史性六大特点。许崇德：《中华人民共和国宪法史》，福建人民出版社 2003 年版，第 66～75 页。

② 许崇德：《中华人民共和国宪法史》，福建人民出版社 2003 年版，第 309 页。

③ 有人认为宪法规定的国家和社会的根本制度就是宪法的根本精神。54 年宪法精神就是社会主义。1975 年、1978 年宪法虽然存在许多不足之处，但坚持了社会主义根本制度。沈跃东："论 1954 年宪法精神"，载张庆福、韩大元主编：《1954 年宪法研究》，中国人民公安大学出版社 2005 年版，第 174～175 页。

条规定:"国家机关和工作人员,必须认真学习马克思主义、列宁主义、毛泽东思想,坚持无产阶级政治挂帅,反对官僚主义,密切联系群众,全心全意为人民服务。"1978年《宪法》第16条规定:"国家机关工作人员必须认真学习马克思主义、列宁主义、毛泽东思想,全心全意为人民服务,努力钻研业务,积极参加集体生产劳动,接受群众监督,模范地遵守宪法和法律,正确地执行国家的政策,实事求是,不得弄虚作假,不得利用职权谋取私利。"

现行宪法在总结中华人民共和国成立以来正反两方面经验和继承吸收上述规定的基础上,作出了"比较实际、全面和简洁的规定"①。《宪法》第27条第2款规定:"一切国家机关和国家工作人员必须依靠人民的支持,经常保持同人民的密切联系,倾听人民的意见和建议,接受人民的监督,努力为人民服务。"② 这样规定,"突出写了国家机关和国家工作人员的群众路线、为人民服务的原则"③。除此之外,《宪法》第22条④、第29条⑤和第76条第2款⑥也有为人民服务的规定。

同时,为人民服务也是公务员和检察官的一项法律义务。《公务员法》第12条规定:公务员有"全心全意为人民服务,接受人民监督"的义务(第4项)。国家机关和国家机关工作人员本身就是人民民主专政的武器,反映人民群众的愿望、心声和要求是其重要职责,全心全意为人民服务是其宗旨与追求。为此,要不断培养和提高公务员为人民服务的宗旨意识和政治素养,切实做到以下几点:⑦ 其一,要自觉地意识到具备并不断提高全心全意

① 许安标、刘松山:《中华人民共和国宪法通释》,中国法制出版社2003年版,第84页。
② 有学者研究指出,现行宪法特别提到"为人民服务"的条款有四处。除第27条外,另有第22条、第29条和第76条。详见夏金华:"为人民服务是社会主义核心价值观的重要体现——为纪念毛泽东《为人民服务》发表70周年而作",载《毛泽东邓小平理论研究》2014年第5期,第75页。
③ 关于国家机关和国家机关工作人员,在修改宪法讨论中提出要写许多内容,后来觉得这样写太杂乱、无中心。详见肖蔚云:《我国现行宪法的诞生》,北京大学出版社1986年版,第129页。
④ 第22条规定:"国家发展为人民服务、为社会主义服务的文学艺术事业、新闻广播电视事业、出版发行事业、图书馆博物馆文化馆和其他文化事业,开展群众性的文化活动。"
⑤ 第29条规定:"中华人民共和国的武装力量属于人民。它的任务是巩固国防,抵抗侵略,保卫祖国,保卫人民的和平劳动,参加国家建设事业,努力为人民服务。"
⑥ 第76条第2款规定:"全国人民代表大会代表应当同原选举单位和人民保持密切的联系,听取和反映人民的意见和要求,努力为人民服务。"
⑦ 陈东有:"公务员要把为人民服务作为自己最重要的政治素质",载《江西社会科学》2010年第12期,第206~208页。

为人民服务的政治素质，这是正确行使人民群众赋予的权力的政治要求，是执政党固基立本的政治要求。其二，要自觉地平等对待所有的服务对象，包括普通群众，这是实践党的宗旨的社会要求。作为公务员，平等既是一种思想意识，也是一种实践行为。其三，要自觉地公正处理一切公务，包括普通群众的诉求，以建设公平和谐的社会，这是执政为民的职责要求。其四，要自觉地真诚对待所有的服务对象，包括普通群众，这是为人民服务必须全心全意的道德要求。真诚、守信，是社会伦理的底线，公务员服务人民群众要讲真诚，讲信用，要真正做到全心全意。

《检察官法》第 3 条规定："检察官必须忠实执行宪法和法律，全心全意为人民服务。"为人民服务是贯穿检察官法的一条主线，是对检察官履职行为的根本性要求。《检察官法》规定，检察官应当履行"维护国家利益、公共利益，维护自然人、法人和其他组织的合法权益（第 8 条第 3 项）""接受法律监督和人民群众监督（第 8 条第 6 项）"的义务。全心全意为人民服务是国家性质和检察机关性质决定的。为此，检察官应做到以下几个方面：①第一，检察官在行使检察权时必须严格依法办事，维护法律的尊严，维护国家的利益，维护广大人民群众的根本利益。第二，检察官行使权力时，必须以人民公仆的身份，以事实为根据，以法律为准绳，兢兢业业，耐心细致，认真严肃地办理每一项检察事务，维护人民的利益，为群众排忧解难。第三，检察官在为人民服务的过程中必须是全心全意的，而不是三心二意、敷衍了事，更不能利用手中的权力谋取私利。

二、为民的思想基础

为人民服务，既是马克思主义学说的一个重要内容，也是毛泽东思想的重要内容，我们党和人民军队的根本宗旨，同时也是社会主义道德体系的重要组成部分。为人民服务有着丰富的思想资源和深厚的传统根基，是共和主义的题中之意，是人民司法优良传统在新时代的继承与光大，是群众路线教育实践活动的必然要求。

---

① 胡康生主编：《中华人民共和国检察官法释义》，法律出版社 2001 年版，第 7 页。

（一）为民的思想资源和传统根基

为人民服务有着丰富而深厚的思想资源，可以追溯到古罗马时期。西塞罗曾提到"为同胞们服务"的思想。他说：①"如果说我在过去繁忙的时候也在为我的同胞们服务，那么我在闲暇之时也同样能为他们服务。"19世纪初期，法国早期空想共产主义代表人物卡贝提出过"真心诚意为人民谋幸福"，德国古典哲学家费希特有过"学者的使命主要是为社会服务"的表述，这些相近的提法极大地丰富了为人民服务的思想资源。

为人民服务是马克思主义最基本的思想，为人民服务的公仆思想也是马克思主义的一贯主张，甚至有人认为"为人民服务是马克思主义的灵魂"②。马克思恩格斯指出他们的学说就是为无产阶级和全人类的解放事业服务的。马克思在早年提出过"为人类工作""为历史服务"等概念。在《法兰西内战》中明确提出公社的所有公职人员"不是骑在人民头上作威作福的老爷们"，而是由人民选出受人民监督并可随时罢免的人民"勤务员""公仆"，为此公职人员"为组织在公社里的人民服务"。恩格斯从批判财富"为统治阶级服务"的现实，提出应该为"为全社会服务"。列宁从知识分子、民主和无产阶级的角度提出"为谁服务"和"为哪个阶级服务"的问题，他说："我们要运用全部国家机构，使学校、社会教育、实际训练都在共产党领导之下为无产者、为工人、为劳动农民服务。"斯大林继承了列宁关于为谁服务的思想，从知识分子的角度明确提出了"为人民服务"的思想。③ 中国共产党以马克思主义为指导，基于对中国革命性质、对象、动力的研究分析，将为人民服务作为党的宗旨，并以中国化的"新的民族的形式"④ 提出"中国共产党人必须具有全心全意为人民服务的精神"，要求党员"应该站在民

---

① 西塞罗：《论神性》，石敏敏译，三联书店2007年版，第20页。转引自刘建军："'为人民服务'的命题史考察"，载《马克思主义研究》2011年第7期，第107页。

② 钱逊："'为人民服务'——马克思主义的灵魂"，载《清华大学学报》（哲学社会科学版）1991年第2期，第20页。

③ 刘建军："'为人民服务'的命题史考察"，载《马克思主义研究》2011年第7期，第109页。

④ 钱逊："'为人民服务'——马克思主义的灵魂"，载《清华大学学报》（哲学社会科学版）1991年第2期，第21页。

众之中，而决不应该站在民众之上"①。特别是党的十八大以来，我们党在执政者必须成为人民公仆，全心全意为人民服务这一问题上，根据新时代中国共产党的历史使命，提出了以人民权益是否真正得到了保障为检验我们一切工作成效的标准的新观点，以及坚持以人民为中心的新论断。习近平总书记在谈到检验我们一切工作的成效这一问题时，既重申了"人民是否真正得到了实惠，人民生活是否真正得到了改善"，又特别增补了"人民权益是否真正得到了保障"，使检验我们工作成效的标准"更加缜密完整"②。党的十九大特别指出："人民是历史的创造者，是决定党和国家前途命运的根本力量。必须坚持人民主体地位，坚持立党为公、执政为民，践行全心全意为人民服务的根本宗旨，把党的群众路线贯彻到治国理政全部活动之中，把人民对美好生活的向往作为奋斗目标，依靠人民创造历史伟业。"

"为民"思想又深深植根于中华传统文化。民本思想是儒家思想的核心内容，是中国古代社会的重要政治理念。民本一词出自《尚书·五子之歌》③"民惟邦本，本固邦宁"，其含义即以"民"④为根本。在上古尧舜禹时代，皋陶提出"安民则惠，黎民怀之"的观念。有人认为这只是民本思想"初显熹微"⑤。民本思想最初源于西周"敬德保民"思想，即统治者必须"敬德""保民"，服从人民的意志。到了春秋战国时期，孔子把"仁者爱人"的思想引入政治领域，启发统治者自觉以"德政"践行"仁爱"。仁者爱人，是儒家思想的核心，与此对应，为民谋利就成为儒家对官吏这种社会角色提出的

---

① 毛泽东：《陕甘宁边区参议会上的演说》。转引自范晓丽、李超："为人民服务思想的历史演变和时代价值"，载《毛泽东思想研究》2014年第5期，第119页。

② 杨小冬："中国共产党对马克思主义人民公仆思想的新发展"，载《中共福建省委党校学报》2017年第9期，第13页。

③ 据阎若璩考据，《古文尚书》为伪作。但有学者认为：《古文尚书》虽为伪作，其思想与学术价值却不可低估，大体可视为魏晋时期思想家的学术观点，其中不乏民本主义思潮的闪光之处。李丕洋："中国古代民本主义思潮之源流"，载《广西社会科学》2006年第3期，第108页。

④ 关于"民"的概念，不同的历史时期有不同的用法。据杨荣国考证，关于"百姓"与"民"，自西周以来是有严格的区分的，"百姓"即"百官"，"民"即"奴隶"。但发展至孟子时代，"百姓"与"民"便不像以前一样有着如此显著的区别。"百姓"和"民"都指自由民。张志宏："论孟子以'民本'理念为核心的'仁政'思想"，载《社会科学》2012年第5期，第139页。

⑤ 李丕洋："中国古代民本主义思潮之源流"，载《广西社会科学》2006年第3期，第107页。

份内应有的道德义务和伦理责任。① 孔子对为政者及各级官吏提出了"因民之所利而利之"(《论语·尧曰篇》)的思想,他说:"能行五者于天下为仁矣。"五者即"恭、宽、信、敏、惠"五种品格。"恭则不侮,宽则得众,信则人任焉,敏则有功,惠则足以使人。"(《论语·阳货篇》)经由孔子的"仁爱"和"德政","为民本思想增添了新的内容,把民本思想发展到了一个新的高度"②。而孟子则是中国历史上第一个比较明确提出民本哲学思想的人。孟子提出:"民事不可缓也。诗云'昼尔于茅,宵尔索绹,亟其乘屋,其始播百谷'。"③(《孟子·滕文公上》)为政者及各级官员要把关心老百姓最基本的物质生活作为最急迫的事情看待,要使老百姓必需的物质生活有切实的保障,"有恒产者有恒心,无恒产者无恒心。"老百姓没有稳定的产业收入,就不会有道德观念和行为准则,就会丧失底线,什么事都能干得出来。孟子曾云:"民为贵,社稷次之,君为轻。是故得乎丘民而为天子。"他的仁政学说强调"为国之道,国不以利为利,以义为利",主张"施仁政于民"。而"施仁政于民"首先要做到"制民之产",即保证老百姓有最基本的生产和生活条件,能够"仰足以事父母,俯足以畜妻子,乐岁终身饱,凶年免于死亡"。上可以赡养爹妈,下可以养活妻子和儿女;年景好时,可以丰衣足食,荒年也不至于饿死人。"为民上而不与民同乐者,亦非也。"(《孟子·梁惠王下》)对于统治者而言,"乐以天下,忧以天下"才是长治久安的良策。

秦汉时期贾谊提出"利民安民""民无不为本"的民本思想,他说:"夫民者,万世之本也,不可欺。凡居于上位者,简士苦民者是谓愚,敬士爱民者是谓智。"④ 明清时期,王夫之提出"以民为基"的民本思想,认为君民关系,应以民为根基,民心的向背是统治者地位稳固的关键。黄宗羲指出:"古者以天下为主,君为客。凡君之所毕世而经营,为天下也。"君主"不以一己之利为利,而使天下受其利;不以一己之害为害,而使天下释其害"。

---

① 傅琳凯:"儒家官德思想探析",载《社会科学战线》2017 年第 2 期,第 254 页。

② 陈恬慧:"儒家民本思想形成发展过程初探",载《科技信息》2008 年第 17 期,第 136 页。

③ 译文为:"关心人民是最急迫的任务。诗经上说:'白天割取茅草,晚上绞成绳索,赶紧修缮房屋,到时播种五谷'。"杨伯峻译注:《孟子译注》,中华书局 2010 年第 3 版,第 108 页。

④ 《贾谊新书译注》,黑龙江人民出版社 2003 年版,第 256 页。转引自李丕洋:"中国古代民本主义思潮之源流",载《广西社会科学》2006 年第 3 期,第 108 页。

袁守定在对为民的道德认识上有了一个飞跃,他提出"竭力为民,即是效忠",即忠于民,也是效忠君主,他把忠于人民和忠于君主统一起来。① 尽管历代学者对民本有不同的认识,但在肯定"民"的价值上是一脉相承的。从道德理念上,儒家认为人是天地间最有价值的,"民为神之主""民为邦之本"。在对所有的人关爱的基础上,儒家提出了"天下为公""四海之内皆兄弟也""民吾同胞,物吾与也"的思想,彰显了民本思想中"民享"②的精神内涵,也为司法为民提供了思想基础。当然,中国历史上的民本思想,其本质是统治者为了维护其王朝统治的长治久安、论证其政权的合理性的一种理论观念,它同现代的民主法治思想不同,但是,就当时的历史条件而言,却不失为一种可贵的认识,曾经发挥过巨大而积极的历史作用。③ 这种历史的进步作用可以概括为:④ 第一,它可以促使国君实行善政,促使地方官员关心民生,兴修水利,重视教化,造福一方。第二,它可以缓和、消除社会矛盾。第三,有利于树立为民是国家、官府天然的责任和义务的观念。"天之立君,以为民也。"(《荀子·大略》)"社稷亦为民而立。"(朱熹语)国家以人民为根本,为人民而建立,"天之生民,非为君也"。(《荀子·大略》)

其实,中国古代的司法官就有着浓浓的为民情怀。郑板桥有诗云:"衙斋卧听萧萧竹,疑是民间疾苦声;些小吾曹州县吏,一枝一叶总关情。"衙斋卧室外风吹竹子的萧萧声,令人联想到百姓的疾苦冷暖,而百姓的一举一动都牵动着衙斋卧室主人的感情。为民不仅有情感表露,也有实践活动,即在行为上想方设法为百姓排忧解难。《名公书判清明集》上记载着一则这样的案例。⑤

---

① 陈德述:"略论中国古代官德思想的内涵",载《中华文化论坛》2013年第7期,第14页。
② 有人认为民本主义的具体内涵包括两个方面:一是民有,即人民为国家之主体;一是民享,即人民为政治之目的。见吕元礼:"民本的阐释及其与民主的会通",载《政治学研究》2002年第2期,第63~64页。
③ 唐凯麟:"继承与弘扬中华廉洁文化的优秀遗产",载《政治学研究》2014年第2期,第30页。
④ 陈德述:"略论中国古代官德思想的内涵",载《中华文化论坛》2013年第7期,第14页。
⑤ 《名公书判清明集》,中华书局1987年版,第203~204页。转引自张利:"宋代'名公'司法审判精神探析——以《名公书判清明集》为主要依据",载《河北法学》2006年第10期,第145页。

此案主审法官为吴革，案由为叶氏家族立继之争。此案的起因，是诉讼当事人叶容之和叶咏之争着要将自己的儿子过继给较富有的堂兄叶秀发，而不愿做贫穷的亲兄弟叶瑞之的嗣子引起的。虽然诉讼双方均称自己的儿子已做堂兄嗣子三年，但经调查核实，二人均未经官办理相关手续，因此，谁也不是叶秀发的合法嗣子已经很清楚。就本案争议而言，如果机械地理解案由——确认合法嗣子，简单地仅从表面现象看待当事人的诉求，那么，依证据可以认定二人均不是叶秀发合法嗣子；至此，就可以作出裁判，案件就可以审结。但法官并没有这么草率地处理。吴革对叶容之和叶咏之这种"徇利忘义，遂阅于墙而不顾，讼于官而不耻"的行为虽然十分不满，但并没有因此而不管。他认为："官司若不早与平心区处，非特瑞之、秀发身后俱失所依，咏容手足之义，参商益深，甚非所以慰丹心而厚风俗也。"他为了避免日后再起争讼，于是"当厅唤上容之、咏之，焚香拈阄，断之以天，以一人为瑞之嗣，以一人为秀发嗣。"最终案件得以圆满解决。在这一案件的处理上，不仅追求"案结"，还关注"事了""人和"，充分体现了中国古代"父母官"的角色意识，彰显了中国古代司法官的为民情怀。

（二）为民是共和主义的题中之义

在中国古代的历史文献中就曾出现"共和"一词。《竹书纪年》中的"共和"行政，《史记》记载的"周召共和"为人所乐道①，但真正近代意义上的共和观念和思想，显然属于西风东渐的产物。

1. 古典共和主义

"共和"一词，最初是与政体相联系的。"共和"一词在希腊语中为"波里德亚"，原意（1）泛指城邦政体；（2）专指共和政体。柏拉图最早在第一种意义上使用"波里德亚"一词。其著作《理想国》一书原名为希腊文"波里德亚"。由此不难看出，共和在他心目中的位置。亚里士多德"挑开了共和传统的一个首级议题"②，他在上述两种意义上使用"共和"一词。亚里士多德认为：共和是一种混合政体，包含"一长""少数"和"多数"原则的

---

① 郭辉："孙中山的'共和'政制构想及其特征"，载《广东社会科学》2014年第3期，第93页。
② 张凤阳："共和传统的历史叙事"，载《中国社会科学》2008年第4期，第81页。

政体，① 又有正宗和变体的分别。同时，在对政体进行划分时，亚里士多德又将共和作为六种类型之一。他说：共和政体这个名称实际上是一般政体的通称，这里却把一个科属名称用作了品种名称。②

孟德斯鸠也是在讨论政体时使用共和一词。他将政体分为三种：共和政体、君主政体、专制政体。他认为：全体人民或仅仅一部分人民握有最高权力的政体就是共和政体。其中，共和国的全体人民握有最高权力时，就是民主政治。共和国的一部分人民握有最高权力时，就是贵族政治。③ 而品德是共和政体的原则，无论民主政治还是贵族政治——贵族政治没有民主政治那样绝对地——需要品德来抑制人的贪婪和野心。孟德斯鸠说：④ "当品德消逝的时候，野心便进入那些能够接受野心的人们的心里，而贪婪则进入一切人们的心里。欲望改变了目标：过去人们所喜爱的，现在不再喜爱了；过去人们因有法律而获得自由，现在要求自由，好去反抗法律；每一个公民都好像是从主人家里逃跑出来的奴隶；人们把过去的准则说成严厉，把过去的规矩当成拘束，把过去的谨慎叫作畏缩。在那里，节俭被看作贪婪；而占有欲却不是贪婪。从前，私人的财产是公共的财宝；但是现在，公共的财宝变成了私人的家业，共和国就成了巧取豪夺的对象。它的力量就只是几个公民的权力和全体的放肆而已。"西塞罗将政体分为最高权力掌握在一人手里的君主国、最高权力由被挑选的公民执掌的贵族统治、最高权力完全掌握在人民手里的民众政府三种形式，尽管三种形式都可以忍受，"君主制吸引我们是由于我们对它们的感情，贵族制则由于它们的智慧，民众政府则由于它们的自由"⑤，但在西塞罗看来都不是最好的。他认为最值得推荐的是那三种形式的、规定恰当的混合体，是"一种温和的并平衡的政府形式（结合了这三种

① ［古希腊］亚里士多德：《政治学》，吴寿彭译，商务印书馆1996年版，第65页。1899年，梁启超根据日文著述，将亚里士多德所说的第三种政体，译为"合众政治"，1902年又译为"民主政体"。严复1906年根据英文著作译述《政治讲义》，将其译为"民主，波理地"。后来，吴寿彭根据希腊文重新翻译亚里士多德《政治学》，译为"共和政体"。见李恭忠："晚清的'共和'表述"，载《近代史研究》2013年第1期，第6页。

② ［古希腊］亚里士多德：《政治学》，吴寿彭译，商务印书馆1996年版，第133页。

③ ［法］孟德斯鸠：《论法的精神》（上），张雁深译，商务印书馆2002年版，第8页。

④ ［法］孟德斯鸠：《论法的精神》（上），张雁深译，商务印书馆2002年版，第20～21页。

⑤ ［古罗马］西塞罗：《国家篇法律篇》，沈叔平、苏力译，商务印书馆2002年版，第43页。

优良的简单政府形式)",它既包括具有最高的和高贵的成分,又包括掌握某些权力的上层公民,以及可以判断和欲求某些事物的民众。这种混合体的优点在于①:首先提供了某种高度平等,而平等是自由人在任何比较长的时间内难以置之不顾的;其次,它具有稳定性。因为,原初政府形式容易蜕化成相应的堕落的政府形式,而这种政体不存在一种蜕化了的、因此其自身可能堕入或陷入的形式。故而,从古希腊到英国革命,思想家眼中最理想的政体就是"混合均衡政体"。甚至在有的思想家笔下,"混合均衡政体"成为共和政体的代名词。

2. 现代共和主义

1688 年光荣革命之后,英国建立了君主立宪政体。英国虽有君主却是"虚君",实质上是由议会掌握国家最高权力,是以君主之名,行共和之实的现代共和国。现代共和国区别于古典共和国的一个基本标志,就是混合均衡政制转化为分权均衡政制。英国政治思想家洛克将国家的权力划分为立法权、执行权和对外权。立法权是制定和公布法律的权力,行政权是执行法律的权力,而对外权则是与外交有关的宣战、媾和和订约等权力。洛克主张权力分立,即每种权力都应该由一个特殊的机关来掌握。他说:② "一批人同时拥有制定和执行法律的权力,这就会给人们的弱点以绝大诱惑,使他们动辄要攫取权力,借以使他们自己免于服从他们所制定的法律,并且在制定和执行法律时,使法律适合于他们自己的私人利益。因而他们就与社会的其余成员有不相同的利益,违反了社会和政府的目的。"因此,立法权应与执行权相分离,人民将立法权委托给立法者,立法者按照人民的委托制定法律,立法者也受他们所制定的法律的支配。洛克认为:③ 这是对立法者的一种新的和切身的约束,使他们于制定法律时注意为公众谋福利。孟德斯鸠基于自己对英国制度的观察,以及受洛克分权理论的影响,将权力划分为立法权、行政权与司法权。孟德斯鸠在前人分权思想的基础上明确提出了权力制约的思想。

---

① [古罗马] 西塞罗:《国家篇法律篇》,沈叔平、苏力译,商务印书馆 2002 年版,第 53 ~ 54 页。

② [英] 洛克:《政府论》(下篇),叶启芳、瞿菊农译,商务印书馆 1997 年版,第 89 页。

③ [英] 洛克:《政府论》(下篇),叶启芳、瞿菊农译,商务印书馆 1997 年版,第 90 页。

他说：①"当立法权和行政权集中在同一个人或同一个机关之手，自由便不复存在了；因为人们将要害怕这个国王或议会制定暴虐的法律，并暴虐地执行这些法律。""如果司法权不同立法权和行政权分立，自由也就不存在了。如果司法权与立法权合而为一，则将对公民的生命和自由施行专断的权力，因为法官就是立法者。如果司法权同行政权合而为一，法官便将握有压迫者的力量。"他的至理名言是：每一个拥有权力的人都易于滥用权力，并尽其最大可能地行使他的权威。如何能够避免这种权力的滥用呢？孟德斯鸠为我们开了方子——用权力制约权力。他说：②"如果行政权没有制止立法机关越权行为的权利，立法机关将要变成专制；因为它会把它所能想象到的一切权力都授予自己，而把其余二权毁灭。"美国宪法制定者，从孟德斯鸠那里继承了权力分立制衡的思想，直接运用于立宪实践上。

麦迪逊给共和国下了个定义，他说：③"我们就可以给共和国下个定义，或者至少可以把这个名称给予这样的政府：它从大部分人民那里直接、间接地得到一切权力，并由某些自愿任职的人在一定时期内或者在其忠实履行职责期间进行管理。对于这样一个政府来说，必要条件是：它是来自社会上的大多数人，而不是一小部分人，或者社会上某个幸运阶级……"他将共和政体，作为民主政体的对称。他认为：在民主政体下，人民会合在一起，亲自管理政府；在共和政体下，他们通过代表和代理人组织和管理政府。麦迪逊将共和制与民主制区分开来，就一般的宪法理论和实践问题而言，有着特殊的意义。共和制代表着一套完全独特的政治组织原理：通过民主选举和代表体制形成一个多元制衡的政治结构，可以有效地防止多数暴政和集权专制。可以说，在麦迪逊的语境下，共和是一种代议民主。

3. 共和主义与为民

从西文词源学上讲"共和"的意思基本上相当于公共财富或公共利益，是指通过制度组织起来的公共事务领域，而非一种组织形式或政体。但在现代宪法中，共和被作为一种政体形式，它的第一要旨是天下为公的价值信条。

---

① ［法］孟德斯鸠：《论法的精神》（上册），张雁深泽，商务印书馆2002年版，第153页。
② ［法］孟德斯鸠：《论法的精神》（上册），张雁深泽，商务印书馆2002年版，第161页。
③ ［美］汉密尔顿：《联邦党人文集》，程逢如译，商务印书馆1997年版，第193页。

这种意义上的"共和"恰恰与"共和"一词的中文词源意义相当，也有人认为：这也是中文"共和"一词的本义。[①] 孙中山强调共和应与专制有根本区别，共和下人民共享权利，拥有主人翁地位，且对政府实行监督，尽其义务，实现"民有、民治、民享"。[②] 共和主义强调政府的公共性、公平性，即政府必须为所有人的利益服务，为大众谋福祉，而不能只为少数人的利益服务。正是这样的思想底蕴，使共和主义的光芒普照四方；使共和政体为当今世界多数国家所广泛采用，且明确规定于宪法之中。

我国《宪法》第 2 条规定："中华人民共和国的一切权力属于人民。"其实早在抗日战争时期，毛泽东就提出了人民共和国的思想。1935 年 12 月在陕北瓦窑堡党的活动分子会议上，毛泽东根据政治局会议的决议精神，做了《论反对日本帝国主义的策略》的报告。在报告中毛泽东阐述了把工农共和国改变为人民共和国的原因。他说：[③]"这是因为日本侵略的情况变动了中国的阶级关系，不但小资产阶级，而且民族资产阶级，有了参加抗日斗争的可能性。""如果说，我们过去的政府是工人，农民和城市小资产阶级联盟的政府，那么，从现在起，应当改变为除了工人，农民和城市小资产阶级以外，还要加上一切其他阶级中愿意参加民族革命的分子。""人民共和国的政府以工农为主体，同时容纳其他反帝国主义反封建势力的阶级。"1945 年毛泽东在《论联合政府》中强调指出：[④]"我们主张在彻底地打败日本侵略者之后，建立一个以全国绝大多数人民为基础而在工人阶级领导之下的统一战线的民主联盟的国家制度，我们把这样的国家制度称之为新民主主义的国家制度。"

1949 年共同纲领宣告"帝国主义、封建主义和官僚资本主义在中国的统治时代"结束，"中国人民由被压迫的地位变成为新社会新国家的主人"。1982 年宪法序言写道："1949 年，以毛泽东主席为领袖的中国共产党领导中国各族人民，在经历了长期的艰难曲折的武装斗争和其他形式的斗争以后，

---

① 张凤阳："共和传统的历史叙事"，载《中国社会科学》2008 年第 4 期，第 94 页。
② 郭辉："孙中山的'共和'政制构想及其特征"，载《广东社会科学》2014 年第 3 期，第 96 页。
③ 《毛泽东选集》第 1 卷，人民出版社 1991 年版，第 142～169 页。
④ 《毛泽东选集》第 3 卷，人民出版社 1991 年版，第 1057 页。

终于推翻了帝国主义、封建主义和官僚资本主义的统治，取得了新民主主义革命的伟大胜利，建立了中华人民共和国。从此，中国人民掌握了国家的权力，成为国家的主人。"

由此不难看出，无论在逻辑意义上还是在历史意义上，"公共性"都是共和主义的核心价值。倘把共和国理解为一项"公共事业"，则公共权力为全体公民所"共享"，也就合乎必然。[①] 进而，也不难理解"权为民所用"正是共和的题中之义。邓小平曾指出:[②] "中国共产党党员的含意或任务，如果用概括的语言来说，只有两句话:全心全意为人民服务，一切以人民利益作为每一个党员的最高准绳。"党的十九大指出:"党的一切工作必须以最广大人民根本利益为最高标准。我们要坚持把人民群众的小事当作自己的大事，从人民群众关心的事情做起，从让人民群众满意的事情做起，带领人民不断创造美好生活!"

（三）为民是人民司法优良传统在新时代的继承与光大

陕甘宁边区的司法制度是人民司法的源头，而马锡五审判方式[③]可以说是人民司法优良传统的集中体现。

1942 年 4 月，谢觉哉到毛泽东处吃饭，席间谈到司法问题，毛泽东说:"司法也该靠大家动手，不要只靠专问案子的推事裁判员。"并指出:"一条规律，任何事都要通过群众造成'群众运动'才能搞好"。谢觉哉说:[④] "马锡五审判方式正是如此，召集群众，大家评理，政府和人民共同断案，真正实现了民主，人民懂得了道理，又学会了调解，争讼就会减少。"1943 年 10

① 张凤阳:"共和传统的历史叙事"，载《中国社会科学》2008 年第 4 期，第 95 页。

② 邓小平:"马列主义要与中国的实际情况相结合"（1956 年 11 月 17 日），载《邓小平文选》第 1 卷，人民出版社 1994 年版，第 257 页。

③ "马锡五审判方式"是司法工作者集体智慧的结晶。奥海清也是一位先行者，并且奥海清获得民众的广泛认可也在马锡五之前，但边区政府在 1944 年 1 月将这种审判方式冠以马锡五的名字，有人认为主要原因有两点:第一，在奥海清时期，边区领导人尚来不及总结司法工作中的优良经验;第二，奥海清与马锡五在干部级别上有明显的差异，一个是志丹县审判员和金汤区区长，一个是陇东分庭庭长和陇东分区专员，马锡五显然更有可能被认定为种审判的合法代言人。梁洪明:"马锡五审判与中国革命"，载《政法论坛》2013 年第 6 期，第 146 页。

④ 王定国等:《谢觉哉论民主与法制》，法律出版社 1996 年版，第 320 页。转引自胡永恒:"马锡五审判方式:被'发明'的传统"，载《湖北大学学报》（哲学社会科学版）2014 年第 1 期，第 124 页。

月 20 日，谢觉哉听取了马锡五的工作汇报，称赞他是一个好审判员。^① 1944 年 1 月 6 日，边区政府主席林伯渠在边区政府委员会作边区政府工作总结报告时第一次提出了马锡五审判方式的概念。报告指出：^②"诉讼手续，力求简单轻便，提倡马锡五同志的审判方法以便教育群众，判决书必须力求通俗简明，废除司法八股。"1944 年 3 月 5 日，毛泽东表扬说："我们的机关中有些首长还不如群众，也有好的首长，如马专员会审官司，老百姓说他是'青天'。"1944 年 3 月 13 日，《解放日报》刊登了一篇题为《马锡五同志的审判方式》的报道。文章介绍了马锡五审判的几个典型案件，并对其审判方式作了这样的总结："第一，他是深入调查的……第二，他是在坚持原则、坚持执行政府政策法令、又照顾群众生活习惯及维护其基本利益的前提下，合理调解的，是在基于经过群众中的有威信的人物进行解释说服工作的，是为群众又依靠群众的；第三，他的诉讼方法是简单轻便的，审判方法是座谈式而不是坐堂式的。"

马锡五审判方式的产生离不开当时特殊的历史背景。有人将马锡五审判方式产生的背景概括为：^③ 战时环境、乡土社会环境、边区社会转型期的环境、边区司法改革等五个方面。有人将其归纳为：^④ 社会经济背景和司法背景两大方面。前者包括：边区农业第一的产业结构、供给与需求的严重失衡、陇东的地形与灾荒；后者包括：刑讯逼供在边区一定程度上存在、边区政府制定的法律规定与地方风俗民情的张力。还有人认为马锡五审判方式产生的背景主要有：^⑤ 经济背景，即经济落后的小农经济时代；政治背景，即抗战爆发后成立了陕甘宁边区政府；法律背景，即实体法不足，解决纠纷主要依靠原则性规定、政策、习惯和习俗；观念背景，即在当时人们的意识中，和

---

① 王定国等编：《谢觉哉论民主与法制》，法律出版社 1996 年版，第 318 页。转引自梁洪明："马锡五审判与中国革命"，载《政法论坛》2013 年第 6 期，第 146 页。

② 林伯渠：《关于改进边区司法工作》，陕西省档案馆，全宗号 15，案卷号 25。转引自肖周录、马京平："马锡五审判方式新探"，载《法学家》2012 年第 6 期，第 2 页。

③ 肖周录、马京平："马锡五审判方式新探"，载《法学家》2012 年第 6 期，第 3～7 页。

④ 李娟："马锡五审判方式产生的背景分析"，载《法律科学》2008 年第 2 期，第 164～167 页。

⑤ 张卫平："回归'马锡五'的思考"，载《现代法学》2009 年第 9 期，第 140～141 页。

为贵、息事宁人的观念十分深厚。

笔者认为，马锡五审判方式产生的最大背景是战时环境，最直接背景是司法改革。1937 年抗日战争爆发，国民党提出攘外必须先安内的理论，中国共产党则主张抗日，积极倡导并坚决维护抗日民族统一战线，将全国军民最大限度地动员起来、武装起来；中国共产党领导敌后广泛地开展游击战，从而陷日本侵略者于人民战争的汪洋大海。抗战时期，延安成为中国人民抗日的一面旗帜，无数爱国知识分子和热血青年来到延安投奔共产党，投身抗日救亡的民族事业，他们希望用自己的知识服务于党的事业，服务于边区的司法。而边区司法建设相对落后，不能满足边区人民的实际需要。这也成为边区司法改革的一个主要动力。为此，一场以专业化为导向的司法改革也酝酿产生了。当时的司法改革主要涉及以下几个方面：① 强调审判独立，破除过分关注阶级性的限制；完善诉讼审判程序，加强法院内部管理的规范化；建议设立检察机关；规范审判方式和程序；司法工作和司法人员专业化。

上述司法改革突出强调司法的专业化职业化，与边区的实际情况和司法需求方枘圆凿。谢觉哉有一段文字清楚地说明了边区司法改革的问题之所在，他指出：② "边区司法似乎是政权中较落后的一环。原因，大家对司法不注意，不去研究，很少人有司法知识，人民缺乏法律观念，而我们又是要求比旧民主主义进步的司法，老百姓要求断讼的公平、迅速又很迫切。因此更显得司法工作落后。"不了解边区情况，机械地照搬移植国统区的实践经验，这样的改革注定难逃失败的命运。仔细分析起来，司法改革不成功的原因主要有以下几个方面：

首先，边区司法资源匮乏，法官数量严重不足。1938 年陕甘宁边区高等法院的编制中，院长、庭长、检察长、检察员、法官、书记长、书记等均为 1 人，加上其他管理人员和工勤人员，共有 45 人。③

其次，陕甘宁边区管辖区域广大，东靠黄河，西接六盘山脉，北起长城，

---

① 邵六益："在政治性与法律性之间：'司法为民'的再解读"，载《西部法学评论》2014 年第 6 期，第 17～18 页。

② 《谢觉哉日记》，人民出版社 1984 年版，第 411 页。转引自肖周录、马京平："马锡五审判方式新探"，载《法学家》2012 年第 6 期，第 7 页。

③ 侯欣一：《从司法为民到人民司法》，中国政法大学出版社 2007 年版，第 86 页。转引自王立民："马锡五审判方式是成功的审判方式"，载《法学杂志》2010 年第 10 期，第 70 页。

南临泾水，从北到南约 900 里，自东向西有 800 里，面积近 13 万平方公里，下辖 23 个县，人口约 150 万；陕甘宁边区典型的黄土高原地貌，山多沟深，地形复杂，交通不便，边区人民到法院诉讼极不方便，少则要走上几天，多则要走上十几天。法官坐堂办案，既不便民又缺乏效率。

再次，法律规范的适用存在问题。边区属于国民政府的特区政府。从法理上讲，边区司法应适用国民政府颁布的各种法律。国民政府的法律体现了一些较为现代的法律理念，与边区当地的习惯法严重冲突。如 1939 年颁布的《陕甘宁边区婚姻条例》规定："男女婚姻以本人之自由意志为原则""实行一夫一妻制"等。婚姻中的自由意志，尤其女方婚姻自由意志，与"父母之命，包办婚姻"的乡土社会的传统习俗格格不入。边区司法实践中，适用的法律主要是边区政府制定的各种政策性文件，[①] 如《陕甘宁边区保障人权财权条例》（1942 年）《陕甘宁边区政纪总则（草案）》（1943 年），等等。限于当时的条件，这些纲领性的规范，规定的内容相当简单，强于原则性纲领性，而弱于可操作性，并且当地文化落后，人们缺乏法律知识。因此，需要对群众进行耐心细致的释法说理工作。

最后，因实体规范不完备不健全，习惯法自然而然地替代性地发挥起裁判依据的作用。这时就需要边区司法工作者通过调查、甄别与选择民间习惯，使之成为裁判案件的民间习惯法。

毫无疑问，在这种情况下，熟悉当地语言及风俗人情者更能胜任这一工作。马锡五为陕西本地干部，他担任陕甘宁边区高等法院陇东分庭庭长只有 7 个月的时间，同时他还是陇东地区公署专员，即陇东地区的行政长官（相当于现在的地级市市长）。马锡五熟悉当地民情民意，因而有条件有能力深入调查研究，并能有效地将当地干部群众组织协调起来，促成纠纷的解决。

---

① 这与共产党对国民党法律是否适用于边区的态度有着密切关系。1938 年 8 月，雷经天公开承认：边区施行的法律以南京国民政府颁布的各种法律为原则。1939 年 1 月，林伯渠明确指出，边区司法依据的地方单行法令都是在国民政府统一法令与抗战建国纲领的最高原则下制定出来的。直到 1941 年 10 月，雷经天还主张对国民党的法律要有条件地援用。但是此后，有了变化。1944 年 1 月，林伯渠在政府工作总结中强调指出："司法机关的法律根据，必须是边区施政纲领及边区政府颁布的各种现行政策法令。"1944 年 11 月，习仲勋甚至对边区司法人员引用国民党六法全书判案提出严厉的批评。梁洪明："马锡五审判与中国革命"，载《政法论坛》2013 年第 6 期，第 152 页。

　　边区司法改革呼唤着符合边区社会现实，能够满足边区人民需要的新型司法制度、审判方式，可以说，马锡五审判方式因此应运而生。1945 年 12 月 29 日，边区高等法院代院长王子宜在边区推事审判员联席会议上作总结报告，在谈到什么是马锡五审判方式时，将其概括为三个特点：一深入农村调查研究；二就是审判，不拘形式；三群众参与解决问题。并总结到"三个特点的总精神就是联系群众。……我们提倡马锡五审判方式，是要求学习他的群众观点和联系群众的精神。"① 在 1948 年马锡五和乔松山共同署名的《陕甘宁边区高等法院工作报告》中，指出边区司法机关审判方式主要有五种：② 第一，用谈话的方式进行审讯，允许群众旁听，事后征询群众对案情上或判决上的意见；第二，群众参加公审大会，从群众中选出陪审员，群众有补充事实、证据以及提出处理意见的权利；第三，法官下乡就地审判；第四，巡回法庭；第五，人民法庭。这种法庭是由群众选举法官，政府或司法机关派人参加的群众性的法庭。

　　由此可见，群众参与是马锡五审判方式的重要内容。首先，从群众参与的过程来看，群众参与并不是阶段性、局部性的，而是一种全程性的参与，从案件开始到结束，不脱离群众，就是经过群众解决案子。③ 其次，从裁判结论的形成来看，群众不仅参与旁听，补充证据，对判决发表意见，还享有提出处理意见的权利。最后，从法官的产生和法庭的组成来看，一是法官由群众选举产生；二是群众可以作为陪审员参与法庭审理。可见，马锡五审判方式的核心在于群众路线。就地审判、法官下乡、深入农村、查清案情和在处理案件时运用调解方式，仅是其外在的表现形式。④ 正如有人所说的：⑤ "他是真正民间的，而不是衙门的，真正替人民服务，而不是替人民制造麻烦的。""真正民间的"不仅指在审判方式上"深入田间地头"，更主要指从

---

　　① 转引自肖周录、马京平："马锡五审判方式新探"，载《法学家》2012 年第 6 期，第 8 页。
　　② 《民事诉讼法参考资料》（第一辑），法律出版社 1981 年版，第 63～64 页。转引自张卫平："回归'马锡五'的思考"，载《现代法学》2009 年第 5 期，第 140 页。
　　③ 梁洪明："马锡五审判与中国革命"，载《政法论坛》2013 年第 6 期，第 147 页。
　　④ 肖周录、马京平："马锡五审判方式新探"，载《法学家》2012 年第 6 期，第 12 页。
　　⑤ 转引自韩伟："当代中国司法中的人民性重思——由马锡五审判方式切入"，载《山东科技大学学报》（社会科学版）2016 年第 6 期，第 27 页。

内心和感情上贴近群众；"真正替人民服务"不仅是"深入调查"，而是通过群众造成"群众运动"，召集群众，大家评理，政府和人民共同断案，真正实现民主，人民懂得了道理，又学会了调解。1943 年 2 月，毛泽东在接见马锡五时欣然题写"一刻也离不开群众"。马锡五审判方式借助巡回审判、下乡调查、实地研究、就地审判等形式发挥"便民、利民、安民"① 之功效，充分体现了为民的追求和宗旨。

（四）为民是群众路线教育实践活动的必然要求

毛泽东指出：② "在我党的一切实际工作中，凡属正确的领导，必须是从群众中来，到群众中去。这就是说，将群众的意见（分散的无系统的意见）集中起来（经过研究，化为集中的系统的意见），又到群众中去做宣传解释，化为群众的意见，使群众坚持下去，见之于行动，并在群众行动中考验这些意见是否正确。然后再从群众中集中起来，再到群众中坚持下去。如此无限循环，一次比一次地更正确、更生动、更丰富。"毛泽东把这条路线称为从群众中来、到群众中去的工作方法。群众路线是中国共产党根据辩证唯物主义和历史唯物主义的原理，在长期的革命和建设实践中创立和不断发展的；是马克思主义中国化的进程中，中国共产党对马克思主义关于人民群众是社会主体和历史创造者的理论作出的创新和重大发展。③ 群众路线是中国共产党根本的工作路线，是中国革命和建设事业从一个胜利走向另一个胜利的根本保证，由此成为共产党最大的软实力，成为党安身立命的根本、得天独厚的优势。

群众路线是中国革命实践的产物，有一个思想萌芽、概念提出和理论形成过程。早在第一次国内革命战争时期就有了思想萌芽。1922 年，党的二大制定的《关于共产党的组织章程决议案》指出："我们既然是为无产群众奋斗的党，我们便要'到群众中去'要组成大的'群众党'""党的一切运动

---

① 曾益康："从政治与司法双重视角看'马锡五审判方式'"，载《西南政法大学学报》2009 年第 4 期，第 96 页。

② 《毛泽东选集》（第 3 卷），人民出版社 1991 年版，第 899 页。

③ 许耀桐："关于党的群众路线形成和发展的再认识"，载《理论探索》2013 年第 4 期，第 5 页。

都必须深入到广大的群众里面去。"1928 年 7 月，党的六大制定《政治决议案》明确指出：党的总路线是争取群众。1928 年 10 月，李立三根据六大路线的精神和要求，在同江浙地区负责人谈话时，首次提出了"群众路线"概念。他说:[①] "在总的争取群众路线之（下），需要竭最大努力到下层群众中去。"1929 年 9 月周恩来主持所写的《中共中央给红军第四军前委的指示信》（《九月来信》）中，专设"红军与群众"一节，阐释了军队、党与群众的关系。1929 年 12 月，毛泽东在《红军第四军第九次党代表大会决议》中指出："一切工作在党的讨论和决议之后，再经过群众路线去执行。"1934 年 1 月，毛泽东在第二次全国工农兵代表大会上做了《关心群众生活，注意工作方法》的报告，阐述了党的组织和党的干部与群众的关系，党的工作与群众工作的关系。他说:[②] "我们应该深刻地注意群众生活的问题，从土地、劳动问题，到柴米油盐问题。妇女群众要学习犁耙，找什么人去教她们呢？小孩子要求读书，小学办起了没有呢？对面的木桥太小会跌倒行人，要不要修理一下呢？许多人生疮害病，想个什么办法呢？一切这些群众生活上的问题，都应该把它提到自己的议事日程上。应该讨论，应该决定，应该实行，应该检查。要使广大群众认识我们是代表他们的利益的，是和他们呼吸相通的。"经过抗日战争，特别是延安整风，党的群众路线臻于成熟，并在党的七大写入党章。

毛泽东所倡导的群众路线包含以下几层意义:[③] 一是在思想认识上，要树立为了人民，立足人民，一切从人民的利益出发、服务于人民的观点；二是工作方法上，不能搞教条主义、经验主义、命令主义、尾巴主义、宗派主义、官僚主义；三是在行动上，必须倾听群众的呼声，和群众打成一片，发动群众，组织群众，取得群众的信任，实现群众的利益。

十一届三中全会以来，我们党重申坚持群众路线的重要性和意义，党的

---

① 转引自许耀桐："关于党的群众路线形成和发展的再认识"，载《理论探索》2013 年第 4 期，第 5 页。

② 《毛泽东选集》第 1 卷，人民出版社 1991 年版，第 138 页。

③ 许耀桐："关于党的群众路线形成和发展的再认识"，载《理论探索》2013 年第 4 期，第 6 页。

群众路线无论在理论方面还是在实践方面，都得到了不断的提升和拓展。1981 年党的十一届六中全会通过的中共中央《关于建国以来党的若干历史问题的决议》把群众路线确定为毛泽东思想三个"活的灵魂"之一，并将党的群众路线的基本内容概括为"一切为了群众，一切依靠群众，从群众中来，到群众中去"。党的十八大以来，面对新形势新考验，党中央从"脱离群众危险"的战略高度告诫全党必须牢记"只有植根人民、造福人民，党才能始终立于不败之地""要坚持党的群众路线，坚持人民主体地位，时刻把群众安危冷暖放在心上，及时准确了解群众所思、所盼、所忧、所急，把群众工作做实、做深、做细、做透"。为人民服务是党的根本宗旨，以人为本、执政为民是检验党的一切执政活动的最高标准。

党的十八大提出："围绕保持党的先进性和纯洁性，在全党深入开展以为民务实清廉为主要内容的党的群众路线教育实践活动，着力解决人民群众反映强烈的突出问题，提高做好新形势下群众工作的能力。"2013 年至 2014 年，我们党以为民清廉为主要内容，聚焦作风建设，开展了党的群众路线教育实践活动，着力解决"四风"——形式主义、官僚主义、享乐主义和奢靡之风——问题。"四风"问题反映在"表"上，损害党群关系，为群众深恶痛绝、反映最强烈；从根本上讲，其"里"是违背我们党的性质和宗旨。习近平总书记强调指出：① 党内存在的其他问题都与这"四风"有关，或者说是这"四风"衍生出来的。党的十九大强调指出："坚持以上率下，巩固拓展落实中央八项规定精神成果，继续整治'四风'问题，坚持反对特权思想和特权现象。"我们党是在同人民群众的密切联系中成长、发展、壮大起来的。人民是党的力量之源和胜利之本。没有人民的支持，党就不可能生存和发展，就一事无成。因此，密切联系群众是我们党的最大优势。我们任何时候都不能削弱和丢掉这个优势，否则党的一切工作就会成为无源之水、无本之木，就会招致挫折和失败。司法工作是党和国家工作的重要组成部分，司法工作者要密切联系群众，规范司法行为，加大司法公开力度，回应人民群

---

① 习近平："在党的群众路线教育实践活动工作会议上的讲话"（2013 年 6 月 18 日）。转引自中共中央文献研究室编：《习近平关于协调推进"四个全面"战略布局论述摘编》，中央文献出版社 2015 年版，第 126 页。

众对司法公正公开的关注和期待，为社会提供优质的司法产品。

于检察机关来说，个别干警甚至领导干部也存在着程度不同的脱离群众、偏离群众路线、为民宗旨弱化的问题。2015年12月至2016年3月，某省一铁路运输检察分院党组书记孙某在该院的办公用房面积超过标准25.98平方米，违反中央八项规定精神。2015年4月，某自治区一县检察院党组副书记、检察长索某带领本单位工作人员一行9人，以考察检察工作为名，乘坐两辆警车赴拉萨、敦煌等地景点游玩，并批准公款报销旅游相关费用2.5万元。事后他们分别受到党内严重警告处分和党内警告处分。这些行为严重违反中央八项规定精神，背离党的理想、信念、宗旨，严重损害检察官形象。

三、为民的行为模式与规范要求

"要走进人民，了解人民，最终为人民提供法律服务。"——梅玫[1]

2013年2月23日，习近平《在十八届中央政治局第四次集体学习时的讲话》指出：[2]"要坚持为民，改进司法工作作风，通过热情服务，切实解决好老百姓打官司难问题。特别是要加大对困难群众维护合法权益的法律援助，加快解决有些地方没有律师和欠发达地区律师资源不足问题。如果群众有了司法需求，需要打官司，一没有钱去打，二没有律师可以求助，公正司法从何而来呢？司法工作者要密切联系群众，如果不懂群众语言、不了解群众疾苦、不熟知群众诉求，就难以掌握正确的工作方法，难以发挥应有的作用，正所谓张飞卖豆腐——人强货不硬。法律不应该是冷冰冰的，司法工作也是做群众工作。一纸判决，或许能够给当事人正义，却不一定能解开当事人的'心结'，'心结'没有解开，案件也就没有真正了结。"这段话不仅为检察工作提出了具体要求，也为检察为民确定了工作目标，指明了实践方向。

---

[1] 梅玫，全国模范检察官，重庆市大渡口区人民检察院未成年人刑事检察科科长，把迷路孩子带回正途的"莎姐"检察官。

[2] 中共中央文献研究室编：《习近平关于全面依法治国论述摘编》，中央文献出版社2015年版，第69页。

（一）关心群众疾苦

司法的一项重要功能就是"定争止分"，解决纠纷、化解矛盾。因此，司法工作也是做群众工作，最终目标是"案结""事了""人和"。"人和"是"人心所向，上下团结之谓"，是社会文明的重要体现。在检察工作中，为实现"人和"的目标，要求检察人员体察群众疾苦，关心群众疾苦，把群众冷暖放在心中最高位置，把百姓的事当成家事，把群众当成自己的兄弟姐妹。张军检察长在 2018 年 3 月 8 日与最高检控告检察厅的干部座谈时讲道："要把所有上访人包括那些缠访闹访的百姓，当成我们的兄弟姐妹。"全国模范检察官、河北省石家庄市人民检察院案件管理办公室主任贾玉山就是这样做的。①

对于杀人案件，被害人近亲属大都固执地认为"杀人偿命理所应当"，而国家少杀慎杀的刑事政策使大部分"命案"的被告人没有被判处死刑立即执行。同时，刑事诉讼法也没有赋予被害人近亲属对法院的刑事判决提出上诉的权利。所以，凡附带民事诉讼未达成赔偿协议的被害人近亲属，大都会情绪异常激动地来请求检察院提出抗诉，其中有打着"白条幅"喊冤的，有铺开被褥睡在检察院大门口的，还有坐在接访室或办公室不走的。他们的诉求大都只有一条："不答应抗诉不走人。"面对这样的上访群众，谁都感觉"头痛"和无奈。但贾玉山认为，上访群众情绪激动甚至出现矛盾激化的原因，大致有两个方面：一方面因为工作人员缺少耐心，没有把法和理给当事人讲清楚；另一方面因为上访群众大都心中憋着一口气："当官不为民做主。俺们天塌地陷的大事，却被你们当官的当成芝麻粒小事来看待。"因此，贾玉山总结摸索出一套十分管用的工作方法："耐心讲理加换位思考，切实把法和理给群众讲清楚，切实把群众的事当成自家的事来办。"2008 年的冬天，一对夫妇从邢台来检察院上访并强烈要求抗诉。因为他们的儿子在购物时与他人发生口角并被对方拳打脚踢致死，可法院未判被告死刑立即执行。贾玉山热情地接待了他们，一面耐心地听他们倾诉，一面耐心讲解国家刑事法律

---

① 最高人民检察院政治部编：《有理想、有能力、有担当、有操守——新时期检察英模风采录》，中国检察出版社 2014 年版，第 187～188 页。

政策，还列举出法院对类似案子的判决先例，予以释法说理和思想疏导。到了晚上，他自掏腰包请夫妇二人吃饭，还安排了住宿。隔了一日，这对夫妇因纠结于有关办案部门嫌他们提出的 80 万元赔偿费过高，情绪激动地再次来到检察院上访。贾玉山热情诚挚地对他们说："生命是无价的，要多少赔偿是你们的权利，但具体办案调解中也有国家法定的计算标准。"就凭这么一句朴实而真诚的话，这对夫妇的情绪很快稳定下来。后经几次反复调解，这对夫妇终于息诉罢访。

孟志春也做到了把群众冷暖放在心。[①] 孟志春，全国模范检察官、内蒙古自治区小黑河地区人民检察院驻呼和浩特第三监狱检察室主任。孟志春注重人性化执法，平等真诚地对待服刑人员。他耐心细致地做服刑人员的思想工作，满怀热情地关心他们的生活，千方百计地为他们解决实际困难，依法及时解决他们的合理诉求，使法律监督充满人性关怀和公平正义。服刑人员间流传着一句话："有问题找孟检。"对服刑人员的诉求，他能办的不拖，不能办的及时移交，不合理不合法的耐心做解释工作。赵某因犯抢劫罪被判处有期徒刑 15 年，并处罚金 5 000 元，当时家里把罚金交到了原判法院，法院没有开正式收据，只写了证明，也没盖公章。2010 年 5 月呈报减刑时，赵某担心减刑受影响，就将这一情况向孟志春反映。孟志春第二天就去了赵某家里了解情况，并拿上收据到原判法院协调，最后法院开具了正式罚金交纳收据。后来，赵某依法获得减刑，赵某感动地说："没想到孟检对我们的事情这么重视，我真的太感谢他了。"刘某上报减刑材料时，因一项专利属立功还是重大立功与监狱方面产生认识分歧，如何界定将直接影响减刑幅度。问题反映到检察室，对于这种法律规定不明确的问题，孟志春只要支持监狱的意见，签个字，这事就算画上了句号。可他认为这是关系刘某切实利益的大事，绝不能草率决断。在他的积极协调下，法院专门在监狱召开现场听证会，研究界定专利问题，刘某最终获得了较大幅度的减刑。

贾玉山、孟志春之所以能够赢得人民群众的尊重和信任，除了他们的专

---

① 最高人民检察院政治部编：《有理想、有能力、有担当、有操守——新时期检察英模风采录》，中国检察出版社 2014 年版，第 209 页。

业能力外，主要源于他们真正做到了把群众的冷暖放在心里，真正做到了把群众当成自己的兄弟姐妹，真正做到了把群众的事当成家事；他们把人民检察院的"人民"两字牢牢记在心中，更是坚定地落实在行动中。

（二）释法说理

检察官作为从事法律工作的国家公职人员，在思维方式上，他应该"像法律人一样思考"，也就是说检察官应具有法律思维。思维是指人们在表象、概念的基础上进行分析、综合、判断、推理等心理活动和认识活动的过程。作为一种职业思考方式，法律思维首先包含一整套完备的概念体系，如证据、证明力、证明标准、非法证据，等等。思维以脑为其器官，以语言、文字、符号等为其工具。因此，概念是思维的起点和基础。法律概念，是法律人（包括检察官）判断事实、分析案件和进行法律思考的逻辑工具，通过语言、文字、符号等表现出来。由此产生法律语言。什么是法律语言呢？有学者认为：① 法律语言是一种行业语，是受法律工作这一职业影响而形成的习惯语，是由法律工作者为适应本行业的特殊需要而创造并长期使用的专门词语。这些专门词语，有的是借用汉语中的一般词语来表达，但已被赋予特定的法律意义；有的是新创的，即创造一个专门的词语表示特定的法律意义。大多数法律词语是将一般词语赋予法律意义，由此产生法律概念。对于并非法律专业出身的普通老百姓，他们可能不熟悉不知道不明白检察官法律思维所运用的法律概念及其确切含义。如瑕疵，在《新华汉语词典》中解释为："微小的缺点。"而在《现代法律词典》中则解释为："产品所具有的对使用者或消费者或者其财产有不合理危险的状态。""同居"的一般意义为"表示若干人共同生活在一起的意思"；而法律意义则为"男女双方没有办理结婚登记手续而以夫妻名义共同生活。"因此，要求检察官在检察法律文书中，在接待当事人中，用群众能够理解明白的文字、能够听得懂的语言，做好释法说理工作。

党的十八届四中全会提出："实行国家机关'谁执法谁普法'的普法责任制，建立法官、检察官、行政执法人员、律师等以案释法制度，加强普法

---

① 马晓燕、史灿方：《法律语言学引论》，安徽人民出版社2007年版，第32页。

讲师团、普法志愿者队伍建设。"2015 年 7 月，最高人民检察院颁布《关于实行检察官以案释法制度的规定（试行）》（以下简称《以案释法规定》），其中第 2 条规定："检察官以案释法，是指检察官结合检察机关办理的案件，围绕案件事实、证据、程序和法律适用等问题进行释法说理、开展法治宣传教育等活动。"2017 年 5 月，中办、国办发布《关于实行国家机关"谁执法谁普法"普法责任制的意见》（以下简称《普法责任制意见》），建立法官、检察官、行政执法人员、律师等以案释法制度。要求检察官在司法办案过程中要落实好以案释法制度，利用办案各个环节宣讲法律，及时解疑释惑。

（1）检察法律文书说理。说理，就是个人（群体）运用一定的策略，通过信息符号的传递，以非暴力手段去影响他人（或群体）的观念、行动，从而达到预期目的。简单地说，说服即用理由充分的话使对方心服。① 检察法律文书说理，是人民检察院在制作检察法律文书时，或者应有关人员请求，对文书所载的处理决定依据的事实、证据、法律、政策等进行分析阐述、解释说明的活动。《普法责任制意见》规定：判决书、裁定书、抗诉书、决定书等法律文书应当围绕争议焦点充分说理，深入解读法律。也就是要求必须将裁判的理由说明白讲透彻，能够真正说服当事人。毫无疑问，说理所使用的理由必须是法律上的，即将价值判断、民情考量、效果评析的因素，通过解释纳入法律上的依据，为法律上的依据所涵摄。

《以案释法规定》对检察法律文书说理提出了基本要求：①明确事实。阐明人民检察院认定的事实及相关证据，对证据的客观性、合法性和关联性进行分析判断，阐明采信和不采信的理由或者依据。②阐明法理。结合法律文书的具体内容和结论，对人民检察院所作出决定中依据的法律、司法解释条文的具体内容予以列明，解释法律适用的理由和依据。必要时，应当结合案件事实对条文的含义、法条适用进行解释和说明。③讲明情理。在依据法律、政策说理的同时，注重情、理、法的有机结合，以理服人，增强执法办案的人文关怀和社会效果。④针对争议焦点重点说明。根据当事人异议产生的原因，充分阐释决定的原因及依据，对于没有重大分歧或者争议的事实、

---

① 丁文俊：《讯问心理语言研究》，警官教育出版社 1997 年版，第 217 页。

证据，可以简要分析或者不作分析。⑤语言规范，文字精练，繁简得当，明确易懂。

（2）接访说理。如果说在检察法律文书说理中，检察官围绕争议焦点充分说理，深入解读法律，他们使用的语言可能更多的是偏重于"法言法语"的话，那么在接待群众来访，与当事人面对面交流时，检察官应使用老百姓能听得懂的语言，也就是"少一些'官腔'多一些'土话'"。这就要求检察官进行语言转换，即将"法言法语"转换为群众听得懂的通俗用语。为此检察官必须了解当事人的基本情况与法律诉求，了解当地风土人情，增强做群众工作的本领。潘志荣就是利用自己精通少数民族语言的优势，深入基层深入群众，以自己真挚为民的情怀赢得牧民的信任，与他们建立起深厚的"安达情"。①

潘志荣，蒙汉兼通的检察工作行家里手。始终牢记全心全意为人民服务宗旨，先后被授予全国模范检察官、内蒙古自治区先进工作者、北疆楷模等十几项荣誉称号。潘志荣 1985 年参加工作，1986 年调入达茂旗检察院，现任达茂旗检察院检察委员会专职委员、派驻满都拉口岸检察室兼希拉穆仁检察室主任。达茂旗是内蒙古自治区包头市下辖的一个以蒙古族为主体、汉族占多数、多民族聚居的边疆少数民族地区。蒙古语为地方方言。潘志荣是汉族，但他坚持这样一个信条"在牧区工作首先在语言得和牧民沟通上去，如果你语言上沟通不上去，工作肯定干不好，而且案子办得也不那么踏实"。为了更好地与牧民用蒙语交流，他每天不到六点半就到办公室，坚持读蒙语报纸。他用这样的方式自学蒙语整整三十年，一本厚厚的蒙汉字典已经被他翻得没了模样。功夫不负有心人，经过三十年的努力，潘志荣不但可以讲一口流利的蒙语，蒙语发音也十分地道，甚至被年轻的蒙古族同事误以为他是蒙古族。为了解群众法律诉求、宣传检察工作、摸排职务犯罪线索，潘志荣每年有三分之二的时间工作在基层农牧区，走遍全旗 77 个嘎查和行政村，巡访过 980 多个牧场点与 3 400 多户农牧民，化解纠纷近百起，记载 84 000 多

---

① 资料来源：http：//dangjian. people. com. cn/n1/2016/0630/c117092 - 28513393. html。最后访问日期：2018 年 8 月 28 日。

字的《民情日记》，收集了大量检察工作第一手资料。他发挥精通蒙语蒙文的特长和优势，通过入情入理的"话疗"，打开了一个个涉案蒙古族嫌疑人的心扉，案件成功办理，嫌疑人还表示改过自新。他还专门制作蒙汉双语"检民联系卡"发到5000多名群众手中，并始终兑现24小时不关手机承诺，被百姓称为贴心"一叫通"。

（三）善于用群众信服的方式执法办案

做好群众工作是一门领导艺术，必须讲究方式方法。有人将群众工作方法概括为十种方法：[1] 教育疏导法、典型示范法、为民谋利法、民主协商法、换位思考法、网络互动法、以情动人法、对症下药法、群众自治法、法律约束法。有人总结为五个方法：从群众中来，到群众中去；一般号召和个别指导相结合；领导骨干和广大群众相结合；抓两头，带中间；说服教育，积极引导。有人指出：[2] 真心实意是做好群众工作的前提；求真务实是做好群众工作的关键；依理依法是做好群众工作的重点；群众满意是做好群众工作的核心。有人提出群众工作要做到：[3]（1）突出问题，聚焦问题——聚焦群众反映强烈的突出问题，以点带面，抓住要害、集中发力，持续用劲；（2）领导带头，以上率下——村看村，户看户，群众看干部。各级领导干部带头，以上率下，认真做群众工作，改革、发展、稳定和民生中的复杂难题，才会迎刃而解；（3）以知促行，以行促知——做好群众工作既要不断提高认识，更需要付诸行动，要不断以新的思想认识推动实践，又以新的实践深化思想认识；（4）严字当头，从严从实——要坚持严的标准，采取严的举措，重要节点一环紧扣一环地抓好；（5）层层压紧，上下互动——群众工作必须前后照应、左右衔接，使查摆问题和解决群众权益问题做到纵向到底、横向到边；（6）始终相信群众，敞开大门——只有紧紧依靠人民群众、让群众来监督和

---

[1] http://www.360doc.com/content/16/0921/07/14327190_592419542.shtml。最后访问日期：2018年8月28日。
[2] 陈远洋："做好新形势下的群众工作要找准工作方法"载http://dangjian.people.com.cn/n/2015/0226/c117092-26601100.html。最后访问日期：2018年8月28日。
[3] 全国干部培训教材编审指导委员会组织编写：《做好新形势下的群众工作》，人民出版社、党建读物出版社2015年版，第177~179页。

评判，才能做到工作不虚不空不偏。

其实列宁早就告诫我们群众工作的精髓就在于"少讲空话，多做实事"，他说:①"泛泛之谈。空话连篇。大家听厌了的愿望。这就是当今的'共产党员的官僚主义'。最好去掉这些东西，拿出实际经验的材料，即使是一个县一个乡的也好，不是学院式地，而是实际地加以研究，让可爱的共产党员官僚主义者来学习学习，哪些不应该做（具体地，有例子，有地名，有确切事实），哪些应该做（也要同样具体）。"因此，党员领导干部要真正站在人民群众立场上，要对人民群众有真挚感情。群众在我们心里的分量有多重，我们在群众心里的分量就有多重。做好群众的工作的前提是赢得群众的信任。为此要拉近与群众的距离，这种距离既包括物理距离，也包括心理距离。在物理距离上要"近"，即贴近群众，走近群众，深入群众当中去；在心理距离上要"真"，真诚相待，情真意切，即以真情实意、求真务实的态度对待群众。在这方面，马锡五堪称典范，他在办理李能离婚案②时做到了"近"和"真"。

华池县元城区有个叫李能的姑娘，与胡生清订了婚约。准备结婚时，曲子县八珠区的郭家却来争婚，说是李能母亲收了郭家彩礼并已允婚，胡、郭两家把官司打到了元城区政府。区政府根据婚姻自主原则，准许李能与胡生清结婚。一个月后，李能突然以区政府逼迫为由提出离婚诉求，郭家也向陇东分庭提出控告。1943年4月，马锡五接手此案，通知了八珠、元城两区区长前来协助处理。在向区乡干部和群众了解到李能确是自愿结婚后，马锡五带领二位区长和一位知情群众代表来到三十多里外的胡家。在昏黄的油灯下，马锡五一边与胡家人聊天，一边仔细询问相关情况，临睡前又和同来的三人商讨解决办法到深夜。第二天早上，马锡五向李能询问了订婚、结婚经过以及离婚原因，并耐心解释婚姻自主政策。李能终于承认离婚是母命所逼。掌

① 列宁："就《俄共目前农村政策的基本原则》提纲给俄共（布）中央政治局的信"（1922年3月16日），载《列宁全集》第43卷，人民出版社1987年版，第45页。转引自中共中央文献研究室：《论群众路线——重要论述摘编》，中央文献出版社、党建读物出版社2013年版，第15~16页。
② 赵昆坡：《中国革命根据地案例选》，山西人民出版社1984年版，第177~183页。转引自梁洪明："马锡五审判与中国革命"，载《政法论坛》2013年第6期，第145页。

握这些事实以后，马锡五立即去做李能母亲的思想工作，同时又嘱咐八珠区区长去解决郭家的问题。通过马锡五亲民务实、耐心细致的工作，一起棘手的离婚纠纷就这样被顺利化解了。

马锡五亲自到当事人家里，深夜时分还与当事人家人促膝谈心亲切交谈。他采取的策略是"说服"当事人，而不是"压服"当事人。说服不同于压服。压服是信息接受者没有选择的权利，只能按照信息的要求去做，有时会形成"压而不服"的结果。而说服是使当事人自愿接受说服者提出的观点，类似孟子所说的"心服"①。正是马锡五的亲民举动加上细致透彻的释法说理，令人"心悦诚服"，促使李能说出离婚的真实原因，从而找到了案件争议的真正症结——受母亲逼迫。进而通过做李能母亲的思想工作，纠纷得到彻底解决。马锡五深有感触地说：②"当审判工作依靠与联系人民群众来进行时，也就得到了无穷无尽的力量，不论如何错综复杂的案件或纠纷，也就易于弄清案情和解决。"

检察官泽东同样为我们树立了拉近与群众的距离，做好群众工作的榜样。四川阿坝红原县原副检察长泽东是位藏族检察官，1999年7月泽东从四川省藏文学校藏语专业毕业，被分配到红原县检察院工作，逐渐由一名翻译成长为刑事检察方面的行家里手。由于他精通汉藏两种语言，又熟悉法律，被农牧民群众亲切地称为"活法典"。不少人经常找他咨询问题，寻求法律帮助。他了解牧民的生活习惯，他们坐不惯沙发，不喜欢坐在办公室里。每次牧民到检察院找他时，泽东都把他们带到检察院外面的草坪上席地而坐，认真地听取他们的问题，耐心地解释他们的困惑。他也因此赢得了牧民的爱戴。2016年12月，泽东因病去世。火化那天，家乡父老眼含热泪，自发赶来为泽东送行。上千名群众、八百多辆汽车停满了长达几公里的公路，一眼望不到尽头。

事实证明，只要真心对待人民群众，就一定能赢得人民群众的拥护和爱戴。做群众工作有法而无定法，根本之法在于走近群众、了解群众、真心对待群众。

---

① 丁文俊：《讯问心理语言研究》，警官教育出版社1997年版，第217页。
② 北京政法学院编：《中华人民共和国审判法参考资料汇编》（第1辑），内部资料，1956年印行。转引自梁洪明：《马锡五审判与中国革命》，载《政法论坛》2013年第6期，第147页。

（四）文明

文明是为民的客观需要，包括理念文明、制度文明、行为文明和形象文明。对于检察官个人来说，主要涉及行为文明和形象文明，具体包括以下三个方面：

1. 对人热情周到，耐心细致

对人热情周到、耐心细致，有利于提高公信力，使当事人感受到公正。叙事心理学认为，人们通过叙事的原则使事件之间产生联系，正是这种稳定的、连续的联系才使得事件有了意义，而创伤性事件则可能使这种连续性遭到破坏，从而破坏了事件原来具有的意义，当事人也因此失去了生活的目标和意义，找不到自我的方向，陷入焦虑和痛苦之中。而叙事则在一定程度上能够帮助其修复和治疗创伤。① 检察官每天接触到的当事人，或多或少也有着这样的需求。因此，检察官应耐心倾听当事人的诉求，以同理心对待当事人。

全国模范检察官刘文胜②经常说，对待犯罪嫌疑人要有人文理念，要耐心交流，以理服人，以情动人；要让嫌疑人不仅认罪，还要真诚悔过、痛改前非。2010年4月，在查办盐城高等师范学校校长左某受贿案时，左某情绪一直起伏不定，虽然已交代了犯罪事实，但总觉得自己是"不幸者"。在此案即将侦查终结前，刘文胜和左某进行了一次长谈。左某的父亲曾是滨海一位德高望重的中学校长，桃李满天下，他的4个儿子也都考上名校。刘文胜对左某父亲一直钦佩有加，所以在长谈中，他向左某讲起20世纪90年代公社书记给老校长二斤红糖供应票被老校长婉言谢绝的故事；讲起了领导来学校吃饭，老校长拿半斤粮票和六毛钱扣在碗底不占公家便宜的故事；还讲起老校长的老伴带着孩子在烈日下捡拾散落麦穗被老校长训斥送回生产队的故事。左某听后泣不成声。这次长谈后，左某写下了20多页的"悔罪书"，深刻剖析了自身犯罪原因，还表示要真心认罪服判，不再上诉，好好改造。

耐心细致的反面是耍态度，急躁发火。当人的情绪一旦激动起来，就难

① 张曙："刑事程序公正的心理学分析"，载《政法论坛》2009年第1期，第53页。
② 刘文胜，江苏省滨海县人民检察院副检察长，全国模范检察官。

以保持冷静和理智，易作出过激行为，说出过激的话，造成不可收拾的被动局面。下面这个案例教训不可谓不深刻。① 在查处某局副局长江某受贿案中，江某交代，在其为蒋某取得工程项目承建权后，蒋某为感谢他，送给他人民币 2 万元。为查清事实，讯问人员对蒋某进行讯问。但蒋某在证据面前拒不供认，无论是政策攻心，还是使用证据；无论大声训斥，还是深入细致的思想工作，蒋某不仅不承认行贿的事实，而且跷着二郎腿，扭着头。讯问人员叫蒋某将腿放下，坐端正。蒋某不仅不放下腿、坐端正，而且顶上一句"老子这样惯了，你能把我怎样！"在此情况下，讯问人员急了，站起来冲到蒋某身边，用手揪住蒋某衣服的后领，使劲提起蒋某并猛烈地按下，同时怒喊："给我坐好！"当时正值天气炎热，蒋某穿的是一件 T 恤。讯问人员揪住后领这使劲一提，撕破了蒋某的衣服，这猛烈的按下打翻了凳子，蒋某一屁股摔倒在地，背撞在凳角。此时，蒋某大喊："打死人了！打死人了！"索性躺在了地上，任拉任抱，就是不起来。拉他，则喊："腰部痛，动不了"；抱他，则尖叫："脊柱骨断了，痛啊！"就是不起来。后讯问人员叫来救护车，将蒋某送到医院检查。由于讯问人员一时急躁发火，不仅没有突破行贿口供，还致使蒋某拿着被撕破的 T 恤衫到处控告讯问人员打他，搞刑讯逼供，弄得讯问人员非常被动，影响很坏。

2. 使用文明用语，表达准确规范

中国素有"礼仪之邦"的美誉。而这种礼仪不仅反映在"五常"上，还反映在语言上。言为心声。语言既表达思想，也传递情感。一方面，古代语言中有着比其他语言更丰富的礼貌用语。如说话时对自己要用卑称，用谦辞；对对方则要用尊称，用敬辞；使用委婉语，避开人家的忌讳，并常使用语言表达自己对别人的问候与祝福，等等。② 另一方面，语言反映出人的道德水平与道德修养。孔子说："巧言令色，鲜矣仁。"（《论语·学而篇》）又说："刚、毅、木、讷近仁。"（《论语·子路篇》）孔子将"巧言"和"讷"直接与"仁"（仁德）联系起来，因为在他看来"好其言，善其色，致饰于外，

---

① 廖福田：《讯问艺术》，中国方正出版社 2010 年版，第 431～432 页。
② 邵鸿："古代中国的语言文明"，载《山东社会科学》1991 年第 5 期，第 44 页。

务以说人。""好其言"的人花言巧语，面貌伪善，仁德是不会多的。而言语不轻易出口的人是因为固守"言不顺，则事不成；事不成，则礼乐不兴"的理念，则具有仁德。而仁恰是孔子思想的核心，也是他倡导的最主要的一种道德原则，高居五常之首。[①] 从中可以看到儒家对语言、对语言与道德密切关系的重视程度。

语言文明有两个含义：[②] 其一，是指语言洁净，合乎规范，在公共场所说普通话，不说粗话脏话。污言秽语、狂言躁语、花言巧语、冷言冷语，这些都属于不文明的语言。[③] 这些不文明的语言绝对不应该出自检察官之口。其二，是指思想洁净，实事求是，不说假话、空话、套话，不搞崇洋媚外，不要低级趣味。

用语文明的两个方面的要求，既适用于检察官也适用于普通公民。但对检察官来说还有另一个要求，即表达准确规范。

2014 年 3 月 20 日，长沙市开福区法院公开审理了一起涉嫌非法拘禁犯罪案件。同月 22 日，被告辩护律师发微博称：公诉人在庭上大喊：这不是讲法的地方！并对公诉人的言论提出质疑。3 月 26 日，开福区检察院在其官方网站对律师的质疑进行了回应，称：公诉人未说"雷语"。同日，法院公布了一段庭审监控录像。视频显示，公诉人曾说："我不想在这里讲法律，来宣传什么法律是怎么写的。"公诉人此后意识到言语不严谨，解释希望辩护律师不要误导。虽然检察机关的回应，平息了舆情，但仍有评论称法庭原本就是个"是非之地""斗法"场所，要的就是敏锐加严谨，公诉人只谈事实"不讲法"的"口误"委实不该有。

公诉人在庭上高喊"杀无赦"更是不该。

2011 年 5 月 17 日，犯罪嫌疑人夏磊、郑树林来到南京某小区，假冒快递员骗开一住户房门，强行入室，用水果刀将年近六旬的保姆刘某逼进侧卧

[①] 王虹："中国传统道德与现代语言文明"，载《沈阳师范大学学报》（社会科学版）2005 年第 3 期，第 121 页。

[②] 陈良璜："论语言文明建设"，载《南京高师学报》1997 年第 2 期，第 71 页。

[③] 王虹："中国传统道德与现代语言文明"，载《沈阳师范大学学报》（社会科学版）2005 年第 3 期，第 121 页。

室，夏磊企图用宽胶带封堵刘某的嘴，遇反抗后用水果刀猛捅其颈部致其死亡。此时孩子哭叫，因担心哭声引人注意，郑树林用枕头将 13 个月大的孩子捂死。两人搜出保姆刘某放在家中的十万余元现金后逃离。一周后，两人先后被抓获。2011 年 11 月 1 日，法院公开审理此案。出庭公诉的检察官认为，两人在抢劫中残忍杀害手无寸铁的老人和孩子，属加重情节，建议判处死刑。公诉人说："两被告严重漠视生命，随意践踏法律，犯罪手段极其残忍，社会危害极其严重，主观恶性极其巨大，影响极其恶劣！""所以，我们的量刑建议就是，杀！杀！杀无赦！"

　　法庭是一个严肃的审判场所，也是司法人员进行法制教育普法宣传的阵地，还是展现检察官职业形象的舞台。在这个舞台上，检察官应使用什么样的语言呢？语言是表意的工具。当语言遇上行业，遇上学科，就有了领域语言现象，即集团性语言——以行业或学科为单位而形成的语言。法律语言即属于领域语言现象。法律语言也是我们常说的法言法语。检察官在法庭上以及其他检察工作中应使用法言法语来阐释学理、论述观点，"语言的整体表达要符合学科的基本精神和行业的表述习惯"①，简言之即用语规范。用语规范的基本要求即是合法，符合法律规定。这是检察官必须守住的"底线"——不仅适用于庭审，也适用于检察官与当事人接触谈话的一切场合。"合法，不仅指合乎法律的规定，并且包括符合法理精神。"② 依此来分析"杀无赦"，不免存在以下不当之处。

　　其一，"杀无赦"不是法律术语，不属于法言法语，③ 不符合法律的规定。《人民检察院刑事诉讼规则（试行）》第 400 条第 2 款规定：量刑建议书的主要内容应当包括被告人所犯罪行的法定刑、量刑情节、人民检察院建议人民法院对被告人处以刑罚的种类、刑罚幅度、可以适用的刑罚执行方式以及提出量刑建议的依据和理由等。"杀无赦"，显然不属于刑罚种类或刑罚执行方式。其二，"杀无赦"喊出了检察官个人情绪，喊丢了检察官的专业素

---

① 刘红婴：《法律语言学》，北京大学出版社 2003 年第 1 版，第 8 页。
② 刘红婴：《法律语言学》，北京大学出版社 2003 年第 1 版，第 66 页。
③ 甚至有人认为它是一个人治意识极强的用语。http://www.morningpost.com.cn/sibian/pinglun/2011-11-02/236946.shtml。

养。检察官专业素养包括：对法律规范的理解、演绎、认识，也包含对法律制度程序的操作、对社会现象的了解、以民众常情的同理心认知、对专业技能专家的尊重与征询。[①]《人民检察院刑事诉讼规则（试行）》第435条规定："在法庭审理中，公诉人应当客观、全面、公正地向法庭出示与定罪、量刑有关的证明被告人有罪、罪重或者罪轻的证据。""客观"的要求实质上是对主观情绪的约束、限制、排斥。《检察官职业行为基本规范（试行）》要求：坚持理性执法，把握执法规律，全面分析情况，辩证解决问题，理智处理案件（第17条）。公诉人在法庭上应尽量或最大限度地克制自己的主观情绪。只有这样才能客观地对待证据、客观地对待被告人。

3. 注重形象，遵守着装礼仪

服饰是人类文明的标志，又是人类生活的要素。服饰的概念是指"装饰人体的物品总称，包括上衣、裤子、裙子等衣物和领带、帽子、围巾等装饰性衣物"[②]。我国民国时期杰出法学家伍廷芳把服饰的意义概括为以下四点：[③]避寒燠为第一义，求安适为第二义，合仪式为第三义，形美观为第四义。服饰除了具有"避寒燠""求安适"的实用价值和"合仪式"的社会学意义之外，还具有"形美观"的美学意义。服饰的美学意义可以体现在以下两个方面：一方面，服饰可以塑造人的外在形象，给人留下直观而深刻的印象；另一方面，对外展示自我的审美情趣、意识情感以及价值观念，可以对人产生心理特征的影响。由此可见，穿衣戴帽可不是件小事情。孔子认为，穿着要符合一定的"礼"。孔子在《论语·乡党篇》中详细地讲述了服饰的规范。他说：[④] 君子不用（近乎黑色的）天青色和铁灰色作镶边，（近乎赤色的）浅红色和紫色不用来做平常居室的衣服。暑天，穿着粗的或者细的葛布单衣，但一定裹着衬衫，使它露在外面。黑色的衣配紫羔，白色的衣配麑裘，黄色的衣配狐裘。居家的皮袄身材较长，可是右边的袖子要做得短些。睡觉一定

---

① 蔡碧玉等：《检察官伦理规范释论》，中国检察出版社2016年版，第76页。

② 赵思蒙："当代服饰伦理现象及解决途径"。载 http://kns.cnki.net/kcms/detail/22.1010.C.20170615.1717.066.html。最后访问日期：2017年12月13日。

③ 伍廷芳：《美国视察记》，岳麓书社2016年版，第80页。

④ 杨伯峻译注：《论语译注》，中华书局2009年第3版，第99页。

有小被，长度合本人身长的一又二分之一。用狐貉皮的厚毛作坐垫。丧服满了以后，什么东西都可以佩戴。不是（上朝和祭祀穿的）用整幅布做的裙子，一定裁去一些布。紫羔和黑色礼帽都不穿戴着去吊丧。大年初一，一定穿着上朝的礼服去朝贺。

孔子所讲的着装规范——"礼"——包含着这样三个因素：（1）时间——不同季节穿不同的衣服；（2）地点——在家之时穿皮袄，上朝之时穿礼服；（3）场合——吊丧时不得穿戴紫羔和黑色礼帽。这三个因素也正是现代着装的"魔力原则"。当"场合"固定为职场时，服饰的一种形态——制服——就应运而生。

制服，即人们通常所说的职业装，也称团体制服，是人们在从事某种活动或作业过程中，为统一形象、提高效率及安全防护的目的而穿着的特定制式的服装；"是指团体统一着装，含有强制、制约、统一之意"①。制服是一种符号，是职业精神、职业信仰、职业特点、职业观念透过服装的一种外现。早在中华民国时期，检察官就有了制服。1913 年 1 月 30 日，北京司法部以训令第 28 号公布《推事检察官律师书记官服制施行令》，规定推事、检察官、律师和书记官于服制令施行后凡莅庭时均着制服，莅庭就席后得脱制帽置于案上，但审判长或推事于宣告判决时须起立戴帽，制服制帽皆为莅庭使用，法庭以外应服礼服的，着普通礼服。②

根据所追求的价值目标的不同，制服大致可分为重理、重情和两者兼备三种类型。重理，即侧重于代表物质性的实用与科学的一面，注重制服的实用性，即强调功能性，消防制服、工人工装最为代表；重情，即侧重于代表精神性的装饰与象征的一面，注重于制服具备的情感心理与审美价值，即强调社会性。③ 以检察制服设计的理念——"突出功能、讲究简捷、强调审美，较好地表现了检察官职业的威严和严谨，衬托出一种凝重氛围，在凝重中体现公正"——来看，检察制服属于后者，注重情感表达和价值传递，强调服

---

① 申莉轩、杜少勋："浅议日本的制服文化"，载《新西部》2016 年第 3 期，第 139 页。
② 张建伟："司法的外衣：制服与法袍"，载《影像》2017 年第 3 期，第 161 页。
③ 李楠："知情达理：我国制服设计与传播的文化目标"，载《现代传播》2015 年第 2 期，第 162 页。

饰的社会性。如 1984 式检察制服的设计，是参考罗马尼亚、南斯拉夫、苏联、泰国等国家检察官服装资料，同时结合我国具体情况设计的。它最大特点是"军队式制服"，强调检察人员代表国家履行法律监督职责和代表国家强制力的属性，是对检察人员执法地位的一种认可。1988 年和 1991 年对 84 式制服进行了小的修改，夏装的米黄色变成豆绿色（1988 年），增加了检察领花（1991 年），领花为"金双剑"，但仍保持着"军队式制服"的特点，尤其大盖帽更具有权威感。2000 年检察机关推出新式制服。2000 式检察制服颜色为国际通行的藏蓝色，体现出司法的权威性和严肃性；式样改为大众化的服饰——西装，拉近了检察官与民众的距离，极具亲和力①，有利于树立检察官司法为民的形象。张建伟认为：②"藏蓝色西服式检察服穿起来意气娴雅，视瞻聪明，庄重而不轻佻，简捷而不累赘，不仅颜色沉稳大方，与检察工作的严肃性相协调，契合检察官身份，而且式样美观得体，无论出席法庭还是出门办案，感觉磊磊落落，利利索索，不会有扎眼的感觉，较原来豆绿色制服相去不可以道里计。检察工作的特点应是简洁明快，藏蓝色西服与这种风格相一致。"

服装的转变反映出观念的转变：③ 首先，体现了人们对司法工作规律认识的深入。其次，新式制服体现了控辩审三方在诉讼中的平等地位，体现了现代法治社会的诉讼规律；再次，新式服装体现了对程序公正和实体公正的同等重视。最后，具有亲和力和理性特点的新式服装，也时刻提醒检察官在办案中要用证据说话，平等对待当事人。

检察官必须按照规范穿着制服才能穿出检察制服的设计理念，穿出检察人的"精气神"，也才能使制服成为检察人最美的"时装"。具体规范如下：

第一，不得"混搭"，即不得检察服与便服混穿。第二，分清场合着装，即应当着装的场合必须穿着检察制服，不应当着装的场合不得穿着检察制服。

---

① 有人认为，检察制服由军事化色彩明显的军装换成西装，但在弱化了军事化色彩的同时，也失去了检察特色。见徐蔚："当代中国检察文化的内涵界定及建设途径"，载《山西省政法管理干部学院学报》2012 年第 1 期，第 6 页。有的抱怨检察服装没有"威力"，款式普通。见李永志："规范着装，彰显检察队伍素养"，载《检察日报》2011 年 7 月 5 日，第 3 版。
② 张建伟："司法的外衣：制服与法袍"，载《影像》2017 年第 3 期，第 163 页。
③ 王彦钊："检察制服：1984 年首次统一"，载《检察日报》2012 年 1 月 2 日，第 3 版。

第三，严格按照规范配套穿着，如夏服系蓝色领带，春秋服着白衬衣，系红领带；穿着检察制服要着黑色皮鞋。男同志配穿深色袜，鞋跟一般不高于 3 厘米；女同志配穿肤色袜，鞋跟一般不高于 5 厘米。第四，服装整齐洁净，仪表端庄得体，注重礼仪规范，并严格遵守下列规定：不得敞怀、披衣、挽袖子、卷裤腿；不得系扎围巾，不得染彩发；男同志不得留长发；女同志不得披散长发、染指甲、化浓妆，不得佩戴耳环、项链等首饰；不得在外露的腰带上系挂钥匙或者饰物；不得在公共场所吸烟、饮酒；非因工作需要，不得进入营业性娱乐场所。按照《人民检察院检察制服着装管理规定》（2010 年 12 月 3 日最高人民检察院第十一届检察委员会第二十八次会议通过）的规定，对违反本规定并造成不良影响的检察人员，视情节给予通报批评或纪律处分（第 9 条）。

不仅着制服有规范，检察官着便装也有讲究，即要符合职场中着装的基本礼仪。[①]（1）干净整洁。干净整洁，既反映出个人卫生习惯，又反映出人的修养；既体现自重又体现对他人的尊重；既显示处理个人问题的能力又显示对工作的热爱。干净整洁应体现在以下四个方面：着装应整齐、完好、干净、卫生。（2）符合身份。着装要与个人的年龄、职位、工作性质等相符合，不宜穿着特别又过于体现个性特点的服装。（3）配合场合。在工作时间，除需要着制服的场合外，检察官可能还会遇到这样的场合，如开会、授课、办公室阅卷、到上级检察院汇报案件、到下级检察院指导工作，等等。在坚持"到什么场合穿什么衣服"的总原则的同时，应注意这样的规则，即着装也要配合对方的身份，这样会有助于彼此的沟通。（4）文明大方。一般在重要场合着装讲究几个"不露"：不暴露胸部、不暴露肩部、不暴露腰部、不暴露背部、不暴露脚趾、不暴露脚跟。正式场合也不适宜穿过短的服装，如短裤、小背心、超短裙。另外，一些紧身的服装也不适合正式场合穿着，会给人不踏实不庄重之感。（5）整体之美。整体之美要求服饰彼此之间搭配协调、得体，即要使搭配三要素——色彩、款式、面料三者得到有机的结合，各个部分不仅要自成一体，而且要在整体上做到相互呼应相互适应。

---

① 参见陈琳："职场中的着装礼仪"，载《四川劳动保障》2016 年第 2 期，第 54～55 页；王丽娟："社交礼仪的着装原则"，载《公关世界》2000 年第 2 期，第 25～26 页。

第四章

担　　当

一、担当的内涵

（一）担当的语义

"担"，古汉语中写作"儋"。《说文解字》中解释为："儋，何也。从人，詹声。以背曰负，以肩曰儋。"本义为用肩膀挑；引申为"承当""负责"。"当"，从田，尚声。《说文解字》中解释为："当，田相值也。"本义为两块田相当、相等；引申为"对等""相当于""担任""充当"。"担当"一词最早出现在宋代，是一个动词，主要作谓语，指担当重任、正道等抽象名词。但有时也作主语，指的是行为事件本身，表示一种事物义，是事件的静态呈现，因而是一种名词化了的动词。① "担当"作名词时指"所承担的责任"。如宋·周密《齐东野语·贾相寿词》："郭应酉居安《声声慢》：'许大担当，人间佛力须弥'。"还可以用来表示"承受"。如宋·陈亮《甲辰秋答朱元晦书》云："孟子终日言仁义，而与公孙丑论一段勇如此之详，又自发为浩然之气，盖担当开廓不去，则亦何有於仁义哉！"到了明清时期，担当的词义有所扩大，出现了作动词表"担任、充当"义的用例，含义为"敢于承担责任，有魄力"。清朝李渔《比目鱼·伪隐》云："不用谙谋，方见才能，好担当，好担当，怪不得人人敬。"在历史流变过程中，"担当"的词义

---

① 吴佳妮："'担当'的词类功能游移及其动因和机制"，载《现代语文》2016年第4期，第105页。

和词性有如下变化:①

$$
担当\begin{cases} 动词（承担）\begin{cases} 动作义"承担"（典型动词功能） \\ 事物义"承担"（动词功能向名词功能游移） \\ 性状义"有承担的"（动词功能向形容词功能游移） \end{cases} \\ 动词（担任、充当）→名词（担任、充当……的人） \end{cases}
$$

　　在现代汉语中，"担当"作谓语动词，表示"接受并负起责任"，如担当重任；勇于担当。但从学术角度，人们对"担当"有不同的解读。有人认为担当与责任、义务相关联，表现为履行义务的行为。从这一客观行为角度，"担当"被界定为②"承担并履行责任，也是指人们在面临使命、职责、角色需要的时候，毫不犹豫、责无旁贷、不计条件得失、义无反顾地挺身而出，尽职尽责地履行自己的义务"。在这个意义上，担当的基本要求就是：（1）不推诿、不搪塞。自己的责任就要由自己来承担，不推脱给别人，也不敷衍塞责。（2）不怕困难。履职中遇到困难，没有畏难情绪，想方设法解决问题，把工作做到家。有人认为，担当体现的是行为者的一种责任意识，是"对权力责任的自觉意识""对理想信念的自觉意识"③。因此，有人从行为动机角度来界定"担当"，认为：④"担当就是责任意识，责任与一定的公共职位联系在一起，实则是对公共职位职责的履行意识，是履职责任对人的动机和行为约束。"还有人从行为与动机两个方面来界定"担当"，认为：⑤ 担当意味着"在其位，谋其政"的履职尽责，"知其难为而为之"的执着理想，"明知山有虎，偏向虎山行"的无畏勇气等；担当不仅在责任上有要求，即守责；而且在精神状态上有要求，即主动。有人更进一步地将担当内涵概括

---

① 吴佳妮："'担当'的词类功能游移及其动因和机制"，载《现代语文》2016年第4期，第107页。

② 邓成奉："勇于担当，是马克思主义政党的本质特征"，载《绵阳师范学院学报》2016年第9期，第19页。

③ 董玉整："担当是对责任的自觉意识——学习习近平总书记关于担当的有关论述"，载《岭南学刊》2016年第2期，第41~42页。

④ 褚松燕："官员担当需要什么样的制度保障"，载《人民论坛》2017年第3期（中），第26页。

⑤ 陶文昭："中华民族伟大复兴的历史担当——学习习近平同志关于担当精神的重要论述"，载《中共中央党校学报》2014年第6期，第35~36页。

为以下三个主要方面：①（1）敢于担当。敢于担当是一种精神，也是一种责任，更是党的优良作风。（2）乐于担当。乐于担当是一种态度，就是将党的理想和使命内化于心成为一种自觉行动。（3）善于担当。善于担当是一种能力，是衡量党员干部能力强弱、素质高低的重要标尺。

概言之，担当既是对责任的承担，更是对责任的自觉。没有对责任的自觉，只有对责任的承担，充其量可算是"履职"，而难以称得上"担当"。

（二）担当的时代意义

在当下中国，"担当"一词已经成为"党的文献的标志性语言"，成为"一种品德，一种精神，一种风尚，一种价值尺度"②；成为好干部五项标准之一。新时代新使命，同时，赋予担当新意义。党的十八大以来，习近平总书记在系列讲话中多次提出"担当"，并把自己的执政理念，概括为"为人民服务，担当起该担当的责任"。担当大小，体现着干部的胸怀、勇气、格调，有多大担当才能干多大事业。早在2010年，在担任中央党校校长时，习近平就说过：看一个领导干部，很重要的是看有没有责任感，有没有担当精神。2013年1月22日，习近平总书记在十八届中央纪委二次全会的讲话中强调"该承担的责任必须承担""要有担当意识，遇事不推诿、不退避、不说谎，向组织说真话道实情，勇于承担责任"。2013年6月28日，在全国组织工作会议上的讲话中，习近平总书记提出了好干部的五条标准：信念坚定、为民服务、勤政务实、敢于担当、清正廉洁。"敢于担当，党的干部必须坚持原则、认真负责，面对大是大非敢于亮剑，面对矛盾敢于迎难而上，面对危机敢于挺身而出，面对失误敢于承担责任，面对歪风邪气敢于坚决斗争。""五个敢于"既是判断党员干部是否敢于担当的重要标尺，也是党员干部敢于担当的具体体现：③第一，"面对大是大非敢于亮剑"，要求党员始终保持

① 王明杰、李福东："顺应党建趋势，党员干部如何作为"，载《人民论坛》2016年第9期（中），第31页。
② 孙业礼："担当·定力·规矩——学习习近平系列讲话中的新概念、新韬略"，载《党的文献》2014年第2期，第81页。
③ 袁建伟："敢于担当是好干部的必备素质"，载《学习论坛》2015年第5期，第18页。

政治上的清醒，坚守原则；第二，"面对矛盾敢于迎难而上"，要求党员干部在解决矛盾中展现胆识和才干。第三，"面对危机敢于挺身而出"，要求党员干部要临危不惧，要有舍我其谁的气概。第四，"面对失误敢于承担责任"，要有"闻过则喜"的胸襟，敢于负责。第五，"面对歪风邪气敢于坚决斗争"，就是要勇做挡风驱邪的泰山石，敢于不留情面，坚持依法打击。

是否具有担当精神，是否能够忠诚履责、尽心尽责、勇于担责，是检验每一个领导干部身上是否真正体现了共产党人先进性和纯洁性的重要方面。2014年3月9日，习近平总书记在参加全国人大会议安徽代表团审议时强调："敢于担当责任，勇于直面矛盾，善于解决问题，努力创造经得起实践、人民、历史检验的实绩。" 2014年10月，习近平总书记又强调指出：党员干部要"对党忠诚、个人干净、敢于担当"。2015年1月12日，在与200名县委书记座谈时，习近平再次强调指出："干部就要有担当，有多大担当才能干多大事业，尽多大责任才会有多大成就。" 2016年3月7日，他又进一步强调指出："要保护作风正派、锐意进取的干部，真正把那些想干事、能干事、敢担当、善作为的优秀干部选拔到各级领导班子中来。" 同时，习近平总书记还对各行各业的"担当"提出了总概性要求。

（1）"具有远见卓识，开拓创新"是政党和政治家的担当。2014年8月20日，在纪念邓小平同志诞辰110周年座谈会上的讲话中，习近平总书记指出："开拓创新，是邓小平同志一生最鲜明的领导风范，也永远是中国共产党人应该具有的历史担当。" 2015年10月15日，在会见出席亚洲政党丝绸之路专题会议的外方主要代表时强调，"政党和政治家应具有远见卓识和历史担当，在共建'一带一路'的进程中走在前列。我们既要登高望远，又要脚踏实地。登高望远，就是要顺应时代潮流，做好顶层设计；脚踏实地，就是要有序推进，争取早期收获"。2017年1月18日，习近平在联合国日内瓦总部演讲时指出这一代政治家的"担当"是：让和平的薪火代代相传，让发展的动力源源不断，让文明的光芒熠熠生辉。

（2）"自觉维护国家主权、安全、发展利益"是军人的担当。2013年3月11日习近平总书记在第十二届全国人大二次会议解放军代表团全体会议上的讲话中指出："自觉担当起维护国家主权、安全、发展利益的重大责任，增强忧患意识、危机意识、使命意识，按照党的十八大的部署，埋头苦干，抓紧快干，推动国防和军队现代化建设跨越式发展，为实现中国梦提供坚强力量保证。"2016年1月5日，习近平总书记在视察第13集团军时强调："贯彻政治建军要求，要持续贯彻全军政治工作会议精神，加强理想信念教育，深化理论武装，引导官兵立根固本，铸牢军魂，打牢'三个自信'的思想政治基础，真正从思想上政治上建设和掌握部队，努力培养有灵魂、有本事、有血性、有品德的新一代革命军人，锻造具有铁一般信仰、铁一般信念、铁一般纪律、铁一般担当的过硬部队。"2014年6月27日，第五次全国边海防工作会议在北京召开，习近平总书记在接见全体与会代表时强调：①"边海防工作是治国安邦的大事，关系国家安全和发展全局。边海防战线的全体同志要强化忧患意识、使命意识、大局意识、勇于作为，敢于担当，努力建设强大稳固的现代边海防。"2014年4月14日，习近平同志在空军调研时指出：②"要强化以只争朝夕的紧迫意识、责无旁贷的担当精神、搏击蓝天的凌云壮志，埋头苦干，加快空军现代化建设步伐。"

（3）"创造引领世界潮流的科技成果"是广大科技工作者的担当。2016年5月30日，全国科技创新大会、中国科学院第十八次院士大会和中国工程院第十三次院士大会、中国科学技术协会第九次全国代表大会在北京召开，习近平总书记发表重要讲话，指出："我国广大科技工作者要敢于担当、勇于超越、找准方向、扭住不放，牢固树立敢于为天下先的志向和信心，敢于走别人没有走过的路，在攻坚克难中追求卓越，勇于创造引领世界潮流的科技成果。"

（4）"既要专攻博览，又要关心国家、关心人民、关心世界"是青年学生的担当。2013年5月4日，习近平在同各界优秀青年代表座谈时指出：历史和现实都告诉我们，青年一代有理想、有担当，国家就有前途，民族就有希望，实现我们的发展目标就有源源不断的强大力量。2014年5月4日，在

---

① 习近平："强化忧患意识使命意识大局意识　努力建设强大稳固的现代边海防"，载《人民日报》2014年6月28日，第1版。

② 习近平在空军机关调研时强调："加快建设一支空天一体攻防兼备的强大人民空军为实现中国梦强军梦提供坚强力量支撑。"载 http://politics.people.com.cn/n/2014/0414/c1024-24894641.html。

与北京大学师生代表座谈时，习近平指出："我相信，当代中国青年一定能够担当起党和人民赋予的历史重任，在激扬青春、开拓人生、奉献社会的进程中书写无愧于时代的壮丽篇章。"总书记强调：青年要勤于学习、敏于求知，注重把所学知识内化于心，形成自己的见解，既要专攻博览，又要关心国家、关心人民、关心世界。① 2018年5月2日，习近平在与北京大学师生座谈会上指出："新时代青年要乘新时代春风，在祖国的万里长空放飞青春梦想，以社会主义建设者和接班人的使命担当，为全面建成小康社会、全面建设社会主义现代化强国而努力奋斗，让中华民族伟大复兴在我们的奋斗中梦想成真！"

（5）"做发展的开路人"是县委书记的担当。2015年6月30日，习近平总书记在会见全国优秀县委书记时给县委书记们提出四点要求②，其中之一就是要做发展的开路人。"县委书记特别是贫困地区的县委书记在发展上要勇于担当、奋发有为。要适应和引领经济发展新常态，把握和顺应深化改革新进程，回应人民群众新期待，坚持从实际出发，带领群众一起做好经济社会发展工作，特别是要打好扶贫开发攻坚战，让老百姓生活越来越好，真正做到为官一任，造福一方。"

（6）"忠于法律、捍卫法律，坚守公正司法的底线"是政法人员的担当。司法是把纸面上的法律变为现实生活中活的法律的关键环节，司法人员要刚正不阿，敢于依法排除来自司法机关内部和外部的干扰，要忠于法律、捍卫法律，坚守公正司法的底线。习近平强调：③"政法队伍尤其要敢于担当。俗话说'养兵千日，用兵一时'，对政法队伍来说则是"养兵千日，用兵千日"，面对重大政治考验，必须旗帜鲜明、挺身而出，绝不能当"骑墙派"；面对歪风邪气，必须敢于亮剑、坚决斗争，绝不能听之任之；面对急难险重任务，必须豁得出来、顶得上去，绝不能畏缩不前。要敢于在对敌斗争最前

① 习近平："在北京大学师生座谈会上的讲话"（2014年5月4日）。
② 一是要做政治的明白人；二是要做发展的开路人；三是要做群众的贴心人；四是要做班子的带头人。
③ 习近平："在中央政法工作会议上的讲话"（2014年1月7日）。转引自中共中央文献研究室编：《习近平关于全面依法治国论述摘编》，中央文献出版社2015年版，第100页。

沿、维护稳定第一线去迎接挑战,到条件艰苦、情况复杂、矛盾集中的地方去破解难题,在奋斗和奉献中实现人生价值,赢得人民群众信任和支持。"2015年3月2日,习近平对邹碧华同志先进事迹作出重要批示:[①]"邹碧华同志是新时期公正为民的好法官、敢于担当的好干部。他崇法尚德,践行党的宗旨、捍卫公平正义,特别是在司法改革中,敢啃硬骨头,甘当'燃灯者',生动诠释了一名共产党员对党和人民事业的忠诚。广大党员干部特别是政法干部要以邹碧华同志为榜样,在全面深化改革、全面依法治国的征程中,坚定理想信念,坚守法治精神,忠诚敬业、锐意进取、勇于创新、乐于奉献,努力作出无愧于时代、无愧于人民、无愧于历史的业绩。"司法是社会公平正义的最后一道防线,司法人员必须信仰法律、坚守法治、端稳天平、握牢法槌、铁面无私、秉公司法。

检察机关是国家的法律监督机关,检察官作为公共利益代表,担负着维护法制统一的使命。在司法改革带来的新际遇下,检察官应对自己的职业要求有清醒的自觉,不负人民期待,担当时代重托。

二、检察官的法律定位:行使国家检察权

我国《检察官法》第2条规定:"检察官是依法行使国家检察权的检察人员。"该条规定与我国检察机关的宪法定位密切相关。

不同的国家有着不同的政权组织形式,与此相应地,检察机关的宪法定位也不同。我国的政权组织形式是人民代表大会制度。人民代表大会制度,是我国的根本政治制度,概括地说,就是国家的一切权力属于人民,选民或者人民代表大会代表,按照民主集中制原则依法选举代表,组成全国的和地方的国家权力机关,行使人民当家做主的权力;并通过国家权力机关,产生其他国家机关,其他国家机关对国家权力机关负责并接受其监督,国家权力

---

① "对邹碧华同志先进事迹作出的批示"(2015年1月),载《人民日报》2015年3月3日。转引自中共中央文献研究室编:《习近平关于全面依法治国论述摘编》,中央文献出版社2015年版,第105页。

机关对人民负责并接受人民的监督。人民代表大会制度包括如下基本含义：①第一，国家的一切权力属于人民是人民代表大会制度的实质。第二，民主选举代表是人民代表大会制度的基础。第三，其他国家机关从属于人民代表大会是人民代表大会制度的关键。第四，人民代表大会对人民负责、受人民监督是人民代表大会制度的根本保证。

我国《宪法》第 134 条规定："中华人民共和国人民检察院是国家的法律监督机关。"② 按照《宪法》第 3 条规定的民主集中制原则，检察机关由人民代表大会产生，对它负责，受它监督；检察长由本级人大选举产生，报上一级检察院检察长提请该级人大常委会批准；副检察长、检察委员会委员、检察员由检察长提请本级人大常委会任命。由此可见，我国检察机关是国家的法律监督机关，是人民代表大会制度下的一个独立机关，是国家权力的一个独立组成部分，依法独立行使检察权。《中华人民共和国人民检察院组织法》（2018 年 10 月 26 日第十三届全国人民代表大会常务委员会第六次会议修订，以下简称《组织法》）明确了人民检察院是国家的法律监督机关的宪法定位，并进一步明确检察机关的任务和具体职权③。《组织法》第 2 条第 2 款规定："人民检察院通过行使检察权，追诉犯罪，维护国家安全和社会秩序，维护个

---

① 肖蔚云等：《宪法学概念》，北京大学出版社 2002 年版，第 142～146 页。

② 对于检察机关的性质，党中央在制定五四宪法之前就曾有所考虑。1950 年，党中央在关于建立检察机关的指示中指出："苏联的检察机关是法律监督机关，对于保障各项法律、法令、政策、决议等的贯彻执行，是起了重大的作用。我们则自中华人民共和国成立以后，才开始建立这种检察制度"，它是"人民政府用以保障法律法令政策之实行的重要武器，与资本主义检察的性质、任务、组织各有不同。"1953 年 11 月，由彭真主持工作的中央政法党组在向党中央的建议中，认为"检察署是法律监督机关，它检察所有国民包括国家工作人员的违法犯罪案件。"党中央批准了这个建议。五四宪法第 81 条规定："中华人民共和国最高人民检察院对于国务院所属各部门、地方各级国家机关、国家机关工作人员和公民是否遵守法律，行使检察权。地方各级人民检察院和专门人民检察院，依照法律规定的范围行使检察权。"1954 年的组织法规定地方各级人民检察院职权之一是"对于地方国家机关的决议、命令和措施是否合法，国家机关工作人员和公民是否遵守法律，实行监督"。检察机关所行使的上述职权，在理论上被称为"一般法律监督"或"全面法律监督"。但在实践中，限于人员、工作重点等原因，检察机关并没有履行一般法律监督的职责。

③ 《组织法》第 20 条规定：人民检察院行使下列职权：（一）依照法律规定对有关刑事案件行使侦查权；（二）对刑事案件进行审查，批准或者决定是否逮捕犯罪嫌疑人；（三）对刑事案件进行审查，决定是否提起公诉，对决定提起公诉的案件支持公诉；（四）依照法律规定提起公益诉讼；（五）对诉讼活动实行法律监督；（六）对判决、裁定等生效法律文书的执行工作实行法律监督；（七）对监狱、看守所的执法活动实行法律监督；（八）法律规定的其他职权。

人和组织的合法权益，维护国家利益和社会公共利益，保障法律正确实施，维护社会公平正义，维护国家法制统一、尊严和权威，保障中国特色社会主义建设的顺利进行。"通过对检察机关职权的考察发现，法律监督是一条主线，贯穿于检察工作各业务条块之中，呈现出在办案中监督，在监督中办案的样态。

（1）侦查权。依照法律规定对有关刑事案件行使侦查权；根据 2018 年 10 月 26 日修改的《刑事诉讼法》的规定："人民检察院在对诉讼活动实行法律监督中发现的司法工作人员利用职权实施的非法拘禁、刑讯逼供、非法搜查等侵犯公民权利、损害司法公正的犯罪，可以由人民检察院立案侦查。对于公安机关管辖的国家机关工作人员利用职权实施的重大犯罪案件，需要由人民检察院直接受理的时候，经省级以上人民检察院决定，可以由人民检察院立案侦查。"由检察机关立案侦查的主要涉及的罪名有：非法拘禁、非法搜查、刑讯逼供、暴力取证、虐待被监管人、滥用职权（限于司法工作人员滥用职权侵犯公民权利、损害司法公正的情形）、玩忽职守（限于司法工作人员玩忽职守侵犯公民权利、损害司法公正的情形）、徇私枉法、民事行政枉法裁判、执行判决裁定失职、执行判决裁定滥用职权、私放在押人员、失职致使在押人员脱逃，徇私舞弊减刑、假释、暂予监外执行。

（2）刑事检察监督。刑事检察监督是检察机关的核心职能之一，包括：①刑事立案监督。通过进一步健全行政执法与刑事司法衔接机制，和通过审查案件、受理当事人控告申诉以及从新闻媒体报道中及时发现监督线索。②刑事侦查活动监督。切实落实罪刑法定、疑罪从无、非法证据排除等法律原则，坚决核查刑讯逼供、暴力取证行为，强化冤错案件源头预防。以刑事拘留监督为切入点，建立对限制人身自由司法措施和侦查手段的监督制度，加强对刑拘未报捕、未移送审查起诉案件的监督。① ③构建以抗诉为中心的刑事审判监督格局。发挥抗诉的刚性监督作用，综合运用检察建议等手段，把监督纠正个案与监督纠正普遍性问题结合起来，坚持纠正定罪不当、量刑严重失衡、审判程序违法等问题。④刑事执行检察监督。监督的主要内容包

① 2018 年 7 月 18～19 日，浙江省人民检察院召开"在基层公安机关设立检察官办公室"工作部署推进会，要求在年底前，每个基层检察院都要在当地公安局法制大队设立检察官办公室。

括：羁押必要性审查、判处实刑罪犯未执行刑罚、久押不决、刑罚变更执行、财产刑执行、指定居所监视居住执行监督和强制医疗执行监督等。⑤死刑复核法律监督。在充分发挥刑罚威慑作用的前提下，准确把握严格控制死刑适用政策。在以下两方面保障死刑适用的公正统一：其一，对案件核准不核准死刑的结论与理由提出意见；其二，对侦查取证、诉讼程序中的问题，以及释法说理、化解矛盾等工作提出意见。

（3）民事检察监督。民事检察监督是检察机关法律监督职能的重要组成部分，具有如下特点：其一，以加强对公权力监督为核心。早在民事诉讼法修改之前，检察机关开始尝试以不同的身份——原告、从当事人、法律监督者、以个人身份作为代理人——参与到公益诉讼活动之中。① 当时，有人对此提出异议，认为检察机关介入民事诉讼领域可能遭遇如下困顿：② 一方面与各诉讼主体之间可能发生角色冲突，特别是存在不正当干涉私权之虞；另一方面缺乏程序方面的法律依据与合理性。虽然，民事诉讼法修改解决了法律依据的困顿，但干涉私权问题仍然是一个绕不开的话题。着眼于检察权的监督属性，民事检察监督应以监督公权力为核心。当事人双方行为只有对公共利益构成侵害时才成为检察机关监督的对象。其二，以抗诉、检察建议为监督方式。抗诉的监督方式是 1991 年民事诉讼法确定的，2012 年民事诉讼法修改，将检察建议确定为一种诉讼监督方式，赋予其相应的监督和救济功能。检察建议分为两种：一是再审检察建议。地方各级人民检察院对同级人民法院已经发生法律效力的判决、裁定，发现有民事诉讼法第 200 条规定情形之一的，或者发现调解书损害国家利益、社会公共利益的，可以向同级人民法院提出检察建议。二是违法检察建议。各级人民检察院对审判监督程序以外的其他审判程序中审判人员的违法行为，有权向同级人民法院提出检察建议。其三，以民事生效裁判、调解书，审判人员审判程序中的违法行为，人民法院民事执行活动为监督对象。其四，以专项活动和常态化

---

① "检察机关参与公益诉讼研究"课题组："检察机关提起公益诉讼的法律地位和方式比较研究"，载《政治与法律》2004 年第 2 期，第 130~131 页。

② 王福华："我国检察机关介入民事诉讼之角色困顿"，载《政治与法律》2003 年第 5 期，第 117~122 页。

监督相结合为监督模式。这一模式是唯物辩证法"两点论"和"重点论"在检察工作中的具体运用。具体来说就是在完成常规监督工作的同时，抓住当前监督工作中的主要矛盾、群众急切盼望解决的问题，集中力量，下大力气各个击破。

（4）行政检察监督。行政检察监督是人民检察院对人民法院行政生效判决裁定、调解书审判人员在审判程序中的违法行为和人民法院行政执行活动所进行的监督；监督的方式主要有：抗诉、检察建议。2014 年行政诉讼法修改，参照民事诉讼法关于检察建议的规定，将检察建议确立为检察监督方式。① 检察建议包括再审检察建议和审判人员违法行为的检察建议。再审检察建议不同于抗诉。其一，再审检察建议是"同级抗、同级审"，即同级人民检察院对同级人民法院提出再审检察建议，同级人民法院启动再审程序；而抗诉是"上抗下"，即上级人民检察院对下级人民法院已经发生法律效力的判决裁定提出抗诉。其二，再审检察建议不是必然引起再审，人民法院收到再审检察建议后，经审查依法作出决定，可能启动再审，也可能不启动再审；而抗诉必然引起再审。其三，抗诉启动再审程序后，法院开庭审理时，检察机关应派员出庭；而经再审检察建议，人民法院启动再审，检察机关则不是必须要派员出庭。但与抗诉方式相比较，再审检察建议具有相对柔和的优势。

人民检察院监督事由主要为：①不予立案或者驳回起诉确有错误的；②有新的证据，足以推翻原判决、裁定的；③原判决、裁定认定事实的主要证据不足、未经质证或者系伪造的；④原判决、裁定适用法律、法规确有错误的；⑤违反法律规定的诉讼程序，可能影响公正审判的；⑥原判决、裁定

---

① 法院对此有不同的观点，认为应取消再审检察建议。理由有五：一是如果检察建议目的在于解决"同级抗"的问题，则与宪法和人民检察院组织法规定的"上抗下"的抗诉体制明显不一致；二是民事诉讼中的检察建议实施效果不佳，带来了适用上的随意性、不稳定性，不仅容易演变成两个部门相互推卸责任的方式，也会使申诉无理的当事人产生不切实际的幻想，加大了息诉罢访的压力；三是根据最高法和最高检会签的《关于对民事审判活动和行政诉讼活动实行法律监督的若干意见（试行）》的规定，检察建议也仅局限于改进工作层面，对生效裁判不能采用检察建议的方式；四是检察建议可能使法律的裁判长期处于不稳定状态，更加加剧行政诉讼中的"申诉率畸高"和"翻烧饼"的怪现象，进而影响行政法律秩序的稳定和恢复；五是检察建议不符合行政诉讼管辖制度改革"上提管辖"的总体趋势。李广宇：《新行政诉讼法逐条注释》（下），法律出版社 2015 年版，第 791～792 页。

遗漏诉讼请求的;⑦据以作出原判决、裁定的法律文书被撤销或者变更的;⑧审判人员在审理该案件时有贪污受贿、徇私舞弊、枉法裁判行为的;⑨调解书损害国家利益、社会公共利益的。

(5)公益诉讼。2017年6月27日全国人大常委会作出关于修改民事诉讼法和行政诉讼法的决定,规定:①人民检察院在履行职责中发现破坏生态环境和资源保护、食品药品安全领域侵害众多消费者合法权益等损害社会公共利益的行为,在没有前款规定的机关和组织或者前款规定的机关和组织不提起诉讼的情况下,可以向人民法院提起诉讼。前款规定的机关或者组织提起诉讼的,人民检察院可以支持起诉。②人民检察院在履行职责中发现生态环境和资源保护、食品药品安全、国有财产保护、国有土地使用权出让等领域负有监督管理职责的行政机关违法行使职权或不作为,致使国家利益或者社会公共利益受到侵害的,应当向行政机关提出检察建议,督促其依法履行职责。行政机关不依法履行职责的,人民检察院依法向人民法院提起诉讼。至此,检察机关提起公益诉讼制度从2015年7月开始试点,历经顶层设计、法律授权、试点先行等正式建立。并且随着实践的深入,检察机关提起公益诉讼制度的必要性和优越性逐步显现,主要体现在以下几个方面:[1] 一是弥补了提起行政公益诉讼主体的缺位,强化了对国家和社会公共利益的保护;二是督促行政机关主动纠正违法行为,助推法治政府建设;三是调动其他适格主体积极性,增进了公益保护的社会参与。

2018年4月通过的《中华人民共和国英雄烈士保护法》第25条规定:"对侵害英雄烈士的姓名、肖像、名誉、荣誉的行为,英雄烈士的近亲属可以依法向人民法院提起诉讼。英雄烈士没有近亲属或者近亲属不提起诉讼的,检察机关依法对侵害英雄烈士的姓名、肖像、名誉、荣誉,损害社会公共利益的行为向人民法院提起诉讼。负责英雄烈士保护工作的部门和其他有关部门在履行职责过程中发现第一款规定的行为,需要检察机关提起诉讼的,应当向检察机关报告。"

(6)控告申诉检察监督。控告申诉检察监督是检察机关联系群众的窗

---

[1] 王治国等:"曹建明:攻坚克难,推动试点工作稳妥有序开展,积极探索具有中国特色公益诉讼制度",载《检察日报》2016年11月7日,第1版。

口，是直接依靠群众实施法律监督的重要方式，也是强化内部监督的重要渠道。控告申诉检察监督工作主要包括以下内容：一是畅通信访入口，实现"信、访、网、电话、视频"全面融合，切实保障公民的申诉权控告权。申诉控告是宪法赋予公民的重要民主权利，是民主监督的重要内容，也是司法救济的重要手段。① 因此，只有畅通控告申诉受理渠道，才能真正发挥民主监督的作用。二是解决申诉难。健全刑事申诉案件复查程序，坚持公开审查、公开答复。2014 年 10 月 27 日最高人民检察院颁发了《人民检察院复查刑事申诉案件规定》，全面规定了刑事申诉案件办理的程序，并扩大了公开审查程序适用范围，突出了复查刑事申诉检察的监督属性和纠错功能。三是办好刑事赔偿案件。国家赔偿法规定：侵犯公民人身自由的，每日赔偿金按照国家上年度职工日平均工资计算。从国家赔偿的属性可以看出，国家赔偿法具有双重属性，它既是对因国家机关及其工作人员行使职权行为而致使合法权益受到损害的公民的一种救济，也是国家因国家机关及其工作人员侵权行为对公民的一种责任。检察机关在国家赔偿方面具有双重身份：一方面是国家赔偿义务机关。发生违法刑事拘留、错误逮捕、错误监视居住等情形时，检察机关作为赔偿义务机关，承担赔偿责任。另一方面是国家赔偿监督机关。根据国家赔偿法和行政诉讼法的有关规定，国家赔偿检察监督范围为：行政赔偿诉讼和人民法院赔偿委员会作出的赔偿决定。四是加强司法救助工作。司法救助是人权保障的重要体现。我国司法救助制度经历了个案救助、2004 年刑事被害人救助试点、2009 年确立"刑事被害人救助"、2014 年确立"国家司法救助制度"的发展历程。② 2016 年 7 月，最高人民检察院正式通过《人民检察院国家司法救助工作细则（试行）》，明确了检察机关进行国家救助的对象和范围、救助的方式和标准、救助工作的具体程序、救助资金保障和管理等。

---

① 在纠正和防止冤错案件发生中，检察机关既承担着重要职责，也发挥了积极作用。有人通过对 30 起刑事错案的研究显示：这些案件中，检察机关启动监督程序的 19 件，其中提出抗诉 3 件，提出再审检察建议 16 件；法院决定再审的 4 件，二审上诉程序 7 件。鲜铁可、高锋志："刑事申诉检察视角下强化错案防范的若干思考"，载罗庆东、温辉主编：《刑事申诉检察实务讲堂》，中国检察出版社 2017 年版，第 118 页。

② 朱丽欣："刑事案件中的国家司法救助"，载罗庆东、温辉主编：《刑事申诉检察实务讲堂》，中国检察出版社 2017 年版，第 225 页。

享有检察权,承担法律监督权能,这是宪法和法律对检察官的职责定位。检察官应担当起这份沉甸甸的托付,敢于监督、善于监督,像冯丽君那样以"铮铮傲骨护法魂"①。

冯丽君,全国模范检察官,湖南省人民检察院公诉三处助理检察员。一次,冯丽君承办的一起案件开庭在即,被告人的律师反映,被告人向公安机关举报了他人犯罪的线索,且该案已经破获,被告人有立功情节。"被告人一直被关在看守所,线索来源是什么?即便是道听途说,一个外地人为什么对线索中涉及的多个地名如此熟悉?"一连串的疑问困扰着冯丽君。第二天一早,冯丽君便匆匆到当地取证。通过走访办案单位,调取举报材料、公安机关讯问笔录,查阅被举报案件的案卷材料等工作,冯丽君发现了关键点:在被告人书写举报之前,被举报人的犯罪线索已经被公安机关掌握,可能是假立功。再一次到看守所提取办案单位的提讯记录时,看守所领导百般阻挠,找各种理由推脱。要看提讯登记本,则说登记不全;要查电脑记录,则说曾经死过机,数据删了。逼得烦了,所长索性答复,那天打电话是经过他同意提审的。冯丽君一查手机,笑着说:"领导,不好意思,那天是星期天。"迎着所长咄咄逼人的目光,冯丽君站了起来,也双眼直逼对方,淡定地说:"领导,没关系,你慢慢回忆着吧,反正我们今天也没有别的任务了。"空气凝固了,最终所长同意将办案单位违规提审的情况写成书面材料给她们。

检察官不仅要敢于监督,还要善于监督,善于运用政治智慧、法律智慧开展法律监督工作,树立双赢、多赢、共赢的监督理念,坚持政治效果、社会效果、法律效果有机统一。

三、历史使命:公共利益代表

国内外大多数学者认为,大陆法系检察制度最先出现在法国。因此,研究检察制度的起源必须将目光聚焦于中世纪的法国。虽然法国的法史学家在

---

① 最高人民检察院政治部编:《有理想、有能力、有担当、有操守——新时期检察英模风采录》,中国检察出版社 2014 年版,第 348~349 页。

检察制度起源问题上存在争议，但法国经典法制史教科书一般将 14 世纪初国王代理人制度出现的时间确定为法国第一个检察机构产生的年代。① 国王代理人制度的出现，一方面与法国封建制度的发达和封建法制的健全程度紧密相关；另一方面与中央集权制的发展关系重大。

中世纪的法国是欧洲典型的封建割据社会，每个封建主在其领域内有着绝对权威，享有立法、行政、司法权力，各领主在其领地内有自己的法律，并设置领主法庭。这时，国王权力微弱，国家官吏不能进入封建主管辖区。② 为解决与封建主之间的经济财产利益纠纷，国王设立了参加有关诉讼的"代理人"。"代理人"身份实际上就是国王的仆人，并不是代表国家的官员。日本有学者曾说:③ "这时的'代理人'还只是国王的私人代理，所涉猎的事务也只是国王一己之私事，其身份与资格'无所异于私立会社之代理人'。"国王代理人的地位不高，权力也相当有限。例如，法国当时已经设置有"奉行""地方官""临时高等法官"等官员，国王代理人向地方法庭提起诉讼时还得经过这些官员的许可。④ 12 世纪后，技术的进步极大地促进了欧洲经济，特别是商品经济的发展，城市作为地方贸易和地方行政中心，开始慢慢地出现，并拥有日益增长的自治权和政治力量。在人口和贸易量方面，中世纪西欧的城市同中国、印度或中东的城市相比，是微不足道的。但是，他们通常能说服国王向他们颁发皇家特许状，准许他们在一个单独的市镇内联合起来。这种市镇有权充当社团，有权用自己的社团印章签订协议，拥有自己的市政厅、法院以及市外属地。因而，城市逐渐被公认为新的社会成分，市民们不再受封建法律的制约。⑤ 当时西欧土地都归封建主所有。大封建主可以将自己的土地再分封给小封建主，小封建主还可以再往下分封，形成多层级的领主与附庸的关系。小封建主不满大封建主的控制，彼此间不断地爆发冲突，

---

① 何家弘主编:《检察制度比较研究》，中国检察出版社 2008 年版，第 115 页。

② 曾宪义主编:《检察制度史略》，中国检察出版社 2008 年版，第 238 页。

③ ［日］冈田朝太郎等口授，郑言笔述:《检察制度》，中国政法大学出版社 2003 年版，第 6 页。

④ 刘方:《检察制度史纲要》，法律出版社 2007 年版，第 30 页。

⑤ 当时有一个惯例，如果一个农奴逃到城市，在那里住了一年零一天而未被捕捉到，他便成为自由人。正如当时的俗话所说的那样: "城市的空气使人感到自由。" ［美］斯塔夫里阿诺斯:《全球通史：从史前史到 21 世纪》（第 7 版），北京大学出版社 2006 年第 2 版，第 281 页。

因此，小封建主也支持国王扩大中央权力。法国国王加强中央权力的措施之一，就是将司法权逐步收归中央。

13世纪，法国国王路易九世（又称圣路易）实行司法改革，其中有两项改革对检察制度影响深远。其一，将大封建主的司法权置于国王法院管辖之下。国王法院可以受理对任何领主法院判决的上诉；重大案件和政治案件，只能由国王法院审理。随后，建立了巴黎高等法院，作为全国最高审级的审判机构，处理保护国王权利的各种司法事务，旨在削弱领主的司法权。为了维护王权在司法领域的威信和利益，法国国王从自己亲信中挑选出席法庭的代理，被称为"代理人"（gen du roi），代表国王出席法庭，办理王室法律业务。在当时，能够聘请代理人代表自己出席法庭的主体受到严格限制，只有国王、教会、领主和公共行政区域（行政官、市镇等）经过批准方享有此项特权。巴黎高等法院第一本法院记录中提到的"国王代理人"是英格兰国王或纳瓦尔国王的代理人。① 这时的"代理人"，不仅精通王室法律业务，同时通晓罗马教会法知识，除了代理国王出席法庭外，还以普通律师身份对外承担一些法律业务。②

1302年，菲利普四世发布条例进一步规范了"国王代理人"的职责，要求国王代理人应当和司法官进行同样的宣誓，并明文要求其只专属于国王。为此，他们由"国王的代理人"（procureur du roi）变成"国王的检察官"（procureur du Roi）。"国王的检察官"（procureur du Roi）被称为"国王的人马"（Les gens du roi），他们被定位为既非断案的法官也不是当事人的顾问，而是在法庭中代表国王利益的常任"文官"，他们在法庭上的位置设在法官旁边稍低一点的位置。③ 从巴黎高等法院的档案中看出，国王检察官从属于中央，领取王室薪俸，有权以国王的名义从事刑事案件的侦查，听取民众的密告，提出或者批准对刑事被告的起诉，出席司法中央法庭的刑事审判，参与惩处对王权图谋不轨的政治力量。④

---

① 魏武：《法德检察制度》，中国检察出版社2008年版，第4页。

② 刘林呐：《法国检察制度研究》，中国检察出版社2015年版，第11页。

③ 邵晖："'检察'一词的前世今生：词源和历史的交融"，载《北方法学》2014年第5期，第125页。

④ 饶鑫贤主编：《北京大学法学百科全书》，北京大学出版社2000年版，第1081页。转引自刘林呐：《法国检察制度研究》，中国检察出版社2015年版，第12页。

　　另外，国王代理人的权限也有一个从维护国王的个人利益（尤其是国王的领土权益）到维护公共利益的发展过程。到了 13 世纪末，国王代理人开始介入刑事司法领域，对涉及国家利益社会公共利益的部分刑事犯罪行为，有权代表国家向法院提起诉讼。按照当时的法律规定，被害人可以直接向法官提出指控，与犯罪行为没有直接利害冲突的其他人也可以提出检举。这时的国王代表人作为"宗教裁判起诉人"专门负责在宗教裁判所中对犯罪行为进行追诉以及参与收集相关证据，以维护一般利益。[①]　不过，这一时期，虽然国王代理人已成为进行刑事追诉的中坚力量，但并没有成文法的依据，而只是以惯例予以规范。1377 年巴黎高等法院的法令规定，国王是刑事案件中的最大利害关系人，享有优先控告权。

　　与此同时，国王向地方法庭派驻代理人，以便代表国王监督法院工作，维护其利益。1670 年，法国国王路易十四颁布刑事法律敕令明确规定：在最高审判机关中设置检察官，称总检察官，[②] 下设检察官于各级法院内部。这时检察官的主要职权有：[③] 第一，代表国王对各地封建主是否遵守国王法令实行监督。第二，以国家公诉人身份对罪犯提起诉讼，参加审判。不过开始时还不能提起一切刑事诉讼，仅是出于监督赎金及没收的执行正当确定与否的目的而参与刑事诉讼。第三，在涉及王室利益的民事诉讼中，出庭维护国王利益。

　　18 世纪末法国大革命时期，对旧的司法制度进行了彻底改革。1790 年 8 月颁布法律将检察机关成员——国王特派员——定义为行政权驻法院的代表，他们同时也是司法机关的司法官，不同于选举产生的法官，国王特派员由国王任命，其任务是代表社会的一般利益，负责请求适用法律与判决的执行，而被禁止行使控告职能。[④] 拿破仑于 1799 年发动雾月政变结束了法国大革命，

---

① 魏武：《法德检察制度》，中国检察出版社 2008 年版，第 5 页。
② 14 世纪初期，菲利普四世授予出席巴黎高等法院的代理人以总检察长（procureur general）的钦命头衔。
③ 曾宪义主编：《检察制度史略》，中国检察出版社 2008 年第 2 版，第 239 页。
④ 法国制宪会议认为控告权是政治工具，应当将其保留给人民行使，因此在每个刑事法庭里设立了由选举产生的公共控告人，其主要职责是在刑事诉讼中承担指控和辩论职责。至此，以国王代理人称呼的检察制度随告终结。详见何家弘主编：《检察制度比较研究》，中国检察出版社 2008 年版，第 118～119 页；刘林呐：《法国检察制度研究》，中国检察出版社 2015 年版，第 16 页。

并于 1808 年颁布《刑事诉讼法典》，将调查与追诉犯罪的权力授予"皇帝代理人"（procureur impérial ）之检察官。随着国体再度改为共和，"皇帝代理人"之名称亦变为"共和国代理人"（procureur de la Republique）。①

法文的"procureur"一词源自拉丁文"prōcūrare"，由"prō"和"cūrare"组成。前者"prō"有"为……的利益"之意，后者"cūrare"则有"治愈""照顾""看管"之意。因此，在古拉丁文中，"prōcūrare"一词的意思是指"为……的利益照顾、看管"。有人认为，参照其词义，对应于中文最贴切的词语应是"代理"。② 在君主时代，它是"国王代理人"；在帝制时代，它是"皇帝代理人"。当历史结束了君主专制时代，步入民主立宪时代之后，国家已不再是君主的"家天下"，"朕即国家"已是陈年旧事，明日黄花；而今，主权在民，人民才是国家主权的真正拥有者；政府只是执行主权者——人民——意志的公仆，用卢梭的话来讲"只不过是主权者的执行人"③。马修爵士——担任过英国检察长——曾说：④ "在我看来，检察长是通过代表公众的议会来行事，因此他仍是公仆——可能还是一个值得自豪的公仆——并且是通过议会向公众负责的行政部门的一位公务员，但是，他绝不是这两种机构的主人。"随着主权性质的变化，政权组织形式的变化，检察官作为"国王代理人"的身份也因之而发生嬗变：由国王代理人变为公益代表。逐渐地，这种身份得到联合国规范性文件和国内法律的确认。

《检察官作用准则》规定："检察官应在刑事诉讼，包括提起诉讼和根据法律授权或当地惯例，在调查犯罪、监督调查的合法性，监督法院判决的执行和作为公众利益的代表行使其他职能中发挥积极作用。"（第 11 条）"检察官应始终一贯迅速而公平地依法行事，尊重和保护人的尊严，维护人权从而有助于确保法定诉讼程序和刑事司法系统的职能顺利地运行。"（第 12 条）1995 年 4 月 29 日至 5 月 8 日，联合国在埃及开罗举办第九届联合国预防犯罪

---

① 何家弘主编：《检察制度比较研究》，中国检察出版社 2008 年版，第 118 ~ 119 页。
② 邵晖："'检察'一词的前世今生：词源和历史的交融"，载《北方法学》2014 年第 5 期，第 123 页。
③ ［法］卢梭：《社会契约论》，何兆武译，红旗出版社 1997 年版，第 102 页。
④ ［英］李约翰·丁·爱德华兹：《英国总检察长：政治与公共权利的代表》，王耀玲等译，中国检察出版社 1991 年版，第 49 页。

和罪犯待遇大会，会上再次要求成员国应实践《检察官作用准则》，确保检察部门妥适运行。1999 年 4 月 23 日，《检察官职业责任准则和主要权利义务准则》第 1 条规定：检察官永远为公共利益服务并保护之；尊重、保护和坚持人的尊严和人权的普遍标准。2000 年 10 月，欧洲理事会成员国部长会议通过《检察官在刑事司法制度中的作用》（The Role of Public Prosecution in the Criminal Justice System），将检察官的作用界定为："检察官是公共权力机关，他们代表社会和公共利益，在法律规定了对违法者的刑事制裁时，确保法律的执行，同时考虑个人之权利和刑事司法制度之必需的有效性。"此后，欧盟于 2005 年 5 月 31 日在欧洲检察官会议上通过《欧盟检察官伦理及行为准则——布达佩斯准则》（European Guidelines on Ethics and Conduct for Public Prosecutors—The Budapest Guideline），强调检察官作为公共机构，不仅在刑事司法体系中具有关键性作用，除此之外，在一些国家，检察官作为法制维护者其职权范围扩展到商事、民事和行政法律等领域。

　　检察官作为国家利益和社会公共利益的代表——不是唯一的，（主要地）通过行使诉权的方式承担着维护国家法律的统一和有效实施的职责。检察官代表国家提起刑事诉讼，是检察官作为国家利益和社会公共利益代表的最初的，也是最重要的一个方面。早在 13 世纪末法国王室法律人就接受了"犯罪不逃脱处罚乃公共利益之所在"（interest rei publicae ne maleficia remaneant impunita）的原则，国王代理人在王室法院开始对最严重的犯罪行为，即危害公共利益的行为，提起公诉。① 我国自建立检察制度伊始，检察官就承担着刑事公诉职责。1949 年 12 月 20 日颁布的《中央人民政府最高人民检察署试行组织条例》（以下简称《试行组织条例》）规定最高人民检察署享有"对刑事案件实行侦查，提起公诉"的职权；1951 年 9 月 3 日颁布的《中央人民政府最高人民检察署暂行组织条例》（以下简称《组织条例》）和《各级地方人民检察署组织通则》（以下简称《组织通则》）分别规定最高人民检察署和各级地方人民检察署享有"对反革命及其他刑事案件，实行检察，提起公诉"的职权；1954 年 9 月 21 日通过的《中华人民共和国人民检察院组

---

① 何家弘主编：《检察制度比较研究》，中国检察出版社 2008 年版，第 116 页。

织法》规定地方各级人民检察院享有"对于刑事案件进行侦查,提起公诉,支持公诉"的职权。1954年,宪法和人民检察院组织法颁布之后,检察官积极履职,"到1956年,各级人民检察院已经全部担负起审查批准逮捕人犯工作和审查起诉工作"①。时至今日,提起刑事公诉依然是检察官的重要职责。

提起民事和行政公益诉讼是我国检察官作为国家利益和社会公共利益代表的另一个重要体现。早在中华人民共和国成立初的制度体系设置中就确定了检察机关的公益代表身份。《试行组织条例》规定:最高人民检察署直接行使并领导下级人民检察署行使"对于全国社会和劳动人民利益有关之民事案件及一切行政诉讼,均得代表国家公益参与之"的职权。《组织条例》和《组织通则》也都有检察机关"代表国家公益参与有关社会和劳动人民利益之重要民事案件及行政诉讼"的规定。1954年《检察院组织法》第4条规定:地方各级人民检察院"对于有关国家和人民利益的重要民事案件有权提起诉讼或者参加诉讼"。但由于检察机关尚处于初创时期,"主观条件不具备,不可能事事都办好"②,另外,为配合当时政治任务,首先抓了保障共同纲领实施的几个重要环节,因此,公益诉讼还只停留在法律规定层面,既无细致完备的、可操作性的程序规范,更无具体实践。

20世纪90年代末,检察机关开始公益诉讼的实践探索,其诉讼请求涵盖物权救济(如停产整改)和债权救济(即赔偿损失)。

1997年,河南省方城县检察院以原告身份起诉该县工商局擅自出让房地产使国有资产流失案,是我国改革开放以来由检察机关提起的第一起公益诉讼案件。③方城县检察院按照上级检察院要求开展国有资产流失情况调查中发现,县工商局独树工商所未经有关部门批准,于1996年擅自将本所一处房屋及土地使用权低价出售给一名张姓个体户,造成了国有资产流失。但当时双方买卖关系已经成立,要追回房产,必须确认买卖合同无效。方城县检察

---

① 张鼎丞:"关于1956年以来检察工作情况的报告——1957年7月1日在第一届全国人民代表大会第四次会议上"。转引自《最高人民检察院工作报告集》,中国检察出版社1999年版,第24页。

② 闵钐编:《中国检察史资料选编》,中国检察出版社2008年版,第507页。

③ 最高人民检察院民事行政检察厅编:《检察机关提起公益诉讼实践与探索》,中国检察出版社2017年版,第33~34页。

院经研究决定以方城县检察院作为原告法人单位，检察长为单位法定代表人，本院民行科两名检察官为委托代理人，将县工商局作为第一被告，买主作为第二被告，向法院提起民事诉讼，请求法院判决房屋买卖合同无效。1997 年 12 月 3 日，法院判决支持检察院的诉讼请求，判决后两被告均未上诉。

　　2000 年最高人民检察院发布了《关于强化检察职能、依法保护国有资产的通知》，强调"检察机关应充分发挥检察职能，对侵害国家利益、社会公共利益的民事违法行为提起诉讼"。之后，各地检察机关根据最高人民检察院的要求，不同程度地开展了公益诉讼实践。2012 年全国人大修改民事诉讼法，增加了关于公益诉讼的专条规定，即对污染环境、侵害众多消费者合法权益等损害社会公共利益的行为，法律规定的机关和有关组织可以向人民法院提起诉讼。因将提起公益诉讼的主体规定为"法律规定的机关和有关组织"，未明确检察机关是否可以直接提起诉讼，一些地方以支持社会团体起诉的方式开展公益诉讼探索。[①] 2012 年在讨论修改环境保护法时，关于如何确定环境公益诉讼的原告资格有不同观点，有一种观点认为，检察机关作为法律监督机关，如果企业违法排污造成环境损害，检察机关可以督促政府有关部门加强执法，或者支持受害人起诉，没有必要通过起诉的形式解决环境损害问题。由于存在不同的认识，修订后的环境保护法没有赋予检察机关提起公益诉讼的原告资格。[②] 2014 年，党的十八届四中全会提出探索建立检察机关提起公益诉讼制度。2015 年 7 月全国人大常委会授权检察机关开展公益诉讼试点工作。2017 年 6 月全国人大常务委员会修改民事诉讼法和行政诉讼法，赋予检察机关提起公益诉讼的权力。至此，检察机关提起公益诉讼的制度正式确立；检察官也因此多了一重身份：公益代表。

四、时代际遇：新使命

　　2012 年 11 月党的十八大提出"全面推进依法治国""进一步深化司法体

---

　　① 最高人民检察院民事行政检察厅编：《检察机关提起公益诉讼实践与探索》，中国检察出版社 2017 年版，第 44 页。

　　② 袁杰主编：《中华人民共和国环境保护法解读》，中国法制出版社 2014 年版，第 203 页。

制改革，坚持和完善中国特色社会主义司法制度，确保审判机关、检察机关依法独立公正行使审判权、检察权。"2013 年 11 月党的十八届三中全会对全面深化改革作出系统部署，提出建设法治中国，必须深化司法体制改革，加快建设公正高效权威的社会主义司法制度，维护人民权益。并进一步提出，要维护宪法法律权威，深化行政执法体制改革，确保依法独立公正行使审判权检察权，健全司法权力运行机制，完善人权司法保障制度。2013 年 12 月 30 日，中央全面深化改革领导小组成立，新一轮司法改革的大幕正式开启。

（一）新一轮司法改革的法治背景

人治和法治的关系问题是人类政治文明史上一个基本问题，也是各国在现代化过程中必须面对的一个重大问题。早在 2000 年前，古希腊的哲学家亚里士多德就得出"法治应当优于一人之法"① 的结论。他认为：（1）法律是按照少数服从多数原则制定的，代表了多数人的意志，多数人判断的可靠性要高于一个人的判断。并且"大泽水多则不朽，水池水少则易朽"，多数群众也比少数人不易腐败。（2）法律有稳定性和连续性的特点，因此，法治可以防止因君主继承人是庸才，登上王位后有害于国家。（3）实行法治可以避免专横与特权。人终究是难免感情用事的，实行人治容易出现偏私。他说：② "凡是不凭感情因素治事的统治者比感情用事的人们较为优良。法律恰正是全没有感情的，人类的本性（灵魂）决定随便谁都难免有感情。"

中华人民共和国成立后，我们党和国家开始注重法制建设，对法制的认识也不断深化，大致经历了以下几个历史阶段：

第一阶段：认识到法制建设的必要性。中华人民共和国成立之初，随着国家工作重心的转变，逐渐认识到法制建设的必要性。

1949 年之前，为了夺取政权，中国共产党领导人民进行了政治革命；中华人民共和国成立初期，国家的主要任务是镇压残留的反革命分子和进行生产资料的社会主义改造。无论是政治革命还是社会革命，革命的主要方式是广泛动员群众开展激情的群众运动。1954 年 5 月 18 日，董必武在中国共产

---

① ［古希腊］亚里士多德：《政治学》，吴寿彭译，商务印书馆 1996 年版，第 167～168 页。
② ［古希腊］亚里士多德：《政治学》，吴寿彭译，商务印书馆 1996 年版，第 163 页。

党第二次全国宣传会议上讲话中指出:① "大规模的群众运动, 对我们政权的巩固是起了很大的作用的, 但也有副作用。因为群众运动是不完全依靠法律的, 甚至对他们自己创造地表现自己意志的法律有时也不大尊重。" 1956 年刘少奇在中共八大报告中指出: "现在, 革命的暴风雨时期已经过去了, 新的生产关系已经建立起来, 斗争的任务已经变为保护社会生产力的顺利发展, 因此, 斗争的方法也就必须跟着改变, 完备的法制就是完全必要的了。" 1957 年 4 月, 邓小平指出:② "我们前一个阶段做的事情是干革命。从去年农业、手工业和资本主义工商业的社会主义改造基本完成时起, 革命的任务也就基本上完成了。今后的任务是什么呢, 革命的任务还有一部分, 但是不多了。今后的主要任务是搞建设。" 董必武在中共八大会议上的发言中指出:③ "现在无论就国家法制建设的需要来说, 或者是就客观的可能性来说, 法制都应该逐渐完备起来。法制不完备的现象如果再让它继续存在, 甚至拖得过久, 无论如何不能不说是一个严重的问题。" 我们不仅要制定宪法, 还需要较完整的基本法规, 如刑法、民法、诉讼法、劳动法、土地使用法等。董必武提出依法办事进一步加强人民民主法制的中心环节, 有两个方面的意义:④ 一是必须有法可依, 二是有法必依。尤其一切司法机关, 更应该严格地遵守法律, 不许有任何违反。我们党员应当成为守法的模范。

第二阶段: 明确提出法制的十六字方针。1978 年 12 月, 党的十一届三中全会召开, 重新确立了马克思主义实事求是的思想路线, 揭开了社会主义改革开放的序幕。全会决定把全党工作的重心和全国人民的注意力转移到社会主义现代化建设上来。同时提出 "健全社会主义民主, 加强社会主义法制" 和 "有法可依, 有法必依, 执法必严, 违法必究" 的法制十六字方针。1979 年开始, 全国人民代表大会加紧全面立法工作, 常委会更是把立法工作放在首位。在加强立法的同时, 人大常委会还加紧进行对 1978 年年底以前颁布的法律 (包括有关法律问题的决定) 进行了清理工作。1997 年 9 月, 党的

① 《董必武选集》, 人民出版社 1985 年版, 第 340 ~ 341 页。
② 《邓小平文选》 第 1 卷, 人民出版社 1994 年版, 第 192 页。
③ 《董必武选集》, 人民出版社 1985 年版, 第 413 页。
④ 《董必武选集》, 人民出版社 1985 年版, 第 419 页。

十五大明确提出，到 2010 年形成有中国特色社会主义法律体系的立法工作目标。到 2010 年年底，一个立足中国国情和实际、适应改革开放和社会主义现代化建设需要、集中体现中国共产党和中国人民意志，以宪法为统帅，以宪法相关法、民法商法等多个法律部门的法律为主干，由法律、行政法规、地方性法规等多个层次法律规范构成的中国特色社会主义法律体系已经形成，国家经济建设、政治建设、文化建设、社会建设以及生态文明建设的各个方面实现有法可依。

第三阶段：提出依法治国。1996 年 2 月 8 日，中共中央举办法制讲座，王家福教授作《关于依法治国，建设社会主义法制国家的理论和实践问题》的报告。报告结束后，江泽民发表题为《实行和坚持依法治国，保障国家长治久安》的讲话，指出："依法治国，是邓小平建设有中国特色社会主义理论的重要组成部分，是我们党和政府管理国家和社会的重要方针。"1996 年 3 月，"依法治国，建设社会主义法制国家"被载入八届全国人大四次会议通过的《国民经济和社会发展九五计划和 2010 年远景目标纲要》，依法治国成为中国的治国方略。1997 年 9 月，党的十五大明确提出"依法治国，建设社会主义法治国家"的政治主张，指出："依法治国，就是广大人民群众在党的领导下，依照宪法和法律规定，通过各种途径和形式管理国家事务，管理经济文化事业，管理社会事务，保证国家各项工作都依法进行，逐步实现社会主义民主的制度化、法律化，使这种制度和法律不因领导人的改变而改变，不因领导人看法和注意力的改变而改变。"1999 年 3 月，宪法修正案第十三条规定："中华人民共和国实行依法治国，建设社会主义法治国家。"

第四阶段：全面推进依法治国。2012 年 11 月党的十八大提出全面推进依法治国，强调指出："法治是治国理政的基本方式。"同时提出法治十六字方针——科学立法、严格执法、公正司法、全民守法。党的十八届四中全会对全面推进依法治国作出战略部署，明确提出建设中国特色社会主义法治体系，必须坚持立法先行，完善以宪法为核心的中国特色社会主义法律体系；深入推进依法行政，加快建设职能科学、权责法定、执法严明、公开公正、廉洁高效、守法诚信的法治政府；保证公正司法，加强对司法活动的监督，努力让人民群众在每一个司法案件中感受到公平正义；弘扬社会主义法治精神，建设社会主义法治文化，增强全社会厉行法治的积极性和主动性，使全体人民都成为社会主义法治的忠实崇尚者、自觉遵守者、坚定捍卫者。

（二）新一轮司法改革的特点

1992 年党的十四大指出："同经济体制改革和经济发展相适应，必须按照民主化和法制化紧密结合的要求，积极推进政治体制改革。"20 世纪 90 年代初，我国三大诉讼制度正式建立之后，案件类型增加、案件数量增多等问题摆在司法机关面前，为了适应发展的需要，我国开始以审判方式改革为核心的司法改革。之后，围绕着司法改革，党中央进行了一系列战略部署。1997 年党的十五大提出："推进司法改革，从制度上保证司法机关依法独立公正地行使审判权和检察权，建立冤案、错案责任追究制度。加强执法和司法队伍建设。"2002 年党的十六大指出："推进司法体制改革。""从制度上保证审判机关和检察机关依法独立公正地行使审判权和检察权。""切实解决执行难问题。""改革司法机关的工作机制和人财物管理体制，逐步实现司法审判和检察同司法行政事务相分离。""探索和完善党政机关、事业单位和企业的干部人事分类管理制度。"2007 年党的十七大指出："深化司法体制改革，优化司法职权配置，规范司法行为，建设公正高效权威的社会主义司法制度，保证审判机关、检察机关依法独立公正地行使审判权、检察权。"相应地，最高人民法院和最高人民检察院也分别出台了一系列规范性文件。从1999 年开始，最高人民法院连续制定了四个五年改革纲要；最高人民检察院也先后出台了《检察改革三年实施意见》（2000—2002 年）《关于进一步深化检察改革的三年实施意见》（2005—2008 年）《关于深化检察改革 2009—2012 年工作规划》《关于深化检察改革的意见（2013—2017 年工作规划）》。

相较于之前的改革，新一轮司法改革呈现以下特点：

第一，方向明确，目标具体。党的十八大报告指出："进一步深化司法体制改革，坚持和完善中国特色社会主义司法制度，确保审判机关、检察机关依法独立行使审判权、检察权。"党的十八届三中全会指出："深化司法体制改革，加快建设公正高效权威的社会主义司法制度，维护人民权益，让人民群众在每一个司法案件中都感受到公平正义。"本轮司法改革方向明确，即是建设公正高效权威的社会主义司法制度；具体目标为维护人民权益，努力让人民群众在每一个司法案件中感受到公平正义。公平正义是社会主义核心价值，是社会主义法治的内在要求。习近平总书记指出：①"公正是法治的生命线。公平正义是我们党追求的一个非常崇高的价值，全心全意为人民服务宗旨决定了我们必须追求公平正义，保护人民权益、伸张正义。全面依法治国，必须紧紧围绕保障和促进社会公平正义来进行。"公正司法是维护社会公平正义的最后一道防线。司法公正对社会公正具有重要的引领作用，司法不公对社会公正具有致命破坏作用。培根说：一次不公正的裁判，其恶果甚至超过十次犯罪。因为犯罪虽是无视法律——好比污染了水流，而不公正的审判则毁坏法律——好比污染了水源。在这个意义上，100 - 1 = 0。一个错案的负面影响足以摧毁 99 个公正裁判积累起来的良好形象。如果司法这道防线缺乏公信力，社会公正就会受到普遍质疑，社会和谐稳定就难以保障。

第二，问题导向，精准发力。党的十八届四中全会决定突出了 5 个方面的考虑，其中之一即是"坚持改革方向、问题导向，适应推进国家治理体系和治理能力现代化要求，直面法治建设领域突出问题，回应人民群众期待，力争提出对依法治国具有重要意义的改革举措"。找准问题，有的放矢。(1) 针对审判机关和检察机关行使审判权、检察权受干扰严重问题，提出"改革司法管理体制，推动省级以下地方法院、检察院人财物统一管理，探索建立与行政区划适当分离的司法管辖制度，保证国家法律统一正确实施"。并建立领导干部干预司法活动、插手具体案件处理的记录、通报和责任追究制度，为领导干部干预司法活动、插手办案划出红线。(2) 针对政法人员"追不上、打不赢、说不过、判不明"等"本领恐慌"问题，提出"建立符合职业特点的司法人员管理制度，健全法官、检察官、人民警察统一招录、有序交流、逐级遴选机制，完善司法人员分类管理制度，健全法官、检察官、人民警察职业保障制度"。(3) 针对执法司法不规范、不严格、不透明、不文明现象较为突出的问题，提出优化司法职权配置，健全司法权力分工负责、

① 习近平："在省部级主要领导干部学习贯彻党的十八届四中全会精神全面推进依法治国专题研讨班上的讲话"（2015 年 2 月 2 日）。载中共中央文献研究室编：《习近平关于协调推进"四个全面"战略布局论述摘编》，中央文献出版社 2015 年版，第 117 页。

互相配合、互相制约机制，加强和规范对司法活动的法律监督和社会监督；构建开放、动态、透明、便民的阳光司法机制，推进审判公开、检务公开、警务公开、狱务公开，依法及时公开执法司法依据、程序、流程、结果和生效法律文书，杜绝暗箱操作。加强法律文书释法说理，建立生效法律文书统一上网和公开查询制度；完善主审法官、合议庭、主任检察官、主办侦查员办案责任制，落实"谁办案谁负责""谁决定谁负责"。

第三，顶层设计，试点实践。2013 年 12 月，中央成立全面深化改革领导小组，负责改革总体设计、统筹协调、整体推进、督促落实。2014 年，中办、国办印发《关于深化司法体制和社会体制改革的意见及贯彻实施分工方案》，提出 85 项具体的改革任务；2015 年 4 月，中办、国办印发《关于贯彻落实党的十八届四中全会决定，进一步深化司法体制和社会体制改革的实施方案》，提出 84 项改革任务。相应地，最高人民法院出台《关于全面深化人民法院改革的意见——人民法院第四个五年改革纲要（2014～2018）》；最高人民检察院发布了《关于深化检察改革的意见（2013～2017 年工作规划）》（2015 年修订），提出明确的改革目标、任务分解、实施方案、措施计划。在加强顶层设计，做好重大改革项目的统筹规划，注重改革措施的系统性、整体性和协同性的同时，充分尊重地方首创精神，在中央统一安排部署下确定试点地区先行先试，及时总结试点经验，推动制度创新。

第四，整体推进，突出重点。改革是牵一发动全身的系统工程。在本轮员额制改革之前，各地检察机关进行了主诉检察官制度改革。1996 年刑事诉讼法修改，1997 年刑法修改，一些地方的基层检察院为了适应对审查起诉工作中庭审对抗性增强、案件数量激增等现实难题，尝试改变原有的办案运转方式，催生了主诉检察官办案责任制的实践探索。从 1999 年开始，最高人民检察院在 12 个省市的部分检察院试行主诉检察官办案责任制。2000 年 2 月最高人民检察院出台了《检察改革三年实施意见》，部署"全面建立主诉主办检察官办案责任制"。2000 年，最高检察院出台三个文件：《关于在审查起诉部门全面推行主诉检察官办案责任制的工作方案》《关于在民事行政检察部门推行主诉检察官办案责任制的意见》《关于在检察机关侦查部门开展主诉检察官办案责任制试点工作的意见》。当时，这项改革是"检察改革中最有意义的最具有革命性的"，被视为检察改革的突破口。但因为"立法不支持、权责不明确、利益跟不上、素质不适应"等因素，试点一结束基本就没有了下文。这项改革没能推行下去的一个重要原因就是缺乏配套制度和措施。因此，深化司法改革，应着力解决影响司法公正、制约司法能力的深层次问题，深化司法体制综合配套改革，破解体制性、机制性、保障性障碍，同时要牵住"牛鼻子"，分清主次、突出重点，以问题为导向，有的放矢，确保改革整体推进。

（三）改革背景下的担当

党的十九大为全面依法治国确立了新的历史方位和时代坐标。伴随着司法改革的深入，检察官迎来了新的际遇，面临着新的使命。新时代，人民群众在民主、法治、公平、正义、安全、环境等方面的要求日益增长。使命呼唤担当。

1. 员额检察官

2017 年，最高人民检察院下发《关于完善检察官权力清单的指导意见》（高检发办字〔2017〕7 号），为科学界定人民检察院内部司法办案权限提出了指导原则和具体意见。（1）检察官权力清单中检察官决定事项范围要根据不同层级人民检察院办案职责、不同业务类别的性质和特点，综合考虑对当事人权利、其他执法司法机关的影响程度，承办案件的重大、复杂、疑难程度等因素予以确定。（2）基层人民检察院和地（市）级人民检察院的一般刑事诉讼案件中多数办案事项决定权应当委托检察官行使，重大、疑难、复杂案件中办案事项决定权可以由检察长（副检察长）或检察委员会行使。（3）诉讼监督案件中以人民检察院名义提出（提请）抗诉、提出纠正违法意见、检察建议的决定由检察长（副检察长）或检察委员会行使；以人民检察院名义提出终结审查、不支持监督申请的决定，可以由检察长（副检察长）或检察委员会行使，也可以委托检察官行使。（4）检察官承办案件的办案事项决定权由检察长（副检察长）行使的，检察官提出处理意见供检察长（副检察长）参考，由检察长（副检察长）作出决定并负责。（5）以人民检察院名义制发的法律文书属检察官职权范围内决定事项或不涉及办案事项决定权的，可以由检察官签发。

员额检察官应按照权力清单全面履职，并且本着"谁决定谁负责"的原则，在自己职权范围内承担相应的法律后果，并终身追责。担当还是逃避责任？2015 年 12 月，这种两难选择就现实地摆在最高人民检察院侦监厅检察官的面前。①

1993 年 9 月 20 日，某县塑编厂供销科长熊某某在四川什邡市一家宾馆被杀害，身上多处锐器创伤。现场提取了毛发、血床单、血鞋印、烟头、带指纹的茶杯。限于当时的技术条件和侦查能力，案件一直未侦破。2014 年 2 月 25 日，公安机关在清理命案积案时，通过 DNA 数据库和指纹库的比对，锁定周涛为杀害熊某某的犯罪嫌疑人。同年 12 月 22 日，公安机关将周涛抓获。并于 12 月 29 日对周涛以涉嫌故意杀人罪刑事拘留。2015 年 1 月 28 日，什邡市公安局以周涛抢劫罪，报请检察机关核准追诉。2015 年 12 月，最高人民检察院侦查监督厅受理追诉核准案件。通过阅卷审查发现该案证据薄弱，疑点重重：不能完全排除他人作案的嫌疑；所提取的证据中检出周涛以外其他人的 DNA，无法排除案发时有第三人在现场的可能；关键物证合法性存疑；关键证据缺失（现场提取的十余件物证全部灭失）；作案动机不明；卷内未见作案工具；卷内没有尸检报告。核准不核准是一个问题。在司法责任制、终身追责的背景下，完全可以按照疑罪从无，顺水推舟，不核准了事。打击犯罪和保障人权，是检察官的职责所在。承办检察官作出选择：迎难而上，担当责任。敢于担当，不是莽撞行事，而要用证据说话，只有坚持"证据为王"，才能做到不枉不纵，确保公正司法。为解决上述证据问题，承办检察官三次向公安机关提出完善证据的要求。经过三次补充完善证据，全案证据环环相扣，互相印证，已经形成完整的证据链，能够得出具有唯一性和排他性的结论，周涛的行为已经涉嫌犯罪且符合核准追诉的条件，应予追诉。2016 年 12 月 19 日，法院一审以抢劫罪判决周涛无期徒刑。周涛上诉后，二审维持原判。承办检察官在工作日志里写道："作为检察官，我们有责任和义务去引导公安机关穷尽一切手段收集固定证据，有责任和义务准确地运用证据，尽力还原事实真相。"

---

① 详见《检察日报》2017 年 5 月 19 日，第 1 版。

担当是一种精神，是一种境界，是一种责任。若要担当，还需要修炼内功，提升内脑，具备胜任本职工作的能力。

1997 年 9 月 25 日，吉某因涉嫌杀人犯罪被拘留，并于同年 12 月 30 日被捕。2001 年 12 月 29 日，某中级人民法院对此案作出判决，认为："本案事实不清，证据不足，公诉机关指控的犯罪不能成立"，判决吉某无罪，当庭释放。

此后，吉某以 D 市检察机关错误逮捕为由，请求国家赔偿。检察机关先是对赔偿申请不予确认；确认后又以吉某在公安侦查阶段做虚假供述为由，决定对吉某不予赔偿。吉某向上一级检察机关提出复议申请，逾期未给予答复。吉某于 2011 年 10 月 18 日向法院赔偿委员会提出国家赔偿申请。赔偿委员会认定本案不属于免责情形。

《国家赔偿法》第 19 条第 1 项规定："因公民自己故意作虚伪供述，或者伪造其他有罪证据被羁押或者被判处刑罚的"，国家免责。有人认为：① 这项规定的目的是为了维护国家司法机关的正常工作秩序，避免司法资源的浪费以及给国家造成不良影响和损失，同时也是对受害人欺骗国家的行为的一种惩罚。从因果关系来看，"故意作虚伪供述""或者伪造其他有罪证据"必须是导致被羁押或者被判刑的原因；另从主观意愿来看，"故意作虚伪供述""或者伪造其他有罪证据"须是本人自愿且故意所为。换言之，受害人故意作出虚伪供述或者提出虚假证据足以使司法机关认定其符合被羁押或者被判刑的法定条件。② 检察机关对被害人虚伪供述与被羁押之间是否存在因果关系、被害人是否属于故意作虚伪供述负有举证责任。

本案中，吉某曾作过有罪的供述，后又多次翻供。虽然检察机关提供了认定侦查人员对吉某未采取刑讯逼供行为的调查报告，但不足以证明受

---

① 朱新力主编：《新编国家赔偿法要义与案例释解》，法律出版社 2010 年版，第 166～167 页。

② 有人提出受害人故意作伪证的情形下，国家赔偿责任免除须满足四个要件：其一，受害人自己提供可能使其获罪的虚伪供述或有罪证据；其二，受害人故意提供可能使其获罪的虚伪供述或有罪证据；其三，受害人故意作出虚伪供述或提出虚假证据足以使司法机关认定其符合被羁押或被判刑的法定条件；其四，受害人故意作出虚伪供述或提出虚假证据的国家赔偿豁免主要限于人身损害。沈岿："受害人故意伪证的国家赔偿豁免——基于司法实务的考察"，载《法商研究》2007 年第 5 期，第 69 页。

害人属于故意、自愿作虚伪供述。另外，刑事诉讼法（1996 年）第 46 条规定："对一切案件的判处都要重证据，重调查研究，不轻信口供。只有被告人供述，没有其他证据的，不能认定被告人有罪和处以刑罚；没有被告人供述，证据充分确实的，可以认定被告人有罪和处以刑罚。"犯罪嫌疑人的供述要与其他证据相结合相印证，形成完整的证据链，据此判断是否有证据证明有犯罪事实、是否可能判处徒刑以上刑罚、是否有逮捕必要。

另外，之前有类似案例①可供检察官办案参考。2000 年 10 月 28 日，11 月 4 日，福建省晋江市某制衣厂两次发生火灾。第二次火灾发生时，护厂人员在车间周围查看时，发现王某躲在石棉瓦下，于是报案。到案后，公安机关先后对王某进行了 3 次讯问，王某供述了两次放火的动机、时间和过程，且供述内容基本一致。12 月 26 日，公安机关将案件移送审查起诉。王某在接受检察机关讯问时，所作供述与在公安机关的供述内容基本一致。案件起诉到法院后，王某在法庭上翻供。2001 年 6 月 25 日，检察机关以事实和证据有变化向法院申请撤回起诉。2001 年 8 月 24 日，检察机关作出不起诉决定。2001 年 9 月 7 日，王某被释放。9 月 18 日，王某向检察机关申请国家赔偿。检察机关对王某的申请不予确认。经上级检察院复查，维持不予确认决定。王某向人民法院赔偿委员会提出赔偿申请，并得到赔偿委员会的认可。法院赔偿委员会认为：王某虽有虚伪供述，但该虚伪供述与检察机关认定的其他证据相结合尚无法达到被羁押的程度，不属于《国家赔偿法》〔1994 年〕第 17 条第 1 项②规定的国家不予赔偿的情形。

2.（员额）领导干部的担当

长期以来，我国司法机关实行行政化的管理体制，虽然依照检察官法的规定检察官有独立的等级序列，但在实践中，检察官还需要套用公务员的职务等级，实行与公务员基本相同的管理模式。习近平总书记指出由此所带来

---

① 见北大法宝·司法案例（CLL. C. 24131）。另见最高人民法院中国应用法学研究所编：《人民法院案例选（2003 年第 3 辑）》，人民法院出版社 2004 年版，第 506 页。

② 即 2010 年修改后《国家赔偿法》第 19 条第 1 项。

的弊端，他说:① "我看了一些材料，一些法官、检察官为了晋升行政职级，愿意到办公室等非业务部门去工作，或者离开办案一线去做管理工作。全国法院系统有近三十四万人，但有法官资格的不到二十万人，在一线办案的更是不足十七万人；不少地方，五十二岁的副科级法官、五十五岁的正科级法官，正是办案经验最丰富、业务能力最强的时候，却为了给年轻人提拔使用腾出位子提前退居'二线'，造成人才资源浪费；特别是在县级法院、检察院、公安局，尽管院长、检察长、公安局长按副处级高配，但仍是科级架构，正副科级就那么几个，基层广大法官、检察官、人民警察一方面任务重、压力大，另一方面职级低、待遇差、发展空间有限，于是有的就提出调往其他党政部门，有的当律师，有的下海经商，造成流失和断层现象比较突出。这样下去，专业队伍的形成、职业素质的提升、办案质量的保障都无从谈起。"出路在于，通过改革建立符合职业特点的司法人员管理制度，完善司法人员分类管理制度，建立法官、检察官、人民警察专业职务序列及工资制度，增强司法人员的职业荣誉感和使命感。

进入员额的检察长、副检察长要不要办案，在员额制改革初期曾是一个颇有争议的问题。但随后这一问题就有了明确答案。习近平总书记在中央政治局集体学习时强调：凡是进入法官、检察官员额的，要在司法一线办案，对案件质量终身负责。2018 年 4 月 8 日，张军检察长在与最高人民检察院司法体制改革领导小组办公室干部座谈时指出："如果领导干部自己都没有办过案，没出过庭，没有那种感受，却要指导出庭，底气会不足，人家也不服。"进入员额的检察长、副检察长、部门责任人都要在司法一线办案。同时，还应当做到：（1）不办"凑数案"，积极主动办理重大疑难案件、新型案件、在法律适用证据方面有指导意义的案件。（2）办理案件达到一定数量。正像张军检察长所说的那样：也只有直接办案，才能够更加深入地发现办案中程序、实体、管理和影响公正效率的问题。不直接办案总是想当然，那肯定不行！

---

① "在中央政法工作会议上的讲话"（2014 年 1 月 7 日）。转引自中共中央文献研究室编：《习近平关于全面依法治国论述摘编》，中央文献出版社 2015 年版，第 102～103 页。

　　司法责任制是司法体制改革的"牛鼻子"，是检察权运行机制改革的一个核心问题，也是改革的重要目标。通过制定权力清单等合理的制度设计，将检察权合理分解、科学配置给检察官，"谁办案谁负责、谁决定谁负责"，把司法办案的责任真正落到实处，解决"责任分散、主体不明、责任难追"的问题，改变"逐级审批层层把关、集体负责而无人负责"的状况。下放一部分办案决定权给员额检察官，减少审批层级，从这个角度来说，也是给检察长（副检察长）减了负。但相应的监督责任、管理责任不能减。检察长（副检察长）应承担下列司法责任：第一，属于检察长（副检察长）或检察委员会决定的事项，检察官对事实和证据负责，检察长（副检察长）或检察委员会对决定事项负责。第二，检察官根据检察长（副检察长）的要求进行复核并改变原处理意见的，由检察长（副检察长）与检察官共同承担责任。第三，检察长（副检察长）改变检察官决定的，对改变部分承担责任。第四，检察长（副检察长）作为独任检察官、主任检察官承办案件的，与普通检察官一样对职权范围内有关办案事项负责。第五，负有监督管理责任的检察人员（包括检察长、副检察长）因故意或重大过失怠于行使或不当行使监督管理权，导致司法办案工作出现严重错误的，应当承担相应的司法责任。

第五章

公　正

一、公正：内涵、思想源流及实现路径

（一）公正的词源意义

《说文解字》谓："公""平分也，从八从厶。八犹背也。""八"，表示相背，"厶"即"私"的本字，意即"背私即是公"。《韩非子·五蠹》谓："背厶谓之公，或说，分其厶以与人为公。"《白虎通义》有言："公者，通也。"《说文解字》解释："正，是也，从止，一以止。凡正之属皆从正。""正"是指行为合于法则、不偏斜，所谓守一而有所止。① 与公正相近的词有两组：一组以"正"字开头，如正直、正平、正义；一组以"公"字开头，如公平、公道、公正。这六个词所表示的实质意义是"公""平""正""直"，按照《说文解字》的释义，大致是借助"平"释"公"，借助"公"释"平"，借助"直"释"正"，借助"正"释"直"。何怀宏教授通过翻检《经籍纂诂》发现，这四个字经常被用来互诂，它们虽有微殊②，但实在是意义相当接近的词。在趋同的意义上，公、平、正、直之义可统称为"正义"：公即不私，平即不颇，正即不偏，直即不曲，正义即公平正直之义，其前提是无私。还可以把"不偏、不陂、不曲"进一步归为一义，从而更

---

① 东方朔："荀子公正观论略"，载《东岳论丛》2017年第3期，第25页。
② 当我们把"正义"理解为一种普遍的规范性理念或概念时，一般就不大说它是一种"品质"；当我们说一种"品质"时，更多的是用"公正"，而不是用"正义"来表达。而"品质"更多的是用于个人行为，而不是用于制度。

概括地说，正义即公正之义。进而，公正的含义有二：一是无私，二是不偏不颇。①

在现代汉语中，公正则包含了"公平""正义"两者之义，是对后两者内涵的"整合"，是一个社会适用度很高的"融合性概念"。有人认为公正包含两种基本的目标指向：② 一是"公平的正义"，主要关注和寻求的是"公平"的社会状态，即"公平"不但是一种对"正义"价值目标的具有明显时代特征的观念化理解，而且是"正义"目标在现实社会中的具体化和相对性的呈现。二是"正义的公平"，更侧重于"正义"的价值内核和基本准则，它重视对"公平"追求的限定，强调不可因为现实的具体的公平需求而放弃和丧失了"正义"的根本要求。这两个目标指向中包含着怎样才算公正的价值判断和事实标准。公平与否是两相比较而得出的结论，是一个关系范畴。进而公正也是一个"相对于他者"的关系范畴，一种待人之道，即在人与人之间的相互交往过程中，对待他人的态度和方式。

我国有学者从人际关系角度分析了人的公正品格，认为人际关系本质上是"心际关系"，是以人对人，是心在打交道，就其可能性而言表现为三种关系：③ 我对我、我对你、我对他。从道德层面，三种关系各有不同的原则。（1）我对我原则。我对我原则意味着一个对自己的公正原则，在此，公正表现为自重。（2）我对你原则。我将按你的自由和尊严来对待你，当且仅当，你也按照我的自由和尊严来对待我。在这里，公正表现为人格对等。（3）我对他原则。我将按照某种规范对待他，当且仅当，他也按照某种规范对待我。由于我与他的关系中包含着私心杂念，而单方面利己是不被接受的，必定导致两败俱伤，于是，要保证利己就必须认可互利，作出某种让步。我对他原则意味着一个人对另一个人在社会合作方面的公正原则。在此，公正体现为对规范的同等遵守。

在英方中，公正为"justice"。"justice"出自拉丁语"justitia"，含有公正、公平、正直的意思；公正"既可以是个人主观的态度，也可以是客观的

① 何怀宏：《伦理学是什么》，北京大学出版社 2002 年版，第 209~210 页。
② 吴沁芳："公正的价值维度及其现实观照"，载《学习与实践》2017 年第 3 期，第 57 页。
③ 赵汀阳：《论可能生活》，中国人民大学出版社 2010 年版，第 163 页以下。

制度安排"①。亚里士多德首先是把它作为规范性概念使用：作为宇宙和灵魂的秩序，作为法律的总德行；但做了这种含义的强调之后，亚里士多德更主要的是把它作为"行为的品质"，因而是作为"美德"来使用的。② 在西方，公正最古典的定义出自查士丁尼《民法大全》，具体表述为：公正乃是使每个人获得应得的东西的永恒不变的意志。这一定义被认为是古罗马法学家乌尔庇安首创。从结构上分析，这一概念包含两部分：一是定量。公正之"应得"是恒定不变的；二是变量。影响公正的变量因素包括：应得主体，谁应得；应得客体，应得什么；应得标准，为什么应得；应得的手段，怎样应得；应得的时限，什么时候应得。正因为影响公正的变量如此复杂，以至公正有了一张普洛透斯似的脸（a Protean face），变幻无常、随时可呈不同形状并具有极不相同的面貌。博登海默说：③ "当我们仔细查看这张脸并试图解开隐藏其表面背后的秘密时，我们往往会深感迷惑。"甚至魏因贝格尔直接宣布：④ "没有人能够客观地和确定地知道什么是公正，公正也得不到证明。"公正是人类社会共同的价值追求和终极关怀，是人类社会的独特价值对象。公正所拥有的价值，不仅在于它在学理上是一个重要的价值范畴，更关键的是，它在实践中还是一种具有极其重大作用的价值载体。⑤ 正因如此，人类追求公正的决心始终是那么的矢志不渝，意志始终是那么的坚如磐石。

特别是作为制度安排的"公正"——罗尔斯眼里的"社会制度的首要价值"，是每一个思想家必须直面的严肃的理论问题。德国哲学家奥特弗利德·赫费说：⑥ "从概念上廓清政治的正义性概念，尽可能使它成为可应用的标准，成为正义原则，一直是哲学的最高任务。"因此，哲学家们对正义有着

---

① 东方朔："荀子公正观论略"，载《东岳论丛》2017 年第 3 期，第 25 页。
② ［古希腊］亚里士多德：《尼各马可伦理学》，邓安庆译，人民出版社 2010 年版，第 164 页，注［193］。
③ ［美］E. 博登海默：《法理学：法律哲学与法律方法》，邓正来译，中国政法大学出版社 1999 年版，第 252 页。
④ ［澳］麦考密克、魏因贝格尔：《制度法论》，周叶谦译，中国政法大学出版社 1994 年版，第 250 页。
⑤ 吴沁："公正的价值维度及其现实观照"，载《学习与实践》2017 年第 3 期，第 55 页。
⑥ ［德］奥特弗利德·赫费：《政治的正义性：法和国家的批判哲学之基础》，庞学铨、李张林译，上海世纪出版集团 2006 年版，第 3 页。

深入的思考、深刻的研究、深邃的洞见，进而也形成不同的正义观①。毕达哥拉斯认为：正义基本上就是平等，就是对等。这种对等既是平等互利，也是"以牙还牙""以眼还眼"似的同态复仇。苏格拉底提出一个有关正义共和国的学说。以承认差别为前提，苏格拉底强调依人的天性，各尽本分。正义"就是有自己的东西干自己的事情"②。亚里士多德推崇"温和民主制"，主张将权力交付群众整体。他认为，政治学上的善就是"正义"，正义以公共利益为依归，分为两类：一是分配的正义，即分配财富和荣誉；二是纠正的正义，即提供交往中的是非标准。卢梭则推崇公意，因为公意永远是公正的，而且永远以公共利益为依归。

与作为制度的"公正"不同，作为个人态度的"公正"，实质上就是强调个人的品格和美德，有着丰富的思想源流。

（二）公正的思想源流

"justice"在亚里士多德那里，主要是指人的行为和品德。他视公正为一种总德，即与所有他人都相关的总德，它是一切德行的总括。亚里士多德认为：公正是德行之首，比星辰更让人崇敬。公正之所以被视为总德，一方面因为它是完整德行的直接应用；另一方面因为公正是拥有公正之德的人的待人之道，即是一种"对别人的善"。亚里士多德说：③"公正是公正的人出于自愿选择而公正地行动的德行，借助于这种德行使得在分配中，不论是涉及

---

① 何怀宏教授把中西正义理论分为六种主要类型：一是强力正义观。这是以公开或隐蔽的强制力量、暴力、权力作为主要依据来确定正义的理论观点。"强权即为公理"的口号即是集中体现。二是功利正义观。功利正义观主张正义应当依据功利、幸福或者说非道德价值来确定，正义依赖于善。三是契约正义观。契约正义观认为正义是来自契约，这契约可能是现实的，但更可能是虚拟的，实际上是人的理性立法，意志自律。四是自然正义观。这一理论主要是指自然法学派理论家的正义观，这些理论家把正义与自然法直接联系起来而并不经过契约的中介，自然法是客观存在于世界中的普遍法则，是判断人类成文法的最高标准，这种法也就是人本身完美的理性，或者说人神共享的理性。五是神学正义观。神学正义观是一种以上帝、神为正义的根源，并使正义理论从属于神学的理论。神学正义观为道德正义建立了一种外在的、神学的根基，赋予道德戒律一种神圣性和严格性，天堂、地狱的描绘也加强着道德的制裁力量。六是天道正义论。中国古代正义思想的主流可以说是一种天道正义观，它把天作为正义之根源，公道之象征，实为中国古代正义观的一个特色。何怀宏：《伦理学是什么》，北京大学出版社2008年版，第215~221页。

② ［古希腊］柏拉图：《理想国》，郭斌和、张竹明译，商务印书馆1996年版，第155页。

③ ［古希腊］亚里士多德：《尼各马可伦理学》，邓安庆译，人民出版社2010年版，第184页。

他自己与他人之间的比例关系还是涉及他人与他人之间的比例关系时，都不让自己得到太多的益处，使他人得到太少的益处，并在有害的事情上则相反，而是按照比例保持平等分配，在涉及他人与他人关系时，也以同样的方式来分配。"

不仅如此，在亚里士多德看来，各个政体都有与之相对应的善德和正义，各个正宗政体发生倾覆或蜕变为变态政体的主要原因在于它们偏离了建立政权时确立的正义。"凡照顾到公共利益的各种政体就都是正当或正宗的政体；而那些只照顾统治者们的利益的政体就都是错误政体或正宗政体的变态（偏离）"① 因此，想担任城邦最高职务，执掌最高权力的人必须具备三个条件：② 第一是效忠于现行政体，第二是足以胜任他所司职责的高度才能，第三是适合于各该政体的善德和正义。关于什么是公正，亚里士多德是从什么是不公正谈起的。他说：③ "违法的人看起来是不公正的，好占别人便宜的贪婪者和敌视平等的人看起来也是不公正的。由此也就得出，公正的人，就是守法的和坚持平等的人。所以，公正就是尊重法律和公民平等，不公正就是蔑视法律和公民平等。"亚里士多德实际在一定程度上将公正与平等画上了等号。关于亚里士多德的平等观我们将在下文讨论，这里不再赘述。

亚里士多德的公正观，在内容上强调平等。在外在特征上，按照王岩的归纳，主要呈现出以下几点：④ 第一，现实性。亚里士多德认为：人如果离世绝俗，就无法实践其善行，勇敢、节制、正义、明哲等诸善德实际上就包含在社会的公务和城邦的行动中。人们必须先进行有关德行的现实活动，才能获得德行。第二，均等原则。亚里士多德主张"中道的均衡"，避免各种极端、过与不及现象的出现。第三，实证性和经验主义倾向。他认为天赋等自然秉性最初对社会并不发生作用，只是由于后天的社会实践在积习中形成一种品性。也就是说，人天生具有某些倾向，随着社会生活的发展，潜移默化，或习于向善，或习于从恶，于是形成某种类似自然造就的品性，即正义

---

① ［古希腊］亚里士多德：《政治学》，吴寿彭译，商务印书馆1996年版，第132页。
② ［古希腊］亚里士多德：《政治学》，吴寿彭译，商务印书馆1996年版，第271页。
③ ［古希腊］亚里士多德：《尼各马可伦理学》，邓安庆译，人民出版社2010年版，第167页。
④ 王岩："亚里士多德的政治正义观研究"，载《政治学研究》2003年第1期，第69页。

或不正义。第四，相对性。亚里士多德指出：公理或正义以自然的和约定的两种方式存在，并主张"自然正义同约定正义一样是可变的"。通过承认自然正义的可变性，提出了正义的相对性，即正义随时间、地点的变化而变化。

罗尔斯在强调公正的"社会制度的首要价值"的同时，也向我们展现了公正的主观向度。无知之幕代表着一种道德公正。人本不缺少仁爱。"一个人是多么经常地要实现这一希望是足够清楚的，困难在于对几个人的爱，一旦这些人的要求相冲突，这种爱就陷入了困境。"① 这时候仁爱需要正义的原则来加以指导。因此，在原初状态中，各方是互相冷淡而非同情的，但由于缺少对他们的自然资质或社会地位的知识，他们不得不以一种一般的方式观察他们的安排。但罗尔斯强调"每个人都拥有一种基于正义的不可侵犯性，即使以整个社会的福利之名，这种不可侵犯性也不能被逾越"。正义被认为是"人类精神上的某种态度、一种公平的意愿和一种承认他人的要求和想法的意向"，因此，"正义的雇主愿意考虑其雇员的合理要求。正义的法官会决意在一起诉讼案中避免对一方当事人产生偏袒和偏见。正义的立法者则倾向于关注他根据义务所代表的个人和群体的利益。"② 正义的愿意、观念、态度不仅深深地影响着人们的行为，也对制度的创设形成广泛的影响。罗尔斯认为，正义至少以两种方式表现出来：③ 首先，它引导我们接受适用于我们的、我们和我们的伙伴们已经从中得益的那些公正制度。在任何情况下，公民团体在整体上都不能普遍地由个人之间的同情联系在一起。对正义的共同的忠诚提供着一种一致的观点，他们可以根据这个观点仲裁他们的分歧。其次，正义感产生出一种为建立公正的制度（或至少是不反对），以及当正义要求时为改革现存制度而工作的愿望。人们希望按照自然义务去建立公正的安排。而这种倾向超出了迄今一直肯定着我们善的那些具体的系统。为了更广大的共同体的善，这种倾向力图把这些系统所孕育的观念扩展到更广阔的环境中去。

① ［美］约翰·罗尔斯：《正义论》，何怀宏等译，中国社会科学出版社 1988 年版，第 182 页。
② ［美］E. 博登海默：《法理学：法律哲学与法律方法》，邓正来译，中国政法大学出版社 1999 年版，第 264 页。
③ ［美］约翰·罗尔斯：《正义论》，何怀宏等译，中国社会科学出版社 1988 年版，第 461 页。

马克思关于公正的论述，包含着强烈的道德色彩和鲜明的阶级立场。马克思以历史唯物主义的世界观，首先客观地评价了资本主义的产生和发展，他认为：资本主义不到一百年的时间里，成就了"比过去一切时代创造的全部生产力还要多，还要大"的辉煌历史。同时，马克思对资本主义进行了深刻的分析和无情的批判。马克思认为，资本主义经济活动中资本同劳动力之间的交换实际上只是表面上的"公平交换"，而这种"公平交换"背后隐藏的是资本家对工人的剥削关系。他说：[1]"资本来到世间，从头到脚，每个毛孔都滴着血和肮脏的东西。""资本家，他只是人格化的资本。他的灵魂就是资本的灵魂"。[2] 马克思把资本对劳动的剥削说成"诡计"，还使用"抢劫""篡夺""盗用""战利品""盗窃""夺取""榨取"等词汇来描述资本主义的剥削。[3] 马克思尖锐地指出资本的剥削对全部社会状况和社会关系的影响，他说：[4]"生产的不断革命，一切社会关系不停地动荡，永远的不确定和骚动不安，这就是资产阶级时代区别于过去一切时代的特征。一切固定的冻结实了的关系以及与之相适应的古老的令人敬崇的观念和见解，都被扫除了，一切新形成的关系等不到固定下来就陈旧了。一切坚固的东西都烟消云散了，一切神圣的东西都被亵渎了，人们终于不得不冷静地直面他们生活的真实状况和他们的相互关系。"

如果说，西方公正观更多的指向制度层面的话，中国传统的公正观则与之相反，侧重于人的主观层面，认为公正是一种相对的道德观念和主观修养，并对不同的主体有着不同的要求：于君主而言，公正是一种执政理念；于以君子为代表的士大夫阶层而言，公正是一种个人品行或道德品质。

中国传统公正观的典型代表是儒家公正观。而谈到儒家公正观，就不得不提到孔子。在孔子的笔下，"公"包含以下意义：（1）"公"更多地是指"公平"之意。"宽则得众，敏则有功，公则说。"（《论语·尧曰篇》）公平

---

① 马克思：《资本论》第1卷，人民出版社2004年版，第871页。
② 《马克思恩格斯全集》第23卷，人民出版社1972年版，第260页。
③ 黄有璋："论马克思分配正义思想的四个维度"，载《广西社会科学》2017年第7期，第58~59页。
④ 马克思、恩格斯：《共产党宣言》，人民出版社2014年版，第30页。

与否直接涉及能否赢得民心，能否得到百姓的信任和支持。"不患寡而患不均。"（2）"公"还与"直"同义。"何以报德？以直报怨，以德报德"（《论语·宪问篇》）。那么，"正"则与"端"的意思相通。"席不正，不坐"（《论语·乡党篇》）。孔子怀抱"大道之行，天下为公"的理想，他的公正思想内涵丰富，寓意深刻。有人认为他的公正思想有以下几个方面：① 第一，仁。仁是公正的价值基础。孔子伦理思想的核心是"仁"②，也可以说是"爱人"，这被看作是处理人与人关系的最高原则。就总体而言，仁作为道德规范的最高原则，境界高于公正，是公正的价值基础。第二，义。义是公正之质的要求。义是在仁指导下的行为规范要求，是基本的行为准则。第三，礼。礼是公正的制度保障。孔子思想中将仁和义落到实处，成为具体制度规范的是礼。第四，中、正。中、正是公正的基本准则。只有合乎中、正的，才是公正的。第五，和。和是公正的理想目标。孔子将"和"看作是德行总汇，理想目标，并将中、和相连，追求人们之间合乎中道原则的"各得其所"之和谐状态。

公正是荀子思想的一项重要原则，且偏重于个人的品行和德行的含义。有人认为，从词源上说，最早使用"公正""正义"的，大概是先秦思想家荀子。③《荀子》一书中单独言及"公正"一词的大约有四处，它们分别是《君道》篇："公正之士，众人之痤也"；《正名》篇："贵公正而贱鄙争"；《正论》篇："上公正，则下易直矣"以及《赋》篇："公正无私。"④ 在荀子看来，"公正"与"直"密切相连，有无私之意。"是谓是非谓非曰直""天下有中敢直其身""比周欺上恶正直"。所谓直者，义必公正，不偏私也（《韩非子·解老》）。荀子认为个人的道德修养应秉持"公义胜私欲"的原则，"利少而义多，为之"（《修身》）。在实现方式上，荀子将"义"和

① 赵昆："孔子公正思想论析"，载《齐鲁学刊》2016年第6期，第8~9页。
② 《论语》一书中讲有109处讲到"仁"，但对"仁"有许多解释，不同面向。杨伯峻从孔子对曾参的一段话中推知，"仁"的内涵就是"忠恕"。孔子对曾参说："吾道一以贯之。"曾参告诉其他同学说："夫子之道，忠恕而已矣。""仁"的消极面是"己所不欲，勿施于人"，积极面是"己欲立而立人，己欲达而达人"。详见杨伯峻译注：《论语译注》，中华书局2009年第3版，第16页。
③ 韩东屏："'公正'新解"，载《马克思主义与现实》2016年第6期，第135页。
④ 东方朔："荀子公正观论略"，载《东岳论丛》2017年第3期，第24页。

"礼"作为公正思想的两个重要因素，主张行义以礼、行义以正。① 荀子还指出公正作为政治道德价值具有重要的意义：② 一是可以使认识明晰，所谓"公生明，偏生暗""公察善思论不乱"；二是能够取得百姓的信任，所谓"篡论公察则民不疑"；三是公正是从事政务、评价政务的标准。

孔子、荀子的公正观为儒家公正观奠定了基础，对后世影响甚广。

明末清初思想家王夫之明确提出"公正"的范畴。他说：③"治国推教而必有恒政，故既以孝弟慈为教本，而尤必通其意于法制，以旁行于理财用人之中，而纳民于清明公正之道。"王夫之主要从"大公的公正""合宜的公正""伦序的公正"三个方面展开，以大公、合宜、伦序三个方面构成了公正范畴内涵的三要素，以此三要素建构公正范畴内涵的总向度。④ 首先，"大公的公正"范畴内涵在总体系中具有"理"的指向性，属于哲学形而上学的层次，即是说大公的内涵要素源自"理"的指引，有"理"必然能达于公正之义，理是天理，天理大公，公正的内涵必须有"大"而"公"的要素。其次，"合宜的公正"范畴内涵在总体系中具有"事"维度上的指向性，"事"的指向性属于现实之用，即是说公正的内涵与现实达到合宜，合乎现实的情况即体现了公正内涵的本质，说明公正是具体的，并不纯粹具有理的抽象性，而必须合乎实际，与现实社会的人和事相一致、相适宜，体现了具体的公正内涵。最后，"伦序的公正"范畴内涵在总体系中具有"理事合一"的指向性，理事合一通向和谐，公正内涵的伦序要素说明公正的目的是达到社会和谐，和而不同，人际关系差等有序，关系调节适宜。做到有秩、有序、有伦、有理就是公正。

王夫之"伦序的公正"强调个人品格，并带有很强的实践性，包括"序以公正""位以公正""差以公正"。其中，"位以公正"是说身在其位，必须谋划其事，遵守所在职位上的职责达到公正，做自己职责范围内的事，即是公正内涵的体现。⑤

---

① 杨文佳："休谟与荀子的正义观比较研究"，载《九江学院学报》2016年第1期，第56页。
② 赵馥洁："国学中的公正价值观"，载《光明日报》2007年1月25日。
③ 转引自李长泰："王夫之公正范畴的内涵解析"，载《船山学刊》2018年第1期，第46页。
④ 李长泰："王夫之公正范畴的内涵解析"，载《船山学刊》2018年第1期，第47页。
⑤ 李长泰："王夫之公正范畴的内涵解析"，载《船山学刊》2018年第1期，第50页。

（三）公正与司法

1. 司法的公正意义

在英语中，司法与正义是同一个词"justice"。除此之外，西文——法文、德文、俄文——中的司法，都含有"公平""正义""正确"之意；中国古代的法——灋，意为"平之如水，去不直"。公正、正义原则的内涵是极其丰富的。"公平正义要相对地具体化，成为人们处理具体利益矛盾时的可操作的依据。更确切地说，公平正义要从原则的神坛上走下来，具体化为一系列细致的，处理各种具体矛盾和争执的规则，以及这些规则的运行机制，这些规则主要就是法律。"① 职是之故，正义与法律之间的关系就成为法理学上一个历久弥新的话题。

根据学者的研究，历史上关于正义与法律之间的关系，有自然主义和实证主义两种相互矛盾的观点。② 自然主义，就是肯定自然正义的存在，肯定自然的、不可让渡的权利的存在，肯定自然道德法的存在，肯定那些我们同意并具有规约性的习俗的存在，这些不但独立于而且也先于实证法律的存在。也就是说认同法律存在一个"高级背景"。这个"高级背景"构成法律正义的源泉，法律强制力的源泉，法律生命力的源泉。而实证主义把法律看得重于正义，从实证法律中寻求正义的源泉，而不是把自然正义视为人们制定法律的根据。尽管自然主义和实证主义研究的逻辑、路径不同，观点不同，但两者都无法否认这样的结论：究其实质而论，法的核心价值就是正义。而公正实现的路径，远远不止立法这一条，公正还可以通过行政和司法等途径实现，特别是司法与公正有着天然的亲和力。"公正"与"司法"的关联，是西方传统文化的一个部分，"司法公正"本身即为一个自然的合成词。③ 司法是实现法律正义的一种形式，但却是正义实现的各种方式中最为公正、最令人信服的一种，"因为它同时包含着对正义实现的结果和过程的要求，因而是比较可靠的、有保障的公正"④。特别是在法治社会中，司法被视为救治社

---

① 张恒山："略论和谐社会中的公平正义与法律"，载《法学杂志》2005 年第 4 期，第 7 页。
② 肖建国：《司法公正的理念与制度研究》，中国人民公安大学出版社 2006 年版，第 41 页。
③ 高其才等：《司法公正观念源流》，人民法院出版社 2003 年版，第 540 页。
④ 肖建国：《司法公正的理念与制度研究》，中国人民公安大学出版社 2006 年版，第 47 页。

会冲突的最终、也是最彻底的方式。司法公正,对国家而言,有利于维护国家法律秩序;对社会而言,有利于增进人们对诉讼的信任和期待,有利于抑制和预防侵权行为的发生;对当事人而言,有利于保护当事人的合法权益。①

2. 司法者的公正品格

人们通常视公正为法律制度应有的品格,视法律为正义的化身;司法者则被誉为"会说话的法律"。进而,司法者应和法律一样,具有公正的品格。换言之,具有良好道德品质、为人公正应是司法人员的基本素质和任职条件。

西周时期,为维护周王统治,周穆王命吕侯制定《吕刑》。《吕刑》以"明德慎罚"为指导思想,阐明"祥刑""安百姓"的刑罚目的,并强调重在选用"吉人""哲人"掌管刑罚。《吕刑》的制定者认为,治是国家的当务之急,包括三个方面:即慎重选择治理人才(何择?非人!),谨慎地使用刑罚(何敬?非刑!),随时代的变化而考虑适当的治理方法(何度?非反!)。而这三者,首当其冲的又是治理人才。在人与刑(法)的关系上,人是第一位的,只有找到了"吉人""哲人",才能"敬于刑",圣王所制之刑罚才能起到止适安天下的作用。② 试想,法律赋予司法人员很大的自由裁量权,如果司法人员不能秉持公正理念、不具有公正品格,个案公正的实现可能变得格外困难。当检察官怀揣不纯动机之时,他可能以一种"合法"的方式侵害公民的基本权利。美国罗伯特·肯尼迪诉詹姆斯·霍法案即是一个例证。③

霍法系美国劳工领袖,1957 年任卡车联合会国际部主任,善于谈判。在美国联邦检察官办公室里流传着一份包括霍法和罗伊·科恩等名字在内的特殊名单,他们都是在过去几年里曾让肯尼迪产生敌意的人。在司法部内部有一个"抓住霍法"小组,在肯尼迪任职期间,这个小组成功地对霍法提起了大量的诉讼,其数量远远超过整个密西西比州民权案件的总和,对佣工国际工人兄弟会的职员们提起了比整个国家的民权案件总数还要多的案件。结果,政府资源额外投入的第一个产品就在一起轻罪指控中霍法被判入狱两个月。

---

① 谢佑平主编:《司法公正的建构》,中国检察出版社 2005 年版,第 26~29 页。
② 高其才等:《司法公正观念源流》,人民法院出版社 2003 年版,第 153 页。
③ [美]门罗·弗里德曼:《对抗制下的法律职业伦理》,吴洪淇译,中国人民大学出版社 2017 年版,第 99 页。

事实上，美国《职业责任守则》明确指出，一位公诉人的责任"与一般的诉辩者的责任是不同的；他的义务是寻求正义，而不仅仅是定罪"。检察官一旦偏离了这一宗旨，罔顾事实，以求刑入罪为能事，必将贻害无穷。

我国《检察官法》第 10 条规定："有良好的政治、业务素质和良好的品行"是担任检察官必须具备的一项条件。良好的品行是指检察官应当具有良好的品德和言行，自觉维护社会公德，遵守职业道德，举止文明等，只有这样才能树立检察官公正执法的形象。[1] 2000 年 7 月 3 日，第九届全国人大常委会第十六次会议对《检察官法修正案（草案）》进行初审时，一些委员提出，修改检察官法，应当加强对检察官职业道德方面的规定，以保障公正司法。因此，法律委员会建议将《检察官法》第 8 条第（4）项的规定修改为："清正廉明，忠于职守，遵守纪律，恪守职业道德"，即在原条文"清正廉明，忠于职守，遵守纪律"后加上"恪守职业道德"。为什么增加"恪守职业道德"的内容，时任人大常委会法律委员会主任胡康生曾有过一个解释，他说：[2]"主要是考虑检察官不但要廉洁奉公，还要恪守作为法律工作者最起码的职业道德，这也是建设社会主义法治国家的要求。"

司法公正是社会主义法治的终极目标，是夺取新时代中国特色社会主义伟大胜利的法治保障，更应成为检察官的职业理念。作为检察官职业道德基本准则的"公正"，至少包含以下几方面内容：（1）平等对待；（2）合法合理；（3）程序公正。

二、平等对待

恩格斯指出：[3]"平等是正义的表现，是完善的政治制度或社会制度的原则。"人类社会平等思想经历了从不平等到平等，从平等观念到法律原则的艰难曲折的发展过程。

---

① 胡康生主编：《中华人民共和国检察官法释义》，法律出版社 2001 年版，第 22 页。
② 胡康生主编：《中华人民共和国检察官法释义》，法律出版社 2001 年版，第 16 页。
③ 《马克思恩格斯全集》第 20 卷，人民出版社 1971 年版，第 668 页。

（一）不平等观

不平等观念由来已久。柏拉图毫不讳言人的不平等，认为有的人生来就是做统治者的，有的人生来就是承担辅助工作的，有的人生来就是从事生产的。原因在于：① "他们虽然一土所生，彼此都是兄弟，但是老天铸造他们的时候，在有些人的身上加入了黄金，这些人因而是最可宝贵的，是统治者。在辅助者（军人）的身上加入了白银。在农民以及其他技工身上加入了铁和铜。" 并且，他认为男子与女子天然就有很大的差别，因此，女子不适宜参加一切警卫工作。如果让女子与男子做同样的工作，就一定先要给女子以同样的教育。这样的话，女子就得和男子一起在健身房赤身裸体地锻炼。② 在柏拉图看来这是再可笑不过的事情了。而女人就应该从 20 岁到 40 岁为国家抚养儿女。柏拉图认为：③ "如果超过了这个年龄或不到这个年龄的任何人也给国家生孩子，我们说，这是亵渎的不正义的。因为他们生孩子得不到男女祭司和全城邦的祷告祝福——这种祝祷是每次正式的婚礼都可以得到的，祈求让优秀的对国家有贡献的父母所生的下代胜过老一代变得更优秀，对国家更有益——这种孩子是愚昧和淫乱的产物。" 至于被夺走一半灵魂的奴隶，他只是一种财产，相较于自由人，无平等可言。"如果一个奴隶殴打了自由人，无论是外国人还是公民，他将被捆绑着交给他所殴打的那个自由人。后者给他带上镣铐，并用皮鞭抽打他，但不会把奴隶打得伤势太重而得罪了他的主人。当他认为已经给予这奴隶以应有的惩罚后，再把奴隶归还给他的主人，以便让其主人根据如下法律去惩治他。任何殴打自由人的奴隶将被他所殴打的自由人捆绑着送还给他的主人；而他的主人将其铐上铁镣，直到奴隶获得被他殴打的那个人的宽恕为止。"

亚里士多德也认为人生而不平等，他说：有些人在诞生时就注定将是被统治者，另外一些人则注定将是统治者。所以，凡自己缺乏理智，仅能感应别人的理智的，就可以成为而且确实成为别人的财产（用品）——"一宗有

---

① ［古希腊］柏拉图：《理想国》，郭斌和、张竹明译，商务印书馆 1996 年版，第 128 页。
② 古希腊男子操练时都是裸体的。"健身房"一词原意便是"裸体操练的地方"。［古希腊］柏拉图：《理想国》，郭斌和、张竹明译，商务印书馆 1996 年版，第 181 页注 1。
③ ［古希腊］柏拉图：《理想国》，郭斌和、张竹明译，商务印书馆 1996 年版，第 195 页。

生命的财产"①，这种人天生是奴隶。而且，既然属于一件用品，就应当属于应用该用品的人（财产的所有者）。这一切又都是合乎自然的，因为"世上有些人天赋有自由的本性，另一些人则自然地成为奴隶，对于后者，奴役既属有益，而且也是正当的"。②

但也不可否认，亚里士多德的思想中也包含着平等观念。亚里士多德认为所谓平等有两类：一类为其数相等。"数量相等"的意义是你所得的相同事物在数目和容量上与他人所得者相等。另一类为比值相等。"比值相等"的意义是根据各人的真价值，按比例分配与之相衡称的事物。直言之，亚里士多德的平等是以不平等为基础的平等，他强调相等的人就该配给到相等的事物。他说：③"在本来不相等的人们之间，倘若依据比例而作相应的不等待遇，实际上并不能说这是'不平等'。"当然，亚里士多德自己也承认在实然层面，因为每个人对平等的观念不同——有些人就因自己有某一方面与人平等而要求一切平等，另一些人就凭自己在某一方面有所优胜就要求一切优先——而存在分歧，甚至产生内讧。亚里士多德建立于不平等之上的平等观，与近代人权意义的平等观点不可同日而语。主人与奴隶的关系是财产所有者与用品的关系，两性关系也与此类似：一个进行指挥，另一个服从。日本有学者对此评价认为：④"亚里士多德的'价值论'将人分为自由民与奴隶、男性和女性，因为对于奴隶与女性承认差别，所以从近代观点来看，不能说是重视人权的平等论。"

中世纪的基督教提倡平等，但只承认一切的一种平等，即原罪平等。这种平等观以上帝为参照物，主张的是在上帝面前人人平等，没有犹太人，希腊人；没有奴隶，自由人；也没有男人，女人。因为大家是耶稣基督身上的统一体。"一切人都是同胞，凭着爱联系于神，凭着爱又互相联系。"⑤ 然而，这样的平等观无法从根本上带给人们权利上的平等。它以义务为本位，强调

① ［古希腊］亚里士多德：《政治学》，吴寿彭译，商务印书馆1997年版，第11页。
② ［古希腊］亚里士多德：《政治学》，吴寿彭译，商务印书馆1997年版，第16页。
③ ［古希腊］亚里士多德：《政治学》，吴寿彭译，商务印书馆1997年版，第234页。
④ ［日］三浦隆：《实践宪法学》，李力、白云海译，中国人民公安大学出版社2002年版，第100页。
⑤ 周谷城：《世界通史》（下），河北教育出版社2002年版，第482页。

的是不分犹太人，希腊人，自由的，为奴的，或男或女，平等地爱戴和崇拜上帝，平等地遵守和服从教义。它实质上是"以人的平等来论证人都负有同样的义务"①。即便是这样，妇女从属于男人的观念依然深深印在人们的脑海中，挥之不去。密尔顿认为：②妇女是一种自己无法到达上帝那里的下等人；夏娃只有通过亚当才能认识上帝；在他们共同奔向上帝的进程中，他们两人中间唯有亚当是向导和明灯；只有亚当才属于上帝，而夏娃直接属于亚当，并通过亚当属于上帝——他只向着上帝，她通过他向着上帝。甚至到了19世纪中叶，性别仍然是女性职业选择的一道障碍。

布拉特威于1852年开始学习法律，1869年通过律师资格考试，申请成为伊利诺伊州律师协会成员和从事律师职业，遭到拒绝，理由为她是已婚妇女，根据州的有关规定不得从事律师职业。布拉特威认为美国宪法修正案第14条保护每一个公民平等选择职业的权利，不论男女、婚否，都有从事合法职业以谋生的权利，伊利诺斯州的做法违宪。联邦最高法院判决认为：妇女身体纤弱，因而使她们不适合从事市民生活中的许多职业。现代社会的人道运动将为妇女提供适合她们情况和性别特点的职业，并为其晋升开辟途径。但是允许妇女担任每一种职位，发挥每一种职能，包括承担特殊责任的职位和职能，并不是妇女的一项基本权利和特权。联邦最高法院以"颁发律师执照的权力属于州而非联邦"为由，认为该州有权拒绝当事人从事律师职业。

代表联邦最高法院发表意见的大法官布拉德利说："如同自然本身，民法一向承认男女在各自领域和命运上的诸多差别……天生的胆怯与纤弱，使女性不适宜于担任很多工作，家的组成是基于神的意旨，很自然的。家务事是妇女最适当而且是份内的工作，所以妇女最崇高的任务，是做一个高贵而温顺的妻子与母亲，这是上帝的法则。"联邦最高法院以善良关怀的语气作出判断：女性最重要的命运和任务是履行作为妻子和母亲的崇高而仁慈的职能。从事律师职业是对女性纯真和圣洁的玷污，也冲击了男性对女性气质的尊敬和对女性的信任——这些方面投注了人生美好的情感和仁慈之心。因而女性不应当和这世界的不洁接触，而进入法庭正是接触不洁的途径。

---

① 夏勇：《人权概念起源：权利的历史哲学》，中国政法大学出版社2001年版，第107页。
② ［法］皮埃尔·勒鲁：《论平等》，王允道译，商务印书馆1996年版，第54～55页。

（二） 平等观

有人认为，真正平等的观念始自卢梭。"在卢梭的著作中，平等几乎构成了一种完整的学说。卢梭的每一篇著作都建立在人类平等的基础之上；因为在他看来，公民的平等本身，只是人们自然平等的一种形式和必然结果"[①]。诚然，卢梭以不破不立的勇气，以"你要认识你自己"的胆识，在认识人类本身的基础上，深刻地揭示出人类不平等的起源。他说：[②]"如果我们不从认识人类本身开始，怎么能够认识人与人之间不平等的起源呢？"由于人类自身的发展，加之环境的变化，最初由自然形成的人的身上被添附上了一些原不属于天性的东西。但卢梭认为，不是所有的人都完善化了或者变坏了，而有些人则比较长期地停留在他们的原始状态，这就是人与人之间不平等的起源。是什么促使一部分人变坏了呢？完善化能力、社会美德及自然人所能禀受的其他各种潜在能力，是不需要借助外力、自然而然生成的吗？

显然卢梭不认可对这些问题简单的肯定性结论。他认为必须借助于许多陆续产生的观念、一代一代传授的技巧和知识、缓慢递嬗的外部环境的偶然会合；这些偶然事件曾经使人的理性趋于完善，同时却使整个人类败坏下去。卢梭说：[③]"当人们满足于自己的粗陋的小屋的时候；当人们还局限于用荆棘和鱼骨制兽皮衣服、用羽毛和贝壳来装饰自己、把身体涂上各种颜色、把弓箭制造得更为精良和美观、用石斧作渔船或某些粗糙的乐器的时候；总之，当他们仅从事一个人能单独操作的工作和不需要许多人协助的手艺的时候，他们都还过着本性所许可的自由、健康、善良而幸福的生活，并且在他们之间继续享受着无拘无束自由交往的快乐。但是，自从一个人需要另一个人的帮助的时候起，自从人们觉察到一个人据有两个人食粮的好处的时候起，平等就消失了、私有制就出现了、劳动就成为必要的了、广大的森林就变成了须用人的血汗来灌溉的欣欣向荣的田野；不久便看到奴役和贫困伴随着农作

---

① ［法］皮埃尔·勒鲁：《论平等》，王允道译，商务印书馆1996年版，第20页。

② ［法］让－雅克·卢梭：《论人类不平等的起源与基础》，李常山译，红旗出版社1997年版，第48页。

③ ［法］让－雅克·卢梭：《论人类不平等的起源与基础》，李常山译，红旗出版社1997年版，第115～116页。

物在田野中萌芽和滋长。"如果仅仅满足于不平等起源的探究，止步于对人的自然状态的认识，倾心于对旧社会及其偏见和弊端的抨击，卢梭就不配称为"革命的前驱"。恰恰相反，卢梭在把平等献给革命的同时，致力于建设一个新社会，"建造一座美好的大厦"。卢梭给出这样的设计方案：① "把政治组织的建立视为人民和他们所选出的首领之间的一种真正的契约，双方约定遵守其中规定的法律，这些法律构成了他们结合的纽带。人民在一切社会关系上，既已把他们每个人的意志结合成为一个单一的意志，所以一切表现这个意志的条款，同时也就成为对于国家全体成员无不具有拘束力的根本法。这些根本法之一并规定着负责监督执行其他各项法律的官员的选任和权力。这种权力可以包括维持宪法所需要的一切职权，但不能涉及宪法的变更。此外，人们还规定了一些使法律和执行法律的官员受到尊重的有关荣誉的条款，并给他们本人一些特权以报偿他们为把国家管理好所需要从事的艰苦工作。在官员方面，他们则负有以下义务：他们必须按照委托人的意思行使所受托的权力，必须维护每个人能安全地享受他所有的一切，而且必须在任何情形下都把公共利益放在个人利益之上。"

卢梭揭露了社会的弊端，宣布反叛是一种合法的行动，并为未来描绘了一幅壮丽蓝图，因此而触怒了专制政府。1762 年，巴黎国会宣布烧毁他的书籍，继之，决定对其实施抓捕。但卢梭精神传播到人民中间，由全体人民大声说出的平等这个词就成为"一种原则、一种信条、一种信念、一种信仰、一种宗教"②。在法国大革命时期，平等与自由、博爱成为革命的口号。它们不仅是法国革命的原因，而且可以说是大革命的内容，引领着法国人民——特别是第三等级——为着民主和自由而摧毁过去的一切。

自由、平等的口号是激起近代公法思想的启蒙思潮。③ 自由权在人民生

---

① ［法］让－雅克·卢梭：《论人类不平等的起源与基础》，李常山译，红旗出版社 1997 年版，第 131～132 页。

② ［法］皮埃尔·勒鲁：《论平等》，王允道译，商务印书馆 1996 年版，第 20 页。

③ 陈新民认为：自由、平等、博爱，三个口号对后世的法律制度都产生了巨大的影响。"博爱"作为一种道德律，或是人生观，在法律制度上可以起到影响后世的作用，大概是促成所谓的社会国原则，以及尊重人类尊严等条款。详见陈新民：《德国公法学基础理论》（下册），山东人民出版社 2001 年版，第 670～671 页。

活的各个层面显示出来；平等权讲求同属国民间的平等对待，相较于自由权不免显得"消极且单调"，但其在公法学上的意义，却渐渐地受到应有的重视。法国大革命后，革命者将胜利成果载入《人权宣言》，宣称："在权利方面，人们生来是而且始终是自由平等的。""所有的公民都是平等的，故他们都能平等地按其能力担任一切官职、公共职位和职务。除德行和才能上的差别外不得有其他差别。"受《人权宣言》的影响，平等被写入宪法。

（三）平等原则

现代宪法以"平等法律保护""法律面前一律平等""法律上一律平等"等规范形式确立了平等权。《世界人权宣言》更是开宗明义宣布，"人人生而自由，在尊严和权利上一律平等"（第1条），并强调平等权的享受"不分种族、肤色、性别、语言、宗教、政治或其他见解、国籍或社会出身、财产、出生或其他身份等任何区别"（第2条）。平等权成为人权谱系中一项重要权利。就平等权的效力范围而言，理论上分为法律适用上的平等与法律内容（制定）上的平等。前者指公民在遵守法律和适用法律上是一律平等的；后者指立法者在制定法律时也必须遵守宪法平等权，即平等权的效力及于立法。我国《宪法》第33条第2款规定："中华人民共和国公民在法律面前一律平等。"一般认为，我国宪法规定的法律面前人人平等是适用法律上的平等而不是立法上的平等；不仅如此，甚至还认为，我国现行宪法的规定就是将其限制在适用法律上的平等的。1954年《宪法》规定："中华人民共和国公民在法律上一律平等。"有一种意见认为，从语义上看，这个规定既包含了公民在法律适用上的平等，也包含了公民在立法内容上的平等。1982年《宪法》对这一规定作出修改，规定"中华人民共和国公民在法律面前一律平等。"不同于五四宪法，八二宪法就将公民的平等限定于法律适用上的平等，而不包括立法内容上的平等。理由主要有:[1] 第一，公民中有人民与敌人之分，对于人民与敌人在立法上是不可能一律平等的。第二，在人民代表大会制度的政治体制下，国家的一切权力属于人民，人民行使权力的机关是全国人民代表大会和地方各级人民代表大会，它们在立法过程中始终以代表人民

[1] 许安标、刘松山:《中华人民共和国宪法通释》，中国法制出版社2003年版，第99页。

意志为宗旨。第三，宪法对公民的各项基本权利都作出了明确规定，人大及其常委会立法必须以宪法为依据，如果出现了立法不平等的现象，就是违背了宪法，可以按照宪法规定的有关违宪审查制度予以审查撤销。

平等权在司法上集中体现于"在适用法律上一律平等"这一诉讼原则上。"在适用法律上一律平等"包含以下基本内容：①（1）在我国，法律对于全体公民，不分民族、种族、性别、职业、社会出身、宗教信仰、财产状况等，都是统一适用的，所有公民依法享有同等的权利并承担同等的义务。（2）任何权利受到侵犯的公民一律平等地受到法律保护，不能歧视任何公民。（3）在诉讼中，要保证诉讼当事人享有平等的诉讼权利，不能偏袒任何一方，并要切实保障诉讼参加人依法享有的诉讼权利。（4）对任何公民的违法犯罪行为，都必须同样地追究法律责任，依法给予相应的法律制裁，不允许有不受法律约束或凌驾于法律之上的特殊公民，任何超越法律之外的特殊待遇都是违法的。据此"在适用法律上一律平等"可以简要归结为"同等情况同等对待"，公正司法，不允许特权存在。

（四）回避制度

为了确保法律适用平等，诉讼法设立了回避制度。有人认为，回避制度萌芽于春秋战国时期，正式产生于两汉时期。春秋战国之前我国实行"世聊世禄"的世袭制度。在政治实践中，这种制度逐渐暴露出自身无法克服的弊端：一方面，世袭的官员能力不足，致使中央的政令法令不能得到很好的执行，严重影响行政效率和效能；另一方面，本籍任职"州郡相党，人情比周"，易于形成裙带关系，滋生腐败。东汉桓帝时期，中国第一个关于任官回避的成文法规"三互法"正式出台，就是"婚姻之家"和"幽冀两州之士"不得"对相监临"。以东汉官吏史弼为例，他本应出任山阳太守，但是他的妻子娘家，恰好在山阳辖内，于是史弼上书自陈应回避，被调任为平原相。②古代回避内容包括：（1）亲属回避。亲属不得在同一地区、同一部门

---

① 沈宗灵主编：《法理学》，北京大学出版社 2000 年版，第 481 页。
② https：//baike. baidu. com/item/% E5% 8F% A4% E4% BB% A3% E5% 9B% 9E% E9% 81% BF% E5% 88% B6% E5% BA% A6/5749174? fr = aladdin. 最后访问日期为：2018 年 2 月 3 日。

供职。（2）籍贯回避。不得在本籍任职，古人云：千里去做官。（3）职务回避。始自唐代，规定凡职责相连或监临监察的官职，亲族内均需实行职务回避。如宰相的儿子不能为谏官。（4）考试回避。在科举考试中，主考官与考生有师生关系或亲属关系的，都要回避。

英美法系有"任何人不得为自己案件的法官"的原则，即法官没有资格审理自己为一方当事人的案件，该原则旨在避免因财产利益或其他好处而引起的偏见。回避的情形包括：存在与案件一方有血缘关系或朋友关系，或对案件一方怀有敌意，或与案件一方有服从关系，或是案件一方的拥护者，等等。最早适用这一原则的判例可以追溯到 1371 年的里伯案。[①] 当时，在一个巡回法庭审理的案件中，两名法官中的一人是由案件一方当事人任命的，该名法官因此回避。该原则适用的另一个著名判例为 1610 年博翰姆大夫案。[②] 当然不得不说，该案最著名之处在于其中蕴含的司法审查思想，但也体现出"任何人不得为自己案件的法官"原则的适用。剑桥大学外科医生博翰姆大夫未经医师协会的许可便擅自到伦敦市区开业，医师协会对他予以罚款与监禁。博翰姆不服，提起诉讼。科克在审理此案时运用普通法中的自然正义原则，他说：如果议会的法律让某人既作自己案件的当事人又作自己案件的法官或以别的方式"触犯普通法的理性"，法院可以宣布该法无效。协会作出对博翰姆罚款决定所依据的法律规定：罚款的一半交国王，另一半归协会，这样协会在自己的决定中成为自己案件的法官。

依照我国现行法律的规定，检察人员从事检察活动，具有下列情形之一的，应当回避：（1）是本案的当事人或者是当事人的近亲属的；（2）本人或者其近亲属和本案有利害关系的；（3）担任过本案的证人、鉴定人、辩护人、诉讼代理人的；（4）与本案当事人有其他关系，可能影响公正处理案件的。对于"其他关系"的界定，最高人民检察院有过相应的解释。2011 年 1 月 10 日最高人民检察院印发《关于规范检察人员与律师交往行为的暂行规定》，该暂行规定第 8 条规定："检察人员在办案中，与本案当事人委托的律师

[①] 徐亚文：《程序正义论》，山东人民出版社 2004 年版，第 11~12 页。
[②] 徐亚文：《程序正义论》，山东人民出版社 2004 年版，第 133 页。

有夫妻、父母、子女或者同胞兄弟姐妹关系的，应当自行回避。与本案当事人委托的律师之间存在其他亲属关系或者朋友、同学、师生、曾经同事等关系，可能影响案件公正处理的，应当申请回避。"除此之外，"其他关系"还包括以下情形：与当事人有过恩怨；与当事人有经济往来等。"可能影响案件公正处理"，是与当事人有"其他关系"应当回避的必要条件。检察人员虽然与当事人有"其他关系"，但不影响案件公正处理的，不适用回避。① 另外，参加过本案侦查的侦查人员，不得承办本案的审查逮捕、起诉和诉讼监督工作。

　　检察人员的回避主要有申请回避、决定回避和自行回避三种形式。如果检察官符合回避的情形，且自己清楚并有明确认识，但案件当事人及其法定代理人、辩护人等对此并不知情，检察机关也不掌握相关信息。在这种情况下，回避还是不回避，就是一个问题，既能够考验一个检察官职业道德素养与水平，检视其司法公正理念与行为，也能够查验其法治信仰与程度。

三、合法合理

　　社会现实与法律条文之间，往往有"皱褶"，甚至可能存在着或大或小的缝隙。因此，在将一般性规范适用于具体案件的时候，如果只注重条文、干巴巴、抽象的事实，而不去注重活生生、具体的人与事，了解社会实施情况，在瞿同祖看来，"只能说是条文的、形式的、表面的研究，而不是活动的、功能的研究"②。社会公正，不是抽象的公正、一般的公正，而是具体的公正，即努力让人民群众在每一个司法案件中感受到公平正义。因此，司法过程中，在依据法律解决纠纷的时候，必须将"理"和"情"纳入其中。

　　（一）什么是理和情

　　"理"，既包括法理，也包括常理。常理中，就蕴含"情"——民情、人

---

　　① 孙谦主编：《〈人民检察院刑事诉讼规则（试行）〉理解与适用》，中国检察出版社2012年版，第30页。
　　② 瞿同祖：《瞿同祖法学论著集》，中国政法大学出版社1998年版。转引自张利："宋代'名公'司法审判精神探析——以《名公书判清明集》为主要依据"，载《河北法学》2006年第10期，第144页。

之常情。托克维尔认为：① 所谓"民情"，"不仅指通常所说的心理习惯方面的东西，而且包括人们拥有的各种见解和社会上流行的不同观点，以及人们生活习惯所遵循的全部思想。因此，我把这个词理解为一个民族的整个道德和精神面貌。"我国也有学者认为：② 民情乃一国民众知性能力、品性素质、行为修养、认知程度、信仰观念、禀赋脾性、经济状况、生活方式、社会地位、礼教风俗等概说。可见，民情是大众的一种主流意识，一种观念自觉，一种情感表达；它预示着一种历史潮流，一种发展方向，一种社会力量。不可小觑，更不可无视！

斯科特诉桑弗特案（Scott v. Sandford，1857）③ 之所以成为美国联邦最高法院历史上的一场灾难和噩梦，都是无视民情惹的祸。

1820 年美国国会通过《密苏里妥协案》，规定：作为缅因州和密苏里州加入美国的一个条件，即位于密苏里州南部边界以北的州（密苏里州除外），应当废除奴隶制。斯科特是生于弗吉尼亚州庄园的奴隶，后来被卖给密苏里州的一个随军医生。随军队换防，他跟随主人来到密苏里以北的自由州居住。几年后，又回到密苏里州（蓄奴州）。1850 年攒了一些钱的斯科特想从新主人那里买回他的自由，但遭到拒绝。于是，他到密苏里州法院起诉。他认为，自己曾在自由州居住过，所以是自由民。之前，许多法院处理过类似案件，并形成一个普遍的原则：只要一个奴隶到达北部自由州，那么他就自动获得解放，成为自由民。斯科特获得陪审团的支持而胜诉，但接着密苏里州最高法院推翻一审判决，理由是："一个州法院，以州外的法律为依据，没收本州公民的财产，是一件令人感到羞耻和滑稽的事情。"显然"州外的法律"指的是国会通过的《密苏里妥协案》，"本州公民的财产"指的是斯科特，奴隶就是奴隶主的财产。

斯科特不服州法院的判决，把案件提交到联邦法院，聚焦问题于黑人是有权获得宪法保护的公民还是仅供买卖的财产。根据宪法，联邦政府是否有

---

① ［美］托克维尔：《论美国的民主》，商务印书馆 1991 年版，第 332 页。转引自苏雪萍："'民情论'视野下的中国政治民主障碍"，载《理论研究》2005 年第 2 期，第 56 页。

② 朱继萍："人性、民情与法律的可辩驳性——法槌落定话许霆"，载陈念钊：《法律方法》（第八卷），山东人民出版社 2009 年版，第 305 页。

③ 任东来等：《美国宪政历程：影响美国的 25 个司法大案》，中国法制出版社 2004 年版，第 85 ~ 121 页。

权要求各州解决奴隶问题？坦尼大法官执笔判决：立宪建国之前，只有州公民，没有美国公民。联邦宪法通过后，联邦管辖下的各州公民自动成为美国公民。黑人在联邦宪法生效前不具有州公民的资格，所以他们没有自动归化为美国公民。他接着运用司法审查权对密苏里妥协案进行了审查，认为：密苏里妥协案超越了宪法所授予国会的权限——国会不得任意剥夺任何美国公民的合法权利。妥协案仅仅因为公民将财产带入某一特定区域，就被国会法案剥夺其财产，那么这项法案就难以承当正当法律程序的尊称。妥协案是一项违宪的法案，不具有法律效力。因此，斯科特不能宣布他到过自由州而获得自由民的身份，享受宪法公民权。

在审查斯科特诉桑弗特案时，美国联邦最高法院完全没有理会当时高涨的废奴呼声，没有顾忌反对畜奴的民情，以分析制宪者的"原始意图"入手，对黑人斯科特是不是美国公民等宪法问题解释道："黑人的美国公民身份和宪法权利问题，根本就没有被制宪者放在心上。制宪者从来就没有把被视为财产的黑人包括在宪法中的'人民''公民'和《独立宣言》中'人人生而平等'的'人人'等概念之中，制宪者'非常清楚地理解他们所使用的语言的含义，也清楚地知道其他人将会如何理解这种含义。他们知道，任何文明世界都不会将黑人种族包括在内，也知道黑人种族将根据公意总是被排除在文明政府和国家之外，命中注定要成为奴隶。"斯科特案的判决不仅使联邦最高法院威信扫地，更是加剧了南方各州与北方各州之间的矛盾，堵塞了以妥协手段解决南方奴隶制问题的道路，最终成为引发美国内战的推手。

在我国古代，法官裁判的准则和依据除国法外，也还包括天理和人情。我国宋代商品经济相对发达，私有观念进一步深化，传统观念发生一定的变化，封建伦理道德受到很大冲击。法官与时俱进，在审判中表现出灵活务实的风格。如在义利关系上，宋儒改变了只要"义"不要"利"的传统，而把遵守道义与利的实现联系在一起。在肯定"利"的合理性同时，主张"义""利"双行。① 如兄弟之讼一案中，邹氏三兄弟在父亲死后，由母亲做主分

① 张利："宋代'名公'司法审判精神探析——以《名公书判清明集》为主要依据"，载《河北法学》2006 年第 10 期，第 146 页。

家。次子邹应龙由于"好货财，私妻子"而"不孝于母，不恭于兄，不友于弟"，后又提出要复合家产。维系同居共财的大家庭，本来是官府极力提倡的一种社会美德。如果将已经分散的家产重新"复混而为一"，固然不失为一件好事。但虑及"应龙顽嚚之心，终不可必，今日之美意，未必不复为他日之历阶"，因此，法官根据兄弟间的具体情况，作出"各自管业"的判决。①

甲乙判中有这样一则案例，很好地说明了人情在司法裁判中的作用。正当农忙时节，一对夫妇早早地来到田里忙农活。快到中午，乙怕耽误田里的农活，让妻子回家做饭，然后把饭菜给他带到田间地头吃。这在南方"双抢"时节，随处可见。眼看中午饭点就要过，一望妻子不来，两望妻子还不来，乙饿得前胸贴后背，没想到最后等来的却是妻子的两手空空。原来，妻子途中碰到了父亲，见他饿得都走不动了，就把饭菜给父亲吃了。或许是饥饿难耐，或许是认为妻子无情无义，抑或是认定出嫁从夫的理所当然，乙大发雷霆，一气之下把妻子给休了。妻子觉得冤屈，认为自己做得没错，遂向官府提起诉讼。本案涉及夫权与父权的矛盾冲突，也是婚姻观与血缘观的矛盾冲突。如果机械地依照三从礼法原则——未嫁从父、出嫁从夫、夫死从子，本案妻子显然违背出嫁从夫的原则。白居易在审理此案中认为，夫权与父权产生矛盾冲突时，还是应当选择从父从孝。他从易经乾坤二卦讲，乾为天，为君，为父；坤为地，为臣，为母。正是这种乾坤阴阳之道，妻子才需要始终不渝地恪守服从丈夫顺从丈夫的伦理法则。根乎天性，父则本恩。但从天性上讲，父母才是天底下最大的恩人。白居易引用《论语》和《诗经》，进一步论证。《论语》云：馔宜进于先生。② 好吃的，让父母先吃。《诗经》云：喜可辍于田畯。吃饭时，家里来了客人，我们会放下碗筷，让客人先吃。更何况是自己的岳父。

马锡五审判方式也十分注重尊重民情民意，结果不但解决了纠纷，还取得了很好的社会效果，赢得边区群众对政府的信任，为党争得民心。1940年春的一天，袁家庄的袁某偷挖了王某的三斗六升糜子。王某告到陕甘宁边区政府。

---

① 《名公书判清明集》，中华书局1987年版，第371页。转引自张利："宋代'名公'司法审判精神探析——以《名公书判清明集》为主要依据"，载《河北法学》2006年第10期，第147页。

② 《论语·为政》原文为："有酒食，先生馔。"

审问中，袁某不承认。奥海清接到报案后，立即到袁家庄询问左邻右舍，了解到袁家早几天就没粮吃饭了，几个娃娃饿得成天哭，老婆也闹着要走，这几天娃娃们却拿着馍馍吃，老婆也不闹了。掌握这些事实后，奥海清把袁某和王某叫到一起，善意开导：这个年馑，放着粮食不给没粮人吃是不对的，饿病难耐啊！可是，再饿也不能那么做嘛！可以开口向人家借嘛。袁某醒悟过来，承认粮食是他挖的，承诺对自己吃了的粮食秋后加倍偿还，其他的马上还。王某一听也改变态度说：只要认账，拿去的就算借的，袁家什么时候有什么时候还都行。在处理这个案件上，奥海清与当事人讲的是人情，人的同情心、怜悯心。

（二）为什么要考虑"理"和"情"

亚里士多德在谈到为什么法治优于一人之治时特别强调法律恰恰是全没有感情的，可以避免个人感情用事。那么为什么还要将"情""理"纳入司法考量的过程？

第一，法律不能解决全部的社会问题，因此在适用法律中必须考虑风俗民情、民间习惯等。

习惯在司法中的作用，卡多佐曾有过精辟论述。他说：[①]"生活中有些关系所要求的义务，就是仅仅按照当代道德来行为。在这些关系中，当代道德对法官来说就一定是唯一的标准。在当代道德所表现的并不是一些道德感很强者（sensitive souls）的道德的时候，人们不得不遵循的公理就经常是'货物出门，概不退换'。"一般来说，习惯进入司法的方式有以下两种：

一是直接的方式。由法律明确规定适用习惯法。如 1907 年《瑞典民法典》第 1 条就很好地体现了这一基调。该条规定："本制定法统管属于本法任何一条法令的文字或精神之内的所有事务。在缺乏可适用的法条时，法官应依据习惯法，并且在缺乏习惯法时依据若法官是立法者将会制定的规则来宣告判决。然而，法官应从得到学者的学说和法院的法理——学说和法理——验证并受到尊重的解决办法中汲取自己的启示。"卡多佐认为：最后一句戒令，是对法官自由裁量的约束，使法官不至于成为"一位随意漫游、追逐自己的美善理想的游侠"。相反，法官应服从"社会生活中对秩序的基

---

① ［美］本杰明·卡多佐：《司法过程的性质》，苏力译，商务印书馆 2002 年版，第 67～68 页。

本需要"。① 当然并不是所有的社会习惯都能在司法中得到认可和适用。在英国法院看来，这些习惯要符合如下标准：② 其一，习惯之确立，不是用来对抗制定法的实在规则。它们不可以违反普通法的基本原则，而且还必须已经存在了很长时间；其二，它们必须得到公众持续不断的实施，而有关是非的基本原则，也不能侵损不具有此习惯的人的利益。

习惯法作为法律的一种渊源，在我国民法总则中亦有所体现。第10条规定："处理民事纠纷，应当依照法律；法律没有规定，可以适用习惯，但是不得违背公序良俗。"

二是间接的方式。不是直接适用于检察活动当中，而是检察官在解释法律条文中，加入习惯民情的考量因素。现代社会，随着法制的昌明，习惯作为法律渊源所能发挥的作用日渐减少。博登海默认为：③ "习惯法作为一种直接的法律渊源的意义在今天已不是很大，但是习惯仍常常以间接的方式渗入法律领域。例如，当一个法院在确定某一行为是否是疏忽行为时，法院可能必须确定理智正常的人所遵守的习惯性谨慎标准是什么。" 埃尔默案④即是间接方式的一个典型。

1882年埃尔默在纽约用毒药杀害了自己的祖父。他知道他的祖父在遗嘱中给他留下了一大笔遗产。埃尔默怀疑这位新近再婚的老人可能会更改遗嘱而使他一无所有。埃尔默的罪行被发现后，他被定罪，判处监禁。从法律的角度看，埃尔默祖父的遗嘱没有违反纽约遗嘱法所明确规定的条款，那么这份遗嘱就是有效的。既然埃尔默在一份有效的遗嘱中被指定为遗产继承人，他就拥有合法权利获取其祖父在最后的遗嘱中提供给他的遗产。法官们对这个案件意见不一，他们的争论在于法律实际上是什么，如何正确地理解，遗嘱法要求的是什么。有法官认为，假设制定纽约遗嘱法的立法者意在让杀人犯接受遗产，那是荒唐的。法规的构想应以法律的普遍原则为背景，法官在

① 〔美〕本杰明·卡多佐：《司法过程的性质》，苏力译，商务印书馆2002年版，第88页。
② 〔美〕E.博登海默：《法理学：法律哲学与法律方法》，邓正来译，中国政法大学出版社1999年版，第472页。
③ 〔美〕E.博登海默：《法理学：法律哲学与法律方法》，邓正来译，中国政法大学出版社1999年版，第472~473页。
④ 〔美〕德沃金：《法律帝国》，李常青译，中国大百科全书出版社1996年版，第14~19页。

阐释法律时，应努力使它接近法律中普遍存在的正义原则。一方面，假定立法者具有一种普遍和广泛尊重传统正义原则的意图，那是合乎情理的，除非他们明确表示相反的态度；另一方面，既然一条法规是一种更大的智力体系即整个法律的组成部分，那么法规的构思就应使它与那种更大的体系在原则上相符。如果埃尔默的祖父早知道埃尔默要用毒药杀害他，他还会将遗产留给埃尔默吗？如果还会留给埃尔默，他的行为会得到别人的理解和尊重吗？法官不是以孤立状态的文字为依据，而是透过人之常情事之常理——一个正常的善良的人面对这种情况时会怎样做——来解读法律规范，从而得出这样的结论：任何人不得从其错误行为中获得利益。因此，遗嘱法应被理解为否认以杀人来获得遗产者的继承权。

第二，缓解法律与快速发展的社会现实之间的矛盾。法律一旦制定出来，也就落后于社会现实。许霆案即暴露出法律规范的稳定性与调整对象的变化性之间的紧张关系。

许霆到银行自动取款机正常取款，取款机出现故障，取 1000 元后，银行卡上只扣 1 元。处在这种情形之下，多数人可能都无法抵挡这种诱惑，都可能犯与许霆相同的错误。根据 2007 年 12 月所做的一项网络调查，在 19437 名调查者中，只有 7% 的人说他们遇到许霆所面临的情形时将会停止取款，并将情况迅速报告银行。[①] 显然，许霆的犯罪事实和犯罪情节，区别于普通的盗窃金融机构犯罪。然而，许霆案一审判决却无视或者说忽视了人性的这种脆弱性。幸好二审判决纠正了这一错误。二审判决认定：许霆盗窃金融机构，数额特别巨大，依法本应适用"无期徒刑或者死刑，并处没收财产"的刑罚。鉴于许霆是在发现银行自动柜员机出现异常后产生犯意，采用持卡盗取金融机构经营资金的手段，其行为与有预谋或者采取破坏手段盗窃金融机构的犯罪有所不同；从案发具有一定的偶然性看，许霆犯罪的主观恶性尚不是很大。根据本案具体的犯罪事实、犯罪情节和对于社会的危害程度，对许霆可在法定刑以下判处刑罚。

---

① 朱继萍："人性、民情与法律的可辩驳性——法槌落定话许霆"，载《法律方法》（第八卷），第 305 页，注 13。

科技进步，改变了世界也改变了人们的生活方式。人们存取钱时，不必与银行工作人员打交道，而是在 ATM 机前，通过人机对话即可完成。许霆的"偷"与刑法传统意义上"盗窃"似乎有那么点不一样，也很难直接地被涵摄。那么，通过解释将"情"纳入司法裁判过程就是不二法门。

检察官对陆勇涉嫌妨害信用卡管理罪、销售假药罪案件①的处理则是法内容情的另一个典型，体现法律对"伦理直觉"、大众情感的直接回应。检察机关作出不起诉决定书，并在《关于对陆勇妨害信用卡管理和销售假药案决定不起诉的释法说理书》中阐释："如果认定陆勇的行为构成犯罪，将背离刑事司法应有的价值观。"

（1）与司法为民的价值观相悖。综观全案事实，呈现四个基本点：一是陆勇的行为源起于自己是白血病患者而寻求维持生命的药品；二是陆勇所帮助买药的群体全是白血病患者，没有为营利而从事销售或中介等经营药品的人员；三是陆勇对白血病病友群体提供的帮助是无偿的；四是在国内市场合法的抗癌药品昂贵的情形下，陆勇的行为客观上惠及了白血病患者。刑事司法的价值取向表现为人权保障与社会保护两个方面，对社会秩序的保护从根本上讲也是维护人民的共同利益需求。党的十八届四中全会决定强调"要坚持人民司法为人民"，"通过公正司法维护人民权益"；同时强调"必须坚持法治建设为了人民、依靠人民、造福人民、保护人民，以保障人民根本权益为出发点和落脚点"。陆勇的行为虽然在一定程度上触及了国家对药品的管理秩序和对信用卡的管理秩序，但其行为对这些方面的实际危害程度，相对于白血病群体的生命权和健康权来讲，是难以相提并论的。如果不顾及后者而片面地将陆勇在主观上、客观上都惠及白血病患者的行为认定为犯罪，显

---

① 见《湖南省沅江市人民检察院不起诉决定书》（沅检公刑不诉〔2015〕1号）及《关于对陆勇妨害信用卡管理和销售假药案决定不起诉的释法说理书》。陆勇有违反国家药品管理法的行为，如违反了《药品管理法》第39条第2款有关个人自用进口的药品，应按照国家规定办理进口手续的规定等，但陆勇的行为因不是销售行为而根本不构成销售假药罪；陆勇通过淘宝网从郭梓彪处购买3张以他人身份信息开设的借记卡、并使用了其中户名为夏维雨的借记卡的行为，属于购买使用以虚假的身份证明骗领的信用卡的行为，违反了金融管理法规，但其目的和用途完全是支付白血病患者因自服药品而买药的款项，且仅使用1张，情节显著轻微危害不大，不认为是犯罪；从本案的客观事实出发，全面考察本案，根据司法为民的价值观，也不应将陆勇的行为作犯罪处理。

然有悖于司法为民的价值观。

（2）与司法的人文关怀相悖。在刑事司法中，根据我国刑法和刑事诉讼法，对于不满 18 周岁的未成年人、已满 75 周岁的老年人、又聋又哑的人或者盲人、尚未完全丧失辨认或者控制自己行为能力的精神病人、孕妇或者正在哺乳期的妇女，在刑罚适用或诉讼权利、诉讼程序上，适用相应区别对待的规定，体现了对弱势群体的特别保护，所彰显的就是刑事司法的人文关怀，与坚持法律面前人人平等的原则并行不悖的。本案中，陆勇及其病友作为白血病群体，也是弱势群体，陆勇的上述违反药品管理法和妨害信用卡管理的行为发生在自己和同病患者为维持生命而进行的寻医求药过程中，并且一方面这些行为发生在其没有能力购买合法药品的情形下，另一方面这些行为给相关方面并未带来多少实际危害，如果对这种弱势群体自救行为中的轻微违法行为以犯罪对待，显然有悖于刑事司法应有的人文关怀。

（3）与转变刑事司法理念的要求相悖。随着国家尊重和保障人权的宪法原则载入修改后的刑事诉讼法，保障人权成为刑事诉讼法的基本任务之一，与惩治犯罪共同构成刑事诉讼的价值目标。从保障人权出发转变刑事司法理念，就是要重视刑事法治、慎用刑事手段、规范刑事司法权运行。既要强调刑罚谦抑原则，真正把刑法作为调整社会关系的最后的手段、不得已才运用的手段；又要严格规范执法，坚持程序与实体并重，严守法定程序，准确适用实体法律，坚持理性、平和、文明执法。本案中的问题，完全可通过行政的方法来处理，如果不顾白血病患者群体的生命权和健康权，对陆勇的上述行为运用刑法来评价并轻易动用刑事手段，是不符合转变刑事司法理念要求的。

（三）如何处理情理法的关系

2016 年 10 月 12 日，赵春华因涉嫌非法持有枪支犯罪，被天津市公安机关抓捕。事实经过是这样：赵春华在街头摆游戏摊，用玩具枪打气球。公安机关在她摊位上查获枪形物 9 支及相关枪支配件、塑料弹，其中 6 支枪形物被鉴定为枪支。根据 2010 年公安部印发的《公安机关涉案枪支弹药性能鉴定工作规定》，对不能发射制式弹药的非制式枪支，当所发射弹丸的枪口比动能大于等于 1.8 焦耳/平方厘米时，一律认定为枪支。2016 年 12 月 27 日，法院一审判处赵春华三年六个月有期徒刑。[①] 摆个射击气球游戏摊怎么就犯罪了？这是民众对这个案件的第一反应。可相关的法律规定白纸黑字写在那里。由此引出这样的问题：如何处理情理法的关系？

第一，情要受到理的约束，既要合情又要合理。合情的不一定合理，合理的一定合情。"理"是什么？在中国文化中，理，也常常作为常情、常理使用。[②] 如《唐律疏议》《贼盗》"夜无故入人家"条（269）载"夜入人家，理或难辨"。深更半夜闯入别人家中，从常理上难以讲清楚。谢觉哉认为，理是经过了洗练的情。[③] 首先，这个"理"是由更大集团或集体所认可或确定的，它已经抛却了"情"的单独性、个体性、私人性，以及大体对等的相互性的要求，是"大情"，而不是"小情"。其次，"理"已除却了"情"中的具体性的、对象性的情感成分，改变了"情"对象固定、不可选择的特征，显出理性或理智色彩，是一种超越，它更宏观、更抽象、更原则，是概略性规则。因为情可能有所遮蔽，合乎情的未必合理；理是经洗练的情，合乎理的定合乎情。因此，这个"情"要经过"洗练"受到"理"的约束，达致"合理"，才能纳入司法裁判考量的范围。换句话说，就是不仅要合情还要合理，如果只合情，不合理，则不能成为裁判的"依据"。许霆案的一审就败在"情"字上——不是多"情"，而是无"情"，没有考虑人性及人的正常情感等因素。而前述所讲的北京一法警李朝阳打探案情违纪案，虽有"情"但有的是"小情""私情"，没有经过"理"的洗练，更禁不住"理"的推敲，其行为难免触碰底线，最终"情"何以堪。于欢案[④]二审所显现出

---

① 2017年1月26日，二审以同一罪名改判有期徒刑三年，缓刑三年。

② 刘晓林："《唐律疏议》中的'理'考辨"，载《法律科学》2015年第4期，第24页。

③ 霍存福："'合情合理，即是好法'——谢觉哉'情理法'观研究"，载《社会科学战线》2008年第11期，第182页。

④ 2016年4月14日，杜志浩等人到苏某公司催要欠款。在此过程中，杜等人限制了苏某及其儿子于欢的人身自由，并辱骂二人。杜还脱下裤子，当着于欢的面，露出自己的生殖器。警察接到报警后来到现场，问过是债务纠纷后，说了一句"要账可以，但不能动手"就离开了。看到警察离开，于欢情急之下用水果刀刺伤了四人，其中一人死亡、二人重伤、一人轻伤。法院认为，于欢面对众多讨债人长时纠缠，不能正确处理冲突，持尖刀捅刺多人，构成故意伤害罪。鉴于被害人存在过错，且于欢如实供述，对其判处无期徒刑。见《山东省聊城市中级人民法院刑事附带民事判决书》〔2016〕鲁15刑初33号。于欢经二审改判有期徒刑5年。

的"情"则摒弃掉了"小情""私情"的特殊关系，代之以为人性人情的一般关系、人伦的普适道理。

2017 年 2 月 27 日人民法院对于欢案作出一审判决，引起公众极大的关注，因缺乏"温度""伦理考量"而广受诟病。同年 3 月 26 日，人民日报发表评论员文章指出："法律的社会功能是什么？可以说，法律不仅关乎规则，还关乎规则背后的价值诉求，关乎回应人民所向、塑造伦理人情。此案在半年过后掀起舆论波澜，正是因为其中蕴含着许多人的伦理诉求和情感诉求。""于欢的行为是一个法律行为，更是一个伦理行为。而对判决是否合理的检视，也正显示出在法律调节之下的行为和在伦理要求之下行为或许会存在的冲突，显示出法的道理与人心常情之间可能会出现的罅隙。也正是在这个角度上看，回应好人心的诉求，审视案件中的伦理情境、正视法治中的伦理命题，才能'让人民群众在每一个司法案件中都感受到公平正义'。"

二审法院很好地回应了人心的诉求。二审判决认定：[1] 案发当日被害人杜某曾当着于欢之面公然以裸露下体的方式侮辱其母亲，虽然距于欢实施防卫行为已间隔 20 分钟，但于欢捅刺杜某等人难免不带有报复杜某辱母的情绪，在刑罚裁量上应当作为对于欢有利的情节重点考虑。杜某的辱母行为严重违法、亵渎人伦，应当受到惩罚和谴责，但于欢在实施防卫行为时致一人死亡、二人重伤、一人轻伤，且其中一重伤者系于欢持刀从背部捅刺，防卫明显过当。于欢及其母亲的人身自由和人格尊严应当受到法律保护，但于欢的防卫行为超出法律所容许的限度，依法也应当承担刑事责任。认定于欢行为属于防卫过当，构成故意伤害罪，既是严格司法的要求，也符合人民群众的公平正义观念。

第二，对"情"的考量要给出理由说明。对情法关系，南宋法官胡颖有一段非常精彩的议论，他说：[2]"殊不知法意、人情，实同一体，循人情而违法意，不可也，守法意而拂人情，亦不可也。权衡于二者之间，使上不违于法意，下不拂于人情，则通行而无弊矣。"

① 《山东省高级人民法院刑事附带民事判决书》（2017）鲁刑终 151 号。
② 《名公书判清明集》，中华书局 1987 年版，第 311 页。转引自张利："宋代'名公'司法审判精神探析——以《名公书判清明集》为主要依据"，载《河北法学》2006 年第 10 期，第 145 页。

如何做到"通行而无弊"？体现在法律文书中，则要求有一个完整的论证过程，即要求给出一个好的理由。也就是说，在"考之于情"之后，检察官还是要"依之以法"作出判断。张文显教授将法律理由的特殊性概括为以下三个方面:① 其一，理由必须是公开的，而不能是秘密的；其二，理由必须有法律上的依据，即不是仅仅来自道德或其他方面的考虑；其三，理由必须具有法律上的说服力。

笔者认为还应加上第四点，即理由必须充分，穷尽法律上的可能性。2004 年国家司法考试有一道这样的试题：王先生驾车前往某酒店吃饭，将轿车停在酒店停车场内。饭后驾车离开时，停车场工作人员称：已经给你洗了车，请付洗车费 5 元。王先生表示，我并没有让你们帮我洗车。为此，双方发生争执。王先生是否应付洗车费？这是一个看似简单的题目，一个普通人大概思考 5 秒钟，就可以形成自己的初步意见，无须支付 5 元洗车费。但是作为法律人，却需要经过复杂的分析，才能得出结论。

分析的思路如下：民法统付义务基于债的关系，主要包括合同、不当得利、无因管理、债权责任。（1）双方是否存在侵权行为。显然不存在此种可能性，不发生侵权损害赔偿。（2）双方是否订立洗车合同。双方显然并未订立洗车合同，不发生合同上的请求权。（3）能否排除民法通则第 93 条的适用。本案中停车场并不存在该条构成要件"为避免他人利益受损失"而从事管理的行为。因此不成立无因管理上的请求权。（4）是否适用民法通则第 92 条规定的不当得利。停车场单方行为，违背民法自愿原则，王先生有合法理由拒绝支付；其不当得利返还请求权应予排除。只有在排除了一切可能性之后，所指向的答案才可能是正确的。

法国法学家勒内·达维德说:② "中国人一般是在不用法律的情况下生活的。他们对于法律制定些什么规定，不感兴趣，也不愿站到法官的面前去。他们处理与别人的关系以是否合乎情理为准则。他们不要求什么权利，要的只是和睦相处与和谐。"勒内·达维德话的未必全对——特别是在当下中国，

---

① 张文显主编：《马克思主义法理学——理论、方法和前沿》，高等教育出版社 2003 年版，第 91～92 页。

② 勒内·达维德：《当代主要法律体系》，漆竹生译，上海译文出版社 1984 年版，第 487 页。

但最后半句——和睦相处与和谐——确是千真万确。我国宪法确立国家的根本任务，即建设富强民主文明和谐美丽的社会主义现代化强国。检察官应立足本职，服务社会文明建设，在处理案件时，不仅要严格依照法律，也要符合公正原则，合乎情理，做到案结、事了、人和。

四、程序公正

（一）程序公正的起源及基本含义

"让人民群众在每个司法案件中感受公平正义"离不开程序公正。程序公正的思想体系可溯及英国1215年《自由大宪章》第39条——任何自由民，如未经其同级贵族之依法裁判，或经国法判决，皆不得被逮捕，监禁，没收财产，剥夺法律保护权，流放，或加以任何其他损害。有学者认为：[①]"该条内含的正当程序思想成为程序正义观念的最初来源。"程序正当有两项基本要求：一是任何人不得做自己案件的法官；二是当事人有陈述和被倾听的权利。"当事人有陈述和被倾听的权利"原则是通过"剑桥大学上诉案"[②]创立的。在该案中，本特利（Bentley）被剑桥大学剥夺了学位。他援引剑桥大学的校规认为，自己在被剥夺权利之前，校方根本就没有倾听自己的意见。法官认为，即便在伊甸园里，当亚当偷吃禁果以后，上帝也将亚当叫到面前，倾听他对处罚的看法。本特利案表明，法院应坚持这样一个原则，即如果不给利益受决定影响者倾听的机会，任何裁决者的决定都不应当有效。这个判例确立了一个重要的司法原则，那就是：当法官在处罚他人之时，正当的告知、适当的倾听是必不可少的。当然，在这个过程中当事人除了自己亲自出席听证外，还可以聘请代理人参加听证。

代理人制度最早产生于古罗马。古罗马时期实行弹劾式诉讼，刑事控告并不是由国家公共权力机关所提起，而是由被害人以私人身份直接向审判机关提起，控辩双方在诉讼中的地位平等、权利对等；原、被告都被视为诉讼

---

① 李祖军："论程序公正"，载《现代法学》2001年第3期，第92页。
② 徐亚文：《程序正义论》，山东人民出版社2004年版，第23~24页。

中的完整主体。那么，作为诉讼主体一方的被告人的合法权益应当得到尊重和维护，而刑事辩护权被视为被告人保障自身权益的一种最有效手段。因此，被告人不仅有权自行辩护，而且还可以聘请"辩护士"即律师为自己代理。古罗马人的控辩平等的诉讼结构以及诉讼主体观念影响极为深远，在某种意义上，奠定了现代刑事辩护制度的基石。

现代刑事诉讼制度中，辩护人已由被告"代理人"发展为独立的诉讼参与人，被视为犯罪嫌疑人或被告人权利的保护者、社会正义的维护者：[①] 一方面，辩护人有权根据自己对案情的判断进行辩护，而不受被告意志的左右，只要是为了维护犯罪嫌疑人、被告人的利益，即使与犯罪嫌疑人、被告人的意志不一致也可以；另一方面，辩护人的活动范围不断扩大，辩护人不仅在审判阶段出庭为被告人进行辩护，而且在侦查阶段就可以介入，为犯罪嫌疑人提供法律上的帮助。为了充分体现平等原则，国家还要为无钱聘请律师的犯罪嫌疑人提供法律援助。1947 年 7 月 30 日英国通过《法律援助法》，确立这样的基本原则：如果一个人有合理的理由提出起诉或进行辩护就应该给予法律援助，而且如果律师为他的利益所采取的步骤是合理的，就应该采取。英国丹宁勋爵说：[②] 法律援助的出现，改变了过去任何人必须"依靠自己力量、花自己钱打官司"的情形，使那些穷人——收入微薄的人——可以用国家的钱打官司。《公民权利和政治权利国际公约》（1966 年）第 14 条第 3 款第 4 项规定："出席受审并亲自替自己辩护或经由他自己所选择的法律援助进行辩护；如果他没有法律援助，要通知他享有这种权利；在司法利益有此需要的案件中，为他指定法律援助，而在他没有足够能力偿付法律援助的案件中，不要他自己付费。"足见辩护之于程序公正的意义。并且按照刑事辩护国际标准，辩护应遵循有效辩护原则。

（二）有效辩护原则

所谓有效辩护原则，依宋英辉教授的观点，至少应该包括以下几层意

[①] 谢佑平主编：《司法公正的建构》，中国检察出版社 2005 年版，第 173 页。
[②] ［英］丹宁勋爵：《法律的未来》，刘庸安、张文镇译，法律出版社 1999 年版，第 110 页。

思:① 一是犯罪嫌疑人、被告人作为刑事诉讼当事人在诉讼过程中应当享有充分的辩护权;二是应当允许犯罪嫌疑人、被告人聘请合格的能够有效履行辩护职责的辩护人为其辩护,包括审前阶段的辩护和审判阶段的辩护,甚至还应当包括执行阶段提供的法律帮助;三是国家应当保障犯罪嫌疑人、被告人自行辩护权的充分行使,设立法律援助制度确保犯罪嫌疑人、被告人获得律师的帮助。基于有效辩护原则,我国刑事诉讼法完善了犯罪嫌疑人、被告人的委托辩护权以及辩护人的诉讼权利,扩大了法律援助的范围,明确了司法机关和法律援助机构的义务。最高人民法院、最高人民检察院、公安部、国家安全部、司法部于 2015 年 9 月 16 日联合出台《关于依法保障律师执业权利的规定》(以下简称《"两高三部"律师执业规定》),要求"两高三部"在各自职责范围内依法保障律师知情权、申请权、申诉权,以及会见、阅卷、收集证据和发问、质证、辩论等方面的执业权利,不得阻碍律师依法履行辩护、代理职责,不得侵害律师合法权利,并建立健全律师执业权利救济机制。其中要求检察官做到以下几点:

(1) 保障律师阅卷权。①辩护律师提出阅卷要求的,人民检察院应当当时安排辩护律师阅卷,无法当时安排的,应当向辩护律师说明并安排其在三个工作日以内阅卷,不得限制辩护律师阅卷的次数和时间。②人民检察院应当在提起公诉后三日以内,将案件移送情况告知辩护律师。案件提起公诉后,人民检察院对案卷所附证据材料有调整或者补充的,应当及时告知辩护律师。③人民检察院应当为辩护律师阅卷提供场所和便利,配备必要的设备。因复制材料发生费用的,只收取工本费用。律师办理法律援助案件复制材料发生的费用,应当予以免收或者减收。

(2) 保障刑事诉讼中申请收集、调取证据权。①在刑事诉讼审查起诉、审理期间,辩护律师书面申请调取公安机关、人民检察院在侦查、审查起诉期间收集但未提交的证明犯罪嫌疑人、被告人无罪或者罪轻的证据材料的,人民检察院应当依法及时审查。经审查,认为辩护律师申请调取的证据材料已收集并且与案件事实有联系的,应当及时调取。相关证据材料提交后,人民检察院应当及时通知辩护律师查阅、摘抄、复制。经审查决定不予调取的,

---

① 宋英辉:《刑事诉讼原理导读》,中国检察出版社 2008 年版,第 119 页。

应当书面说明理由。②辩护律师申请向被害人或者其近亲属、被害人提供的证人收集与本案有关的材料的，人民检察院应当在七日以内作出是否许可的决定，并通知辩护律师；辩护律师申请人民检察院收集、调取证据的，人民检察院应当在三日以内作出是否同意的决定，并通知辩护律师。

（3）保障律师诉讼中辩护权。①检察机关应当主动听取并高度重视律师意见。法律未规定但律师要求听取意见的，也应当及时安排听取，并制作笔录，书面意见附卷。②辩护律师书面申请变更或者解除强制措施的，检察机关应当在三日以内作出处理决定。③对于律师提出不构成犯罪，罪轻或者减轻、免除刑事责任，无社会危险性，不适宜羁押，侦查活动有违法情形等书面意见的，办案人员必须进行审查，在相关工作文书中叙明律师提出的意见并说明是否采纳的情况和理由。

（4）保障律师在刑事诉讼中知情权。①律师在侦查期间向人民检察院了解犯罪嫌疑人涉嫌的罪名以及当时已查明的涉嫌犯罪的主要事实，犯罪嫌疑人被采取、变更、解除强制措施等情况的，人民检察院应当依法及时告知。②办理直接受理立案侦查案件报请上一级人民检察院审查逮捕时，人民检察院应当将报请情况告知律师。③案件侦查终结移送审查起诉时，人民检察院应当将案件移送情况告知律师。

（5）保障律师在民事、行政诉讼中代理权。在民事行政检察工作中，当事人委托律师代理的，人民检察院应当尊重律师的权利，依法听取律师意见，认真审查律师提交的证据材料。律师根据当事人的委托要求参加人民检察院案件听证的，人民检察院应当允许。

（6）保障律师申诉控告权。①阻碍律师依法行使诉讼权利的具体情节包括：未依法向律师履行告知、转达、通知和送达义务的；办案机关认定律师不得担任辩护人、代理人的情形有误的；对律师依法提出的申请，不接收、不答复的；依法应当许可律师提出的申请未许可的；依法应当听取律师的意见未听取的；其他阻碍律师依法行使诉讼权利的行为。②律师提出申诉、控告的，人民检察院应当在受理后10日以内进行审查，并将处理情况书面答复律师。情况属实的，通知有关机关予以纠正。情况不属实的，做好说明解释工作。③人民检察院在办案过程中发现有阻碍律师依法行使诉讼权利行为的，应当依法、及时提出纠正意见。④建立健全检察机关对侵犯律师执业权利的救济机制。一是明确由人民检察院控告检察部门受理律师关于司法机关或司法人员阻碍其依法行使诉讼权利行为的控告或者申诉，要求控告检察部门对律师反映的情况，无论是否属实，一律予以书面答复。二是建立完善检察人员违法违纪行为记录、通报和责任追究制度，对检察人员阻碍律师依法行使执业权利尤其是超出法定范围阻碍律师会见的行为，通过提出纠正意见、发出纠正违法通知书、给予纪律处分、记入执法档案、予以通报等方式加强监督和追责。

（三）构建良性检律关系

为维护社会公平正义，检察官要充分尊重律师，切实保障律师的诉讼权利。特别是在以审判为中心的诉讼制度改革背景下，检察官应积极构建良性互动的检律关系。

以侦查为中心的庭审，或是法官的独角戏，或是公检法三机关的强势配合，或流为一场"审判秀"①，鲜有律师发挥诉讼功能的空间。以庭审为中心的关键在于实现庭审的实质化，归根结底是要落实被告人的有效辩护权。②这为有效辩护提供了良好的司法环境，更为律师充分参与诉讼，发挥刑事司法制度"看门人"作用创造了法治氛围。律师在辩护方面具有如下优越性：③
（1）律师精通法律，可以协助当事人了解法律权利的内容，正确行使权利，并为保障当事人的权利提供法律帮助，促进法律权利兑现和法律秩序的产生。
（2）律师的活动受法律保护。律师是国家通过法律允许其开展法律服务的专业人员，取得了国家授予的从业资格。律师的执业活动是受法律保护的：一方面，律师享有其他公民不具有的某些权利，如查阅卷宗、会见在押犯罪嫌疑人、调查取证等；另一方面，律师执业活动受法律保护，如《律师法》规定："律师依法执业受法律保护。""律师在执业活动中的人身权利不受侵犯"。（3）律师是辩论专家。律师在其拥有的法律法规知识和法律推理能力

---

① 张建伟："审判中心主义的实质与表象"，载《人民法院报》2014 年 6 月 20 日。
② 魏晓娜："以审判为中心的刑事诉讼制度改革"，载《法学研究》2015 年第 1 期，第 98 页。
③ 谢佑平主编：《司法公正的建构》，中国检察出版社 2005 年版，第 187 页以下部分。

基础上，能够根据具体案情对有利于自身委托人的论点和证据材料加以组织，以逻辑严密完整的方式来与对方展开辩论，并为法官作出判断提供可供选择的主张和观点。(4)律师有纪律约束。律师协会对律师有道德要求和纪律约束，通过对律师的严格管理，以提高律师的法律服务质量。

正因为具有当事人所不具有的专业优势，能够发挥法律协助功能、对抗功能、监督功能，故而，律师在刑事诉讼中是不可或缺的。特别是有些被告人在面对法庭时，产生强大的心理压力，无法清晰准确地表达真实想法，这时若没有律师为其提供法律帮助，直接言辞原则就只会停留在文字不会变成实践。因此，只有律师参与才能实现控辩平等，保证在国家行使公权力追诉犯罪与保障人权的理念之间实现平衡，进而实现公正裁判，有效防止冤假错案的发生。而事实证明，不重视被告人的辩解和辩护人的辩护，其结果必定是"偏听则暗"，铸成大错。[1] 以审判为中心必将提高律师参与庭审的几率，并在法庭上给予其更平等的发言机会。在这种情况下，检察官应在法律职业共同体框架内正确认识和处理检律关系。

法律职业共同体是法律专门化发展的产物。法律职业共同体是一种"想象的共同体"[2]，"被想象为一个没有疆界、没有机构组织、只有对法律的信仰的意念上的法律帝国"[3]。在这个意义上，独立的法律职业阶层的存在，只是法律职业共同体形成的一个前提条件，要想形成职业共同体还需具备其他

---

① 沈德咏："论为审判为中心的诉讼制度改革"，载《中国法学》2015 年第 3 期，第 15 页。沈德咏还提到：通过对重大冤假错案的剖析，发现部分被告人在侦查期间作过有罪供述，但在审查起诉或者审判期间则翻供作无罪辩解；绝大多数辩护人曾为被告人作无罪辩护，辩护意见提出的若干疑点、问题，事后得到不同程度的证实。

② 想象的共同体是由美国社会学家本尼迪克特提出的，他认为，想象的共同体"直指集体认同的'认知'面向——'想象'不是'捏造'，而是形成任何群体认同所不可或缺的认知过程，因此想象的共同体这个名称指涉的不是'虚假意识'的产物，而是一种社会心理学上的'社会事实'"。[美]本尼迪克特·安德森：《想象的共同体：民族主义的起源与散布》，吴叡人译，上海人民出版社 2003 年版，第 9 页。转引自陈羽："法律职业伦理：从意识形态角度的考察"，载《理论学刊》2008 年第 4 期，第 97 页。其实戴雪曾提到团体的非虚构性问题。他说："当一个有 20 人的群体，或两千人，或 20 万的群体，为了共同的目标，以一种特定的方式把他们自己约束在一起行动时，他们便创立了一个团体。这个团体不是法律虚构的，而是事物的本质使然。它不同于组成它的那些个人。"丹宁勋爵：《法律的训诫》，法律出版社 2000 年版，第 174 页。

③ 张文显、卢学英："法律职业共同体引论"，载《法制与社会发展》2002 年第 6 期，第 20 页。

条件。张文显认为：① 这个条件即是：当专门的法律人员、专门的法律机构、法律人员的专业化向社会展现着的是同一种东西——法律，宣示着的是同一种力量——正义。正是这种对法律、对正义的确信，使这些不同民族、不同岗位、不同地域、不同性别、不同家庭出身、不同宗教信仰、不同兴趣爱好的法律职业人，基于"共同的知识、共同的语言、共同的思维、共同的认同、共同的理想、共同的目标、共同的风格、共同的气质"，形成"承继的不仅仅是一个职业或者手艺的传承，而是一个伟大而悠久的文化传统"② 的职业共同体。而职业共同体的发展与我们的法治国家建设密切相关。党的十八届四中全会提出，要建设一支忠于党、忠于国家、忠于人民、忠于法律的社会主义法治工作队伍。这支队伍包括法治专门队伍和以律师为主的法律服务队伍。习近平总书记特别强调：③ "律师队伍是依法治国的一支重要力量，要大力加强律师队伍思想政治建设，把拥护中国共产党领导、拥护社会主义法治作为律师从业的基本要求。"

另外，就法律的意义和适用而言，法律是人民意志的体现，是法律共同体通过理性对话所获得的共识。张千帆将这种对话界定为：④ "它是一种'对话'乃是指法律是在各种不同观点及利益之间的交锋与辩论中不断获得产生、变更与发展；它是一种'理性'对话乃是指这种对话在本质上是一种心平气和的说理过程，而不是通过暴力、压制、谩骂或以其他方式相互攻击来完成的。"通过对话，法律共同体共同探索并决定法律的意义。而在这种理性对话中不能没有律师的声音。检察官应充分认识到：律师的特定反向思维可帮助检察官最大限度地靠拢法律真实并纠正谬误。⑤ 律师所提供的多元视角和观念，可以使检察官对事实和法律的认识更充分更客观更全面。

---

① 张文显、卢学英："法律职业共同体引论"，载《法制与社会发展》2002 年第 6 期，第 14 页。
② 强世功："法律共同体宣言"，载《中外法学》2001 年第 3 期，第 339 页。
③ 习近平："加快建设社会主义法治国家"（2014 年 10 月 23 日），载《求是》杂志 2015 年第 1 期。转引自中共中央文献研究室编：《习近平关于全面依法治国论述摘编》，中央文献出版社 2015 年版，第 104 页。
④ 张千帆："法律是一种理性对话——兼论司法判例制度的合理性"，载《北大法律评论》（第 5 卷第 1 辑），法律出版社 2003 年版，第 70 ~ 71 页。
⑤ 秦国文、董邦俊："论'以审判为中心'视野下新型检律关系之构建"，载《浙江工商大学学报》2015 年第 3 期，第 66 页。

　　曹建明检察长曾指出：① "各级检察机关要深刻领会党的十八届四中全会关于法治工作队伍建设的部署要求，深刻认识律师在全面依法治国中的地位作用，依法保障律师知情权、会见权、阅卷权、申请收集和调取证据权，认真听取律师的辩护意见，认真履行对其他执法、司法机关妨碍律师依法执业的法律监督，更好地保障和促进律师依法执业，维护律师合法权益，着力构建彼此尊重、平等相待，相互支持、相互监督，正当交往、良性互动的新型检律关系。"

　　2017 年 3 月 12 日新任司法部长张军在接受采访时说：律师是法官检察官和警察的朋友，律师以自己的执业，提供了来自社会的监督，促进了社会公正。他还说，他在法院工作时就曾说过，律师是法官的朋友，尽管律师在法庭上以不同的意见，提出辩护主张，不同的代理人也有不同的见解，有时候在法官判断之外，给法官的审理带来一定的压力，但是，正是律师的这种作用，促进了司法公正。2017 年 8 月 28 日，全国律师协会举办 "刑事辩护与律师制度改革" 专题研讨班。张军参加与律师座谈时再次谈到律师与法官、检察官、警察的关系，并谈到对 "死磕派律师" 的认识。他说：律师是法官、检察官、警察的朋友，朋友既有诤友也有损友。死磕不是黑名单也不是红名单。死磕就是一个死理认到底，这个死理可能是错的，可能是对的。

　　认识是尊重的基础。真正认识到了律师的作用，才会有对律师的尊重。有了尊重才会有真正的对话。否则，对话只是姿态——你说我听，但我充耳不闻——而不是态度。对话的态度要求，在侦查阶段、审查逮捕阶段、审查起诉阶段，检察官积极和律师沟通，认真听取律师提出的意见。这不仅有利于查明案件事实，进一步提高办案质量，保证案件的顺利处理，也为庭审上与律师的进一步对话做好准备。有了尊重才谈得上律师权利的保障：不会为律师会见阅卷设置障碍，不会将对话当作独白，不会将辩论演化为攻讦，更不会将庭上的交锋变成庭下的交恶。在法律职业共同体框架内，检察官与律师 "分工而不分裂，对立而不对抗"。这应是检律关系的正解。

　　（四）排除干涉

　　要实现程序正义，除了尊重律师辩护权外，还需要检察官排除外力干涉。

---

　　① 曹建明："构建检察官与律师良性互动关系，共同推进中国特色社会主义法治建设"（2013年 7 月 16 日与律师界全国人大代表、全国政协委员座谈时的讲话，发表于《检察日报》2013 年 12 月22 日）。

外力干涉一是来自检察机关之外，一是来自检察机关内部。《宪法》第136条规定："人民检察院依照法律规定独立行使检察权，不受行政机关、社会团体和个人的干涉。""依照法律"有两层含义：一是法律为人民检察院独立行使检察权提供保障；二是人民检察院在检察活动中，必须严格以法律为准绳，不受外界力量的非法干预。

2014年10月23日，习近平总书记在《关于〈中共中央关于全面推进依法治国若干重大问题的决定〉的说明》中指出外力干涉司法问题的严重程度及危害，他说："随着社会主义市场经济深入发展和行政诉讼出现，跨行政区划乃至跨境案件越来越多，涉案金额越来越大，导致法院所在地有关部门和领导越来越关注案件处理，甚至利用职权和关系插手案件处理，造成相关诉讼出现'主客场'现象，不利于平等保护外地当事人合法权益、保障法院独立审判、监督政府依法行政、维护法律公正实施。"为此，党的十八届四中全会提出"建立领导干部干预司法活动、插手具体案件处理的记录、通报和责任追究制度。任何党政机关和领导干部都不得让司法机关做违反法定职责、有碍司法公正的事情，任何司法机关都不得执行党政机关和领导干部违法干预司法活动的要求。对干预司法机关办案的，给予党纪政纪处分；造成冤假错案或者其他严重后果的，依法追究刑事责任。"

2015年2月，根据四中全会决定精神，中办、国办颁布了《领导干部干预司法活动、插手具体案件处理的记录、通报和责任追究规定》《司法机关内部人员过问案件记录和责任追究规定》，为领导干部干预过问具体案件、司法机关内部人员过问案件划出了红线，建立了领导干部过问插手案件和司法机关内部人员过问案件的记录制度、通报制度、责任追究制度。

在这里，我们重点讨论检察机关内部干涉。

为加强内部监督，严肃办案纪律，维护司法公正和检察机关形象，2008年1月24日最高人民检察院通过《人民检察院执法办案内部监督暂行规定》。所谓执法办案内部监督，是指人民检察院对自身执法办案活动和检察人员在履行执法办案职责时遵守法律、纪律和规章制度情况实施的监督。

2011年11月28日最高人民检察院通过《关于加强检察机关内部监督工作的意见》，进一步明确了加强内部监督的意义。从认识角度，将加强内部监督定位为"检察机关的发展之基";从权力行使角度,提出加强内部监督是"源头治腐,确保严格、公正、文明、廉洁执法的重要举措";从机制建设角度,指出加强内部监督有利于"提升检察机关惩防体系建设的综合效应";从从严治检角度,明确加强内部监督是"检察队伍建设的重要保证"。该意见为检察官公正执法提供了明确指导和具体规范。

2014年7月14日最高人民检察院发布《关于加强执法办案活动内部监督防止说情等干扰的若干规定》。其中第5条规定:遇有下列情形,可能对执法办案活动形成干扰,影响案件公正处理的,应当报告:(1)邀请办案人员私下会见案件当事人或其辩护人、诉讼代理人、亲友的;(2)打听举报人、举报内容和案件事实、证据的掌握情况和认定及案件讨论情况的;(3)打听案件侦查计划、侦查方案、侦查手段、是否对犯罪嫌疑人采取强制措施的;(4)打听其他尚未公开案件情况和拟办意见的;(5)为案件请托、说情,或以其他方式向办案人员施加压力,影响案件公正办理的;(6)其他通过说情干扰执法办案的情形。

两办颁布的《司法机关内部人员过问案件的记录和责任追究的规定》第9条规定:司法机关内部人员有下列行为之一的,属于违反规定干预办案,负有干部管理权限的司法机关按程序报经批准后予以通报,必要时可以向社会公开:(1)在线索核查、立案、侦查、审查起诉、审判、执行等环节为案件当事人请托说情的;(2)邀请办案人员私下会见案件当事人或其辩护人、诉讼代理人、近亲属以及其他与案件有利害关系的人的;(3)违反规定为案件当事人或其辩护人、诉讼代理人、亲属转递涉案材料的;(4)违反规定为案件当事人或其辩护人、诉讼代理人、亲属打探案情、通风报信的;(5)其他影响司法人员依法公正处理案件的行为。第11条规定了相应责任形式:办案人员不记录或者不如实记录司法机关内部人员过问案件情况的,予以警告、通报批评;两次以上不记录或者不如实记录的,依照《纪律处分条例》给予纪律处分。主管领导授意不记录或者不如实记录的,依法依纪追究主管领导责任。这些规定已被新《检纪处分条例》吸纳,成为检察人员违反办案纪律行为的处分事由。

第六章

廉　洁

一、廉洁：内涵、源流、时代意义

（一）词源考察

从词源来看，"廉"的本义为厅堂的侧边，"堂之侧边"或"堂屋之横梁"。《说文解字》解释："廉，仄也。堂之侧边曰廉，故从广。"引申出边，与角相对。《九章算术》谓："边谓之廉，角谓之隅。"有边角，即"直"，则正而不斜，方方正正。"廉"进一步引申用于指人的品行端正，刚正不阿。[①]《广雅·释诂》曰："廉，清也。""廉"还有一层意思即"便宜"，与"直"的意思结合起来意为正直与节俭。在古代，廉作为道德，既有节俭之意，又有谦让之意，但更常见的含义即是指有节操、不苟取、不贪得。[②]"洁"，我们首先从"洁"的演化来看其含义。絜，既是声旁也是形旁，表示切除丝品上的杂乱余丝。潔，篆文🐾＝🐾（水，污渍）＋🐾（絜，切除杂丝），表示除去污渍。造字本义：动词，去污除湿。隶化后楷书潔将篆文字形中的"水"🐾写成"三点水"氵，将篆文字形中的🐾写成絜。俗体隶书洁用笔画简单的、同音的"吉"吉（好的、有利的）代替篆文字形中的"絜"🐾（切除杂丝），表示"吉水、净水"。《汉字简化方案》采用简单的俗体隶书字形，代替繁复的正体楷书字形。除污去湿为"洁"，用水清洗为"净"。"洁"意为

---

① 吴亚丽："老子《道德经》廉洁思想探微"，载《吉林师范大学学报》（人文社会科学版）2015年第6期，第72页。

② 如清·周容《芋老人传》"廉干如古人某。"明·崔铣《记王忠肃公翱三事》"若翁廉。"

"不污"。①

屈原《楚辞·招魂》云:"脱幼清以廉洁兮,身服义尔未沫。"东汉著名学者王逸在《楚辞·章句》中注释:"不受曰廉,不污曰洁。"廉洁本义是指行为主体一方面"公利",能够节制私欲去除私利考量,行为唯义所遵、不贪不占,自觉维护他人利益和公共利益,绝不利用手中的权力损公肥私、损人利己;另一方面,坚守"公正",行为正当合理,所遵循的原则前后一致,诚信守诺、不偏不颇,平等对待所有人。②"廉洁"一词中,"洁"侧重内在意识层面,是廉的内在驱动力和精神支柱;"廉"侧重外在行为层面,是洁的自然延展和外在表现。内在与外在两个方面相结合,进而达到"其志洁,其行廉"(《史记·屈原贾生列传》)。沈其新将"廉洁"二字的内涵归纳为如下4个方面:③ 与贪污相对,不贪不污;志气高洁,品行方正;节俭简约,朴实无华;求真务实,勤政律己。综上所述,我们可以这样界定"廉洁",指正直、清廉、节俭与纯正的品格,即公正不贪,清白无污,不接受他人馈赠的钱财礼物,不让自己清白的人品受到玷污。

中国历史上,公仪休堪称廉洁的典范。④ 公仪休,春秋时期鲁国人,才学出众,为官清廉,勤政多谋,后为鲁国国相。据记载,公仪休有一个嗜好,就是嗜鱼如命。不管是什么鱼,也不管是怎么烹调的鱼,他都爱吃,几乎每餐必有鱼。自从当上国相后,上上下下认识他的以及那些有求于他的人,都争着买鱼去送给他。但他却将所有送鱼的人拒之门外。弟子不解,问他原因,他说:"正因为爱吃鱼,所以我才不能接受别人送的鱼。我因接受他人的馈赠,即有可能屈从他人而枉法,终至被免除官职。到那时候,就是我想吃鱼,这些人也不会给我送鱼了,我没了俸禄,自己又买不起,那时就不可能天天

① 有人认为:洁,带有暴力,就像我们洗韭菜、蒜苗、葱,总要边用水洗,边用手掐除或用剪刀剪除(契)残须(糸)败叶。简体字,可以看作"士"=武器=契,"口"被切的一块腐物=残须(糸)。净,双手搓洗,要柔和不少,没有拿剪弄斧的狠劲。所以"洁身自好"有一种壮士断腕的勇气,是净无法代替的。http://www.vividict.com/WordInfo.aspx?id=2397.最后访问日期:2018年5月25日。
② 张增田、孙士旺:"廉洁的内涵与廉洁教育的策略",载《中国教育》2008年第4期,第33页。
③ 沈其新:"中华廉洁文化基本理论三题",载《湖南社会科学》2007年第5期,第145页。
④ 张耕主编:《廉史鉴》,中国检察出版社2014年版,第22~23页。

吃鱼了。而现在，我喜欢吃，也有能力买得起，我为什么要接受他人的馈赠呢。"从公仪休身上我们看到不苟取、不贪得的"廉洁"品格。而廉洁不仅是中国古代官德，更是当代检察官的职业道德。

（二）廉洁：中国古代官德

在中国传统政治文化中，儒家官德思想作为一种主流思想，占据着重要地位，在两千多年封建社会的历史进程中发挥着"引导、规范着历代统治阶级的为政之道"① 的作用；而其中廉政思想被视为关系国运国脉的重要政治原则。"吏不畏吾严，而畏吾廉；民不服吾能，而服吾公。公则民不敢慢，廉则吏不敢欺。公生明，廉生威"（《清碑·官箴》）。廉洁是中国古代官员秉公执法、取信于民的基础，"至公大义为正"；廉洁是赢得民众信赖、赢得政权公信力的根本，"政者，正也""官正而国治"。廉洁因此被视为"仕者之德""为官之宝"②。

早在古代氏族公社时期，皋陶就提出"九德"，即"宽而栗，柔而立，愿而恭，乱而敬，扰而毅，直而温，简而廉，刚而塞，强而义"。"简而廉"是中华文化传统中关于廉洁文化思想的最早记载。《管子》更是强调"礼义廉耻，国之四维；四维不张，国乃灭亡"。"礼不逾节，义不自进，廉不蔽恶，耻不从枉。故不逾节则上位安，不自进则民不巧诈，不蔽恶则行自全，不从枉则邪事不生"（《管子·牧民》）。管子视廉洁为关涉国家生死存亡的重要根基之一，"守国之度，在饰四维"，四维发扬，君令就可以贯彻推行。因此，管子要求从"饰小廉"开始养成廉洁意识。"欲民之有廉，则小廉不可不修也。小廉不修于国，而求百姓之行大廉，不可得也"（《管子·权修》）。

孔子主张仁政，崇尚清廉，他把"欲而不贪"的廉洁操守视为为政者必须具备的五种美德之一。《论语·尧曰篇》中有这样一段对话。子张问于孔子曰："何如斯可以从政矣？"子曰："尊五美，屏四恶，斯可以从政矣。"子张曰："何谓五美？"子曰："君子惠而不费，劳而不怨，欲而不贪，泰而不

---

① 傅琳凯："儒家官德思想探析"，载《社会科学战线》2017 年第 2 期，第 253 页。

② 唐凯麟："继承与弘扬中华廉洁文化的优秀遗产"，载《政治学研究》2014 年第 2 期，第 30 页。

骄，威而不猛。"子张曰："何谓惠而不费？"子曰："因民之所利而利之，斯不亦惠而不费乎？择可劳而劳之，又谁怨？欲仁而得仁，又焉贪？君子无众寡，无小大，无敢慢，斯不亦泰而不骄乎？君子正其衣冠，尊其瞻视，俨然人望而畏之，斯不亦威而不猛乎？"孔子在这里所说的"欲"是"欲仁欲义"之"欲"。"欲仁义者为廉，欲财色者为贪"①。

孟子主张"仁义"之道②，把廉洁作为价值判断的准绳和标尺。他说："可以取，可以无取，取伤廉。"（《孟子·离娄章下》）可以拿，可以不拿，如果拿了对廉洁有损害，还是不拿。何为廉？孟子反对陈仲子式酸腐的、走极端的"廉"。孟子的朋友匡章说："陈仲子难道不真是一个廉洁的人吗？住在于陵，三天没有吃东西，耳朵没有了听觉，眼睛没有了视觉。井上有个李子，金龟子已经吃掉了大半，他爬过去，拿来吃，吞了三口，耳朵才有了听觉，眼睛才有了视觉。"孟子却回答："于齐国之士，吾必以仲子为巨擘焉。虽然，仲子恶能廉？充仲子之操，则蚓而后可者也。"（《孟子·滕文公下》）孟子不认为陈仲子的行为是"廉"，认为他的行为过于极端，"食色，性也。"仲子的做法实质上是丢弃了人的本性，矫枉过正；要推广仲子的所作所为，那只能把人变成蝗蚓之后才能办到。在孟子看来，伯夷才是真正廉洁的典范。孟子曰，"伯夷，目不视恶色，耳不听恶声。非其君，不事；非其民，不使。治则进，乱则退。横政之所出，横民之所止，不忍居也。思与乡人处，如以朝衣朝冠坐于涂炭也。当纣之时，居北海之滨，以待天下之清也。故闻伯夷之风者，顽夫廉，懦夫有立志。""伯夷，圣之清者也"（《孟子·万章下》）。

上述廉政思想和廉政观念极大地影响了中国古代官德建设，廉洁成为古代官员一种重要的道德观念和伦理准则。

当代有学者将古代官德归纳概括为九个方面：③ 为民、亲民、务实、勤政、清廉、公正、忠信、谏诤、好学。而古人对彼时代的官德也有所概括。

---

① 杨伯峻译注：《论语译注》，中华书局 2009 年第 3 版，第 209 页。
② 孟子说："仁，人心也；义，人路也。舍其路而弗由，放其心而不知求，哀哉！人有鸡犬放，则知求之；有放心而不知求。学问之道无他，求其放心而已矣。"（《孟子·告子上》）求放心是指找回失去的本心。杨伯峻译注：《孟子译注》，中华书局 2010 年第 3 版，第 247 页。
③ 陈德述："略论中国古代官德思想的内涵"，载《中华文化论坛》2013 年第 7 期，第 13 页。

武则天把臣德概括为：至忠、公正、敢谏、诚信、缜密、廉洁、利人七个方面。宋代李元弼将官德归纳为：谦、和、廉、谨、勤。吕本中《官箴》强调：当官之德，唯有三事，曰清，曰慎，曰勤。"清就是清廉不贪、廉洁不污；慎就是处理事务谨慎严肃；勤就是勤于政务，夙夜匪懈"①。明代有人归纳官德为"七要"：即（1）公正："正以处心"；（2）廉洁："廉以律己"；（3）忠君："忠以事君"；（4）尊上："恭以事长"；（5）忠诚："信以接物"；（6）宽厚："宽以待下"；（7）谨慎："敬以处事"。清代袁守定归纳出：忠、诚、敬、宽、谦、俭、忍等七德。曾国藩认为清廉乃护官之符，立命之本，当官为臣的第一守则。②《薛文清公从政录》中提出居官七要，其中重要的一条是"正以处心，廉以律己"。他进一步分析说，廉洁自律表现为三种不同的道德境界："世之廉者有三：有见理明而不妄取者，有尚名节而不苟取者，有畏法律保禄位而不取者。见理明而不妄取，无所为而然，上也；尚名节而不苟取，狷介之士，其次也；畏法律保禄位而不取，则勉强而然，斯又为次也。"林纾在《析廉》中，提出"廉者，居官之一事"，同时他更加强调为官者要严格自律。"若君子，律身固已廉矣，一旦当官，忧君国之忧，不忧其身家之忧，宁静淡泊，斯名真廉。"尽管"非能廉遂足尽官也"，（《林纾·析廉》），尽管在不同的朝代官德有着不同的内涵，但无论如何变化、如何发展，廉（不贪财、不苟取）始终是为官者必备的一种德行——且为首要之德。

（三）廉洁：当下官德重要内容

官德，简言之即指为官之道德。但人们对其内涵和外延有着不同理解和认识。

首先，从"官"的范围，即官德主体上看，有狭义与广义之分别。有人认为官德的主体仅限于为官从政者，"官德是为官者从政德行的综合反映"③。

---

① 陈德述："略论中国古代官德思想的内涵"，载《中华文化论坛》2013年第7期，第13页。
② 据史学家张宏杰考证，找不到任何一笔曾国藩把公款装入自己腰包的记录。曾国藩居京官高位七年，连一次回家省亲的盘缠都难以筹措，死后给子女留下的也仅是30万卷藏书和规模宏大的藏书楼。江海洋："曾国藩的官德修养思想及其现代启迪"，载《政治学研究》2014年第2期，第128页。
③ 平旭："中国古代官德教育内容及其启示"，载《中国行政管理》2007年第3期，第70页。

按照我国《公务员法》的规定：公务员职务分为领导职务和非领导职务。（《公务员法》第16条）这种划分以是否承担领导职责为标准。"为官从政者"应指具有领导职务的公务员，非领导职务的公务员则不在"官"的范围之内。也有人采用广义说，认为①：官德是国家工作人员的职业道德。这里的"官"不仅指具有领导职务的公务员，也包括非领导职务的公务员。

其次，从"德"的内容上看，（1）有的认为，包括思想政治和品德作风等方面的素养。② 有人提出官德规范体系包括政治道德规范、职业道德规范与社会道德规范三个方面，并进一步解释：③ "政治道德规范"是指在理想信念、政治意识和政治纪律等方面对官员的道德规范。理想信念是领导干部"精神之钙"。"职业道德规范"是指在实施具体的领导、管理、服务职能的过程中各级官员必须遵循的道德规范，与通常所说的行政道德规范是相通的。"社会道德规范"是对作为"社会人"的官员所应具有的社会公德、家庭美德、个人品德等政治道德、职业道德之外的道德规范的总称。（2）有人认为，"德"仅指道德。官德是为官从政者在行使公共权力、从事公务活动过程中所产生的道德意识、道德行为以及道德规范的总和。④ "德"仅是指狭义的道德，思想政治则不包括在"德"的范畴内。

最后，从"官德"的性质上看，有两种认识。（1）官德是职业道德。有人认为，官德说到底是一种用权道德，核心是如何用权、权为谁用的问题，其本质是一种政治道德，是为官之魂、从政之本、用权之道。⑤ 官德首先是一种职业道德。⑥ （2）官德是一种公德。官德不仅关乎官员个人品德，也关乎社会风气，它调整的是社会群体的公共关系，社会公共利益和每一个人的

---

①　李克武："政德论——论党政干部的职业道德"，《重庆师院学报（哲学社会科学版）》1985年第4期，第7页。

②　平旭："中国古代官德教育内容及其启示"，载《中国行政管理》2007年第3期，第70页。

③　纪光欣、张贻然："官德规范体系结构分析"，载《中共青岛市委党校　青岛行政学院学报》2016年第6期，第32页。

④　刘煜、孙迪亮："和谐社会视阈下的官德建设"，载《道德与文明》2008年第2期，第91页。

⑤　江海洋："为官之道，以德为先——学习习近平关于官德修养重要论述的体会"，载《南京政治学院学报》2014年第3期，第40页。

⑥　傅琳凯："儒家官德思想探析"，载《社会科学战线》2017年第2期，第254页。

利益息息相关，官德的本质属性是公共性，因此，"官德在本质上是一种公德"①。

严格地按照社会学关于职业的定义来分析，"官"不是一种职业。无论是"官者管也，以管领为名"（《礼记·王制》）中的"管"，"官，吏事君也"（《说文解字》）中的"事君"，还是"役民者官也，役于官者民也。郡有守，县有令，乡有长，里有正，其位不同而皆役民者也"（《通考自序》）中的"役民"，都反映了"官"以掌握权力为前提，是作为社会管理者角色而存在于社会中。② 官虽然不是一种职业，但却是职业中的一种角色，并且是十分重要的"劳心者""役民者"的角色。从这个意义上可以说，"官"是基于社会分工的"再分工"，是职业中的"职业"。这里所说的"官"是具有领导职务的公务员。对于广义上的"官"——国家公职人员——而言，他们具有这样的特点：以"国家意志的表达"或"国家意志的执行"为基本职责的，其履行角色责任的基本手段是职权或权力，是一种职业角色。③ 进而，官德作为一种社会要求不是针对某一官职和担任这一官职的特定个人提出的，而是对从事管理工作的所有官员提出的。这就是说，"官德"本质上首先是一种从事特定工作的职业群体的道德，属于职业道德的范畴。官德具有党风政风"风向标"，整个社会道德风尚"导向仪"的作用和意义，如孔子所言："政者，正也。子帅以正，孰敢不正？"（《论语·颜渊》）

当然，今天的官德（社会主义国家党政干部的职业道德）与封建时代的官德，无论从内容到形式、从理论到实践，都有着本质的区别。有人将这种区别概括为以下方面：④ 第一，两者的物质根源不同。社会主义国家党政干部的职业道德是建立在生产资料公有制的基础上，反映的是社会主义经济基础和政治制度的要求。第二，两者的阶级基础不同。前者代表广大无产阶级

---

① 岳强、颜德如："中国官德建设：当前的问题及对策"，载《中共福建省委党校学报》2012年第11期，第17页。
② 庞洪铸："官德层次论"，载《道德与文明》2010年第4期，第99页。
③ 于学强："刍议官德的认识困境"，载《探索》2012年第1期，第23页。
④ 李克武："政德论——论党政干部的职业道德"，《重庆师院学报》（哲学社会科学版）1985年第4期，第8~9页。

和广大劳动人民的根本利益。总体而言，后者仍是服务于封建主阶级，维护君主的"家天下"。第三，两者指导思想不同。社会主义国家党政干部的职业道德是马克思主义伦理学的一个组成部分，由辩证唯物主义和历史唯物主义的科学世界观作指导。第四，两者的社会作用不同。前者调整社会中人们相互平等的政治关系，为反对奴役和压迫、消灭私有制和阶级、实现共产主义服务。后者则反之。

而正是这种本质区别决定了我们建设廉洁政治的必然性，进一步确定了廉洁在当代官德建设中位居首要的地位和意义。

首先，廉洁是无产阶级政党的本质属性。早在 1871 年巴黎公社时期，马克思恩格斯通过总结并肯定巴黎公社建立"廉价政府"① 的实践，指出只有建立新型的无产阶级政权，才能彻底消除腐败和官僚主义。马克思说："公社实现了所有资产阶级革命都提出的廉价政府的口号""公社存在本身就是对那至少在欧洲是阶级统治的通常累赘和必要伪装的君主制度的否定"。并强调（1）"廉价政府"要取消一切特权，防止"国家和国家机关由社会公仆变为社会主人"，防止干部变成在党内恣意作威作福的官僚。（2）廉价政府必须是减轻人民负担的政府，政府官员必须是平民化的普通工作人员，不能是"高俸厚禄"，特权无限的"高位权贵"。（3）廉价政府必须是人民自己的政府，成为人民说了算的政府。他们由普选产生并随时可以撤换。（4）廉价政府减轻了人民的负担，减裁政府不必要的职能，政府小而强，节俭而高效。据此，廉价政府包含以下要点：精简的政府；廉洁的政府；放权的政府；为民的政府；服务型的政府；民主的政府。有人认为：廉洁突出的是政府或政府官员的外在形象；廉价强调的则是政府作为社会的主体，自身的内在本质。廉价除了具有廉洁一词的节俭、不浪费、不贪污、不受贿这些基本含义

---

① 一般地将马克思的"廉价政府"理解为"廉洁政府"。但也有人持相反观点，认为马克思的"廉价政府"并没有"廉洁"之义。马克思的原话是："公社实现了所有资产阶级革命都提出的廉价政府的这一口号，因为它取消了两个最大的开支项目，即常备军和国家官吏。"可见马克思"廉价政府"本意也就是费用很少的节俭政府。详见"正确理解马克思所说的'廉价政府'"，载《北京日报》2012 年 2 月 27 日。而事实上，廉价政府必然包含一系列具体措施：精简机构、缩减公社冗余人员；节省公社开支、降低行政成本；合理设置职能、实现社会自治；培养克己奉公、廉洁的公职人员。在这个意义上，廉价政府也一定是廉洁政府。

之外，更为重要的是，它还具有加给社会的负担最小的含义。① 这意味着，无产阶级政权本质上是廉洁政治，"不可收买"被视为无产阶级"最高的政治美德"，贪腐行为与社会主义政治格格不入。

其次，廉洁是我们党的优良传统。建设廉洁政治是马克思主义政党矢志不移的理想追求，也是中国共产党自成立以来的价值标准和实践目标。1934年1月，在全国苏维埃第二次代表大会上毛泽东指出：②"应该使一切政府工作人员明白，贪污和浪费是极大的犯罪。反对贪污和浪费的斗争，过去有了些成绩，以后还应用力。" 1938年10月14日，毛泽东在中国共产党第六届中央委员会扩大的第六次全体会议上的讲话中指出：③"共产党员在政府工作中，应该是十分廉洁、不用私人、多做工作、少取报酬的模范。……共产党员无论何时何地都不应以个人利益放在第一位，而应以个人利益服从于民族的和人民群众的利益。因此，自私自利，消极怠工，贪污腐化，风头主义等，是最可鄙的；而大公无私，积极努力，克己奉公，埋头苦干的精神才是可尊敬的。" 1941年毛泽东在《陕甘宁边区施政纲领》里明确提出："厉行廉洁政治，严惩公务人员之贪污行为，禁止任何公务人员假公济私之行为，共产党员有犯法者从重治罪。" 1945年，毛泽东在党的七大报告《论联合政府》中明确指出，官吏即商人，贪污成风，这是国民党区域的特色之一；奖励廉洁，禁绝贪污，是解放区的特色之一。1949年3月，毛泽东在中共七届二中全会上的报告中又针对"中国的革命是伟大的，但革命以后的路程更长，工作更伟大，更艰苦"的形势和判断，提出"两个务必"的论断。中华人民共和国成立后，我们党面临执政的严峻考验，毛泽东把廉政建设更进一步提到议事日程，领导"三反"运动，保持了共产党人廉政为民的本色。改革开放以后，邓小平提出"两手抓"的方针，一手就是坚持对外开放和对内搞活的政策，一手就是打击经济犯罪活动。邓小平指出：④"开放、搞活，必然带来

---

① 劳苑："马克思关于廉价政府的思想与我国的政治体制改革"，载《东北财经大学学报》1999年第6期，第17页。

② 《毛泽东选集》第1卷，人民出版社1991年版，第134页。

③ 《毛泽东选集》第2卷，人民出版社1991年版，第522页。

④ 《邓小平文选》第3卷，人民出版社1993年版，第164页。

一些不好的东西，不对付它，就会走到邪路上去。"并一再强调要"两手抓，两手都要硬"。

最后，廉洁是当下廉洁政治建设的基础。党的十八大提出"建设廉洁政治"，这在党执政后的历次代表大会报告中还是"第一次"①。廉洁政治的目标就是做到干部清正、政府清廉、政治清明，为此需要构建一个廉洁的政治生态环境。生态，原本是指一种自然环境状态，即生物有机体在自然环境中的一种生存与生活状况。政治生态，是人们运用生态学理论、观点与方法来解释社会政治生活现象的一种创新，是"生态思维与政治实践有机融合的结果"②。

这种理论方法源于美国政治学家伊斯顿对政治生活的系统分析。伊斯顿认为，政治生活是一个整体的行为系统，这一系统"处于自然的、生物的、社会的和心理的环境包围之中"，并"处于来自其他系统的影响之下"。因而，政治系统离不开环境的影响，它作为一个有机整体又成为环境的一个组成部分。③廉洁政治生态处于社会政治生活环境的包围之中，由一系列要素构成，第一要素即干部廉洁。

如何做到干部清正廉洁？有人提出，应着重做好五个方面工作：④（1）各级干部特别是高级干部必须自觉遵守廉政准则，即严于律己，加强对亲属和身边工作人员的教育和约束，决不允许搞任何特权。（2）坚决纠正领导干部违纪收受礼金、有价证券、支付凭证、商业预付卡等问题。（3）严格执行领导干部住房管理的有关规定，切实纠正党政机关和领导干部在集资建房、低价购房、多占房等方面的违纪行为。（4）严禁领导干部违反规定为配偶、子女及特定关系人在经商办企业等方面谋取利益。（5）认真落实并不断完善领导干部报告个人有关事项制度、对配偶子女均已移居国外的国家工作人员加强管理的有关规定。

———————

① 邵景均："论建设廉洁政治"，载《中共中央党校学报》2013年第2期，第28页。
② 唐贤秋："论廉洁政治生态的价值维度与构建理路"，载《中国社会主义研究》2015年第5期，第48页。
③ 唐贤秋："论廉洁政治生态的价值维度与构建理路"，载《中国社会主义研究》2015年第5期，第48页。
④ 虞崇胜、阮氏玉莺："建设廉洁政治：中国政治文明建设的紧迫任务"，载《理论探讨》2013年第2期，第6页。

从实施层面来看，上述要求能否落到实处，领导机关和领导干部带头非常重要。习近平总书记指出：① "领导机关和领导干部作出样子，下面就会跟着来、照着做。" 正所谓 "其身正，不令而行；其身不正，虽令不从。"（《论语·子路篇》）"子帅以正，孰敢不正？"（《论语·颜渊篇》）为此，领导干部要做到：（1）树立正确的执政理念，弄清楚权从何而来为谁而用，解决 "我是谁"，摆正自己 "公仆" 的位置，踏踏实实做事。（2）培育良好的职业道德，树立高尚情操，严格自律，从知道自己 "应该干什么" 升华为 "我要这样做"，明明白白做人。（3）守住底线、不碰高压线，严守禁令，清楚什么不可为、行为禁忌有哪些，清清白白做官。

二、廉洁的对立面和底色

（一）腐败：廉洁的对立面

1. 腐败的内涵

腐败一词，原意是指物质的一种化学运动状态，即事物由原初的纯粹状态而腐烂、败坏和变质。《汉书·食货志上》云："太仓之粟，陈陈相因，充溢露积于外，腐败不可食。" "腐，烂也。"（《说文解字》）"腐，败也。"（《广雅》）这一含义后来被逐渐用于描述权力——特别是公共权力——运行中的一种状态，即为了私人利益（包括个人、亲属以及私人集团）而使公共权力偏离正常的公益职责，并违反相关保护性规则的行为。② "败"，从贝，从攴。攴，甲骨文像以手持杖，敲击的意思，汉字部首之一。在现代汉字中，"攴" 大多写成 "攵"，只有极少数字保留着 "攴" 的写法。从 "攴" 的字多与打、敲、击等手的动作有关。败，甲骨文左边是 "鼎" 字（小篆简作 "贝"），右边是 "攴"，表示以手持棍击鼎。"败" 本义：毁坏，搞坏。

---

① 习近平："在全国组织工作会议上的讲话"（2013 年 6 月 28 日），载《十八大以来重要文献选编》（上），中央文献出版社 2014 年版，第 351 页。
② 宋阳、王倩："全球视角下的腐败危害与治理"，载《渤海大学学报》（哲学社会科学版）2007 年第 5 期，第 82 页。

对于腐败，人们已形成一定的基本判断和共识。有人将其归纳如下:①
(1) 腐败现象存在于所有政体、政府的各个层面，甚至存在于所有稀缺公共
产品和服务的交付之中。(2) 腐败在不同地区因根源、发生概率、重要性、
主权国家、政治文化、经济和行政安排的不同而各有差异。(3) 腐败风气因
行使公共职权的社会语境（包括国际的、跨国的影响）的不同而或得到助长
或被抑制。(4) 腐败起因多种多样，呈现不同的模式和伪装。因其模糊、密
谋的本质而无法精确衡量。(5) 腐败指向实权、关键决策点和自由裁量权。
(6) 腐败更易滋生在以下环境中：政治不稳，经济体制不确定，财富分布不
均，公共资源私有化，企业家野心勃勃，个人主义盛行，存在依附关系。
(7) 腐败更容易发生于富有人士（相对）、非法企业、地下经济体和集团犯
罪中。(8) 通过政治意愿、民主精神、各自为政的抗衡势力，法理型行政规
范、个人诚信教育，以及公共伦理的有效执行，可将腐败控制在可接受限度
内。但关于什么是腐败，一直缺乏普遍接受、精确而全面的定义。根据定义
视角的不同维度，有学者归纳出以下三种类型:② 第一，以公职部门为中心
的定义。腐败被定义为"公共权力的滥用以获得私人利润"。第二，以市场
为中心的定义。认为"公共权力的滥用以获得私人利润"的定义忽略了私人
部门中的腐败以及不直接涉及个人利益的腐败，因此"以市场为中心"的定
义可简单地作为公共或者政府权力的对立面，为私人部门和/或市场权力的滥
用提供某些解释。第三，以公共利益为中心的定义。认识腐败的最好方法不
是通过公共职责和私人利益之间的技术性冲突，也不是通过对相关关系所进
行的经济解释，而是通过判定一定公职部门负责人或工作人员因被金钱或者
其他回报所引诱而采取违法行动致使公众及其利益受到损害。

　　人们对腐败的认识存在如此大的差异，可见找到一个大家都可以接受的、
全能的定义多少有点"不切实际"。通过对腐败定义的深入分析，不难发现，
最大的分歧在于对权力的不同界定，但其中也包含着最大公约数，即权力的

---

① ［美］杰拉尔德·E. 凯登等：《腐败：权利与制约》，王云燕译，人民日报出版社 2017 年版，
第 3 ~ 5 页。
② ［澳］查尔斯·桑普福德等主编：《测量腐败》，李泉译，中山大学出版社 2016 年版，第 54
页以下部分。

滥用。这也正是腐败的实质所在，即腐败就是背离公共权力为了公共利益的初衷，利用公共权力为个人谋取不正当的利益。这个权力不仅指相关组织法上的固有权力，也包括经法律法规规章授予或委托而享有的权力。

2. 腐败的特征。基于上述关系腐败的一般认识，可以将腐败特征归纳为以下几点：

第一，主体的特定性。腐败行为的主体是国家机关和社会公共组织中行使国家权力和社会公共权力的人员。当然除公职部门的工作人员外，也包括因接受授权或委托而行使公权力的其他人员。行使公权力是腐败概念的核心。我国人大一则立法解释可以印证这一观点。全国人大常务委员会关于刑法第九章渎职罪主体适用问题的立法解释规定：在依照法律法规规定行使国家行政管理职权的组织中从事公务的人员，或者在受国家机关委托代表国家机关行使职权的组织中从事公务的人员，或者虽未列入国家机关人员编制但在国家机关中从事公务的人员在代表国家机关行使职权时有渎职行为，构成犯罪的，依照刑法关于渎职罪的规定追究刑事责任。

根据《国家监察法》第 15 条的规定，下列公职人员和有关人员属于监察范围：（1）中国共产党机关、人民代表大会及其常务委员会机关、人民政府、监察委员会、人民法院、人民检察院、中国人民政治协商会议各级委员会机关、民主党派机关和工商业联合会机关的公务员，以及参照《中华人民共和国公务员法》管理的人员；（2）法律、法规授权或者受国家机关依法委托管理公共事务的组织中从事公务的人员；（3）国有企业管理人员；（4）公办的教育、科研、文化、医疗卫生、体育等单位中从事管理的人员；（5）基层群众性自治组织中从事管理的人员；（6）其他依法履行公职的人员。

哪些人属于"其他依法履行公职的人员"？换言之如何判断一个人是否属于"履行公职的人员"，是否属于监察对象？根据中共中央纪律检查委员会和国家监察委员会法规室的有关解释，其判断标准为：[①] 主要看其是否行使公权力，所涉嫌的职务违法或者职务犯罪是否损害了公权力的廉洁性。

---

① 中共中央纪律检查委员会和中华人民共和国国家监察委员会法规室编写：《〈中华人民共和国监察法〉释义》，中国方正出版社 2018 年版，第 114 页。

第二，权力的公共性。为保证公职的履行，国家赋予公职人员相应的职权或权力。但公职人员的职权或权力姓"公"不姓"私"。公职人员所行使的权力属于公共权力，其所有者属于人民。我国《宪法》第 2 条规定："中华人民共和国的一切权力属于人民。"透过民主集中制原则，人民将治理国家的公共权力授予给国家机关及其工作人员；又根据法律法规，国家机关可以依法委托某些组织从事公共事务管理。但权力的公共性不因具体行使人员性质的不同而改变。公职部门或公权力的行使以公共利益为价值追求，并因此而排斥公职人员假公济私的行为。《宪法》第 27 条规定："一切国家机关实行精简的原则，实行工作责任制，实行工作人员的培训和考核制度，不断提高工作质量和工作效率，反对官僚主义。"为此，公务员应"模范遵守宪法和法律""按照规定的权限和程序认真履行职责，努力提高工作效率""忠于职守，勤勉尽责，服从和执行上级依法作出的决定和命令"。（《公务员法》第 12 条）检察官应"严格遵守宪法和法律""履行职责必须以事实为根据，以法律为准绳，秉公执法，不得徇私枉法""维护国家利益、公共利益，维护自然人、法人和其他组织的合法权益"。（《检察官法》第 8 条）

权力的公共性，换成老孟的话即是"法律规定该怎么办，就怎么办，我没有权利改变，只有义务遵守"[1]。老孟，孟志春（蒙古族），全国模范检察官、内蒙古自治区小黑河地区人民检察院驻呼和浩特第三监狱检察室主任。减刑、假释、保外就医是服刑罪犯获取自由的一道关口，它必然是情与法、权与利的激烈交锋地，十年如一日，老孟在这块阵地上，守住了清廉，守住了正义。每当呈报减刑假释案卷时，总有形形色色的人打电话、请客送礼，目的只有一个：帮忙。面对五花八门的求情和请客送礼，老孟只有一句话："法律规定该怎么办，就怎么办，我没有权利改变，只有义务遵守。"他严格审查批准每宗呈报的减刑、假释案卷材料，不放过一丝一毫，对不符合标准或伪造材料的案卷坚决不予签字，为此他得罪了不少人，甚至受到威胁恐吓，让他小心身上的零件。有人问他怕不怕，他说："我怕，但我更怕他们出去

---

[1]　最高人民检察院政治部编：《有理想、有能力、有担当、有操守——新时期检察英模风采录》，中国检察出版社 2014 年版，第 208～209 页。

继续危害社会。我问心无愧，我对得起共和国庄严的国徽和法律赋予的神圣使命！"

第三，目的的异化性。公共权力的目的是服务于公共利益，为公众谋福利；而腐败是权力主体运用人民赋予的权力为个人谋利，是一种权力寻租的表现。作为被赋予行使公权力的国家公职人员，本该正确行使权力，积极效忠、服务于公共利益，而腐败者却是故意违背权力赋予者的初衷和意志，扭曲权力运行方向，盗用滥用错用公共权力来满足一己私欲。[①] 2010 年 4 月 28 日晚 10 点，重庆市某基层检察院侦查监督部门的检察人员杨某，以通知女犯罪嫌疑人梅某拿《委托辩护人告知书》为由，在其宿舍私自会见梅某。次日中午，杨某接受梅某邀请到酒店吃火锅，在饭桌上杨某一人单独给梅某做了一份《讯问犯罪嫌疑人笔录》，讯问地点写成"检察院办公室"，杨某自己为记录人，在讯问人一栏填写了另一位同事的名字。随后，杨某又让梅某去宾馆开了一间电脑房。当晚 11 点之后，又多次给梅某打电话，邀梅某到其房间。2010 年 7 月，杨某受到记大过处分。杨某的行为，究其实质就是利用手中的权力，想方设法刁难当事人，吃拿卡要；借办案之机，千方百计揩当事人的"油水"，把手中的权力变成满足私欲为自己谋私利的工具。[②] 腐败的这一特点在李春长身上表现得更是淋漓尽致。

李春长，河南省周口市人民检察院原检察长。因违规单独或与人合伙经商办企业；打击报复举报人；利用职务便利或影响为他人谋取利益，收受贿赂；采取欺骗等手段，侵吞、非法占有公共财物数额巨大；生活腐化，长期包养多名情妇，并生儿育女。2012 年 8 月，法院以贪污罪、受贿罪判处李春长无期徒刑。[③] 李春长利欲熏心，为了利益，他竟擅自动用司法力量，强行剥夺他人的合法经营权；为了利益，他插手倒卖国有土地使用权、土地整理、工程承包等，从中谋取好处费；为了利益，他置检察长身份于不顾，给被举

---

① 张增田、孙士旺："廉洁的内涵与廉洁教育的策略"，载《中国教育》2008 年第 4 期，第 34 页。

② 林广成主编：《检察人员廉洁守纪指南》，中国检察出版社 2012 年版，第 64~65 页。

③ 中央纪委驻最高人民检察院纪检组、最高人民检察院监察局编：《警示与镜戒：检察人员违纪违法典型案例剖析》，中国检察出版社 2013 年版，第 16~18 页。

报人通风报信、出谋划策，从中索取"报恩"费；为了利益，他利用职权干预办案，为当事人摆平"事儿"，从中收取"感谢"费。他将权钱交易做到了"极致"——为了个人利益，他会、也敢把一个检察长所拥有的权力用穷、用尽甚至用超。

（二）腐败与权力

腐败是由于权力寻租而产生的一种经济现象。寻租（rent – seeking）理论最早产生于美国，被认为是人类 20 世纪最伟大的经济学发现之一。1967年，美国经济学家戈登·图洛克在《关税、垄断和偷窃的福利成本》一文中，提出形成垄断地位也需要投入资源，其原因在于：在垄断形成之前，当事人为达到目的会采取各种方法，包括雇人游说、贿赂官员等，从事这些活动自然需要付出代价、花费资源。当事人在垄断形成过程中的活动，实际上就是寻租活动。这一整体分析思路和方法就是后来发展起来的寻租理论的基本思想和方法。[1] 当事人之所以能够完成寻租活动，就是因为得到了公共权力部门人员的"首肯"。公职人员占有公共权力这一稀缺资源，但是这种稀缺资源并不能直接给他们带来经济利益，而另外一些人需要这种资源来达到自己的目的——通常都是不正当的。因此，他们之间很容易在这种博弈模式下进行权钱交易，权力的所有者获得权力出租而产生的"租金"，而寻租者获得通过利用权力给他们带来的其他收益。[2]

较早将寻租理论与官员腐败联系起来的是经济学家麦切尼。麦切尼将官员纳入模型，将政客利用行政干预增加私人企业的利润、人为创造租金、诱使私人企业向他们"进贡"作为取得这种租金的条件的行为称为"政治创租"（political rent creation），将政府官员故意提出某项会使私人企业受损的政策作为威胁、迫使企业与之分享既得利益的行为称为"榨租"。[3] 司法权对

① 肖世杰、张龙："国内外主要反腐败理论的述评及其若干启示"，载《湖南社会科学》2014年第 5 期，第 40 页。
② 宋阳、王倩："全球视角下的腐败危害与治理"，载《渤海大学学报》（哲学社会科学版）2007 年第 5 期，第 83 页。
③ 柯武刚、史漫飞：《制度经济学：社会秩序与公共政策》，韩朝华译，商务印书馆 2000 年版。转引自肖世杰、张龙："国内外主要反腐败理论的述评及其若干启示"，载《湖南社会科学》2014 年第 5 期，第 40 页。

当事人而言有着生杀予夺之影响，这就有了司法官利用手中的权力寻租的可能性。

明朝《二刻拍案惊奇》一书中就讲一个县太爷运用"潜规则"① 盘剥当事人、"榨租"的故事。武进县有一富户叫陈定，有一妻巢氏一妾丁氏，巢氏人到中年，丁氏年轻貌美，平日陈定与巢氏感情平平淡淡，与丁氏浓情蜜意。但大家也相安无事。后来，巢氏生病，病中的巢氏脾气容易起急，动不动就怄气说道：巴不得我死了，让你们自在快活，省得做你们眼中钉。陈定不免对巢氏更加冷淡。想不到，巢氏病情加重。虽然陈定也请来医生给巢氏看病，但终究没有起色。不久巢氏就死了。巢氏有一兄弟巢大郎在陈定家做管家。邻居中有好事之徒便撺掇巢大郎告官，宣称人死得不明不白，要敲陈定一笔，对半分。巢大郎听后觉得有道理，便和他们讲好，由邻居出面，他在暗处做手脚。很快状子就递到官府。知县是个贪官。见了状子，知道陈定是个富户，要在他身上揩油。立时准状，抓了人，不由分说，监在狱中。按照法律规定，县官有一定的自由裁量权，可以有相应的选择空间：首先，状子可准与不准；其次，准了之后拿来讯问，要听取陈定的申辩，然后再作出判断。而县官接了状子即刻作出准状决定；抓了人，一不讯问二不调查，直接关进大牢。陈定入狱后，巢大郎赶紧托人四处打点，托到了一位与县太爷关系密切的老乡，替说了话，便放了人。前前后后破费了几百两银子，其中给这位老乡四十两。事后，巢大郎嫌自己赚得少，又追那老乡讨要给出的四十两银子。因巢大郎纠缠不放，老乡只好将钱退还给他。县太爷听说此事，勃然大怒，出牌重新问案，并且以"私和人命"的罪名捎上了巢大郎。巢大郎事先听到风声，躲了起来。陈定和丁氏被抓到官府后，"不由分说，先是一顿狠打，发下监中"。然后下令挖墓验尸，要查那巢氏到底是怎么死的。县太爷事先与法医通了气，吩咐法医从重报伤。法医心领神会，将无作有，多报的是拳殴脚踢致命伤痕。巢氏幼时喜食甜食，门牙脱落，写成硬物打落之伤。最

---

① "潜规则"一词是由吴思于1998年首次提出，意指在种种明文规定的背后，实际上存在的不成文的又获得广泛认可的、支配着现实生活运作的规矩。吴思认为，潜规则是旧时官吏们的看家本领，是一门真正的艺术，种种资源和财富正是据此分肥并重新调整。吴思：《潜规则》，复旦大学出版社2016年版，第3页。

后，判陈定杀人罪，丁氏威逼尊长致死罪，处绞刑。丁氏见两人都活不成，干脆把罪都揽下，写了供状，在狱中上吊自杀。这才了结了这桩案子。

（三）节制：廉洁之底色

腐败是人类追求个体利益最大化的一种行为异化现象，是社会毒瘤，学者对其成因进行了广泛的研究。

有人认为腐败成因有：[1] 一腐败是人性恶的一种表现。在人性恶的理论中，人会有这样一种行为选择模式，即想方设法地使自己的利益最大化，而这种最大化必须尽可能少地付出代价。二腐败是权力未受到充分制约的一种政治现象。权力从本质上说是一种能够影响他人的能力，相较于私权利而言，权力要更为现实、更为强大、更为坚韧、更具诱惑力。三腐败是由于权力寻租而产生的一种经济现象。

有人认为腐败根源有不同的学说：[2] 第一，私有制说，也称社会历史原因说。私有制导致私有观念和利己主义思想的产生，当私有制和私有观念与权力的运作联系起来时，私有观念就会恶性膨胀，导致腐败的产生。第二，制度说，也称客观现实说。该理论从社会的政治、经济或文化结构等方面揭示腐败的根源。我国正处于新旧体制交替时期，存在制度上的"空档"，这种"空白地带"的存在就是滋生腐败的根源。第三，性恶说，即人性本恶说。该观点从人性的视角探究腐败的根源，认为腐败的根源在于人类固有的人性上的弱点或缺陷，诸如贪得无厌、趋乐避苦、自私自利等。

有人认为，影响腐败主体产生腐败动机的因素有三点：[3] 人自利的本性与现实生活的影响是"想腐败"的心理原因；公共权力的拥有即"能腐败"是腐败的前提；而法律的不足和制度的漏洞则是"可腐败"存在的可能空间。

---

[1]　宋阳、王倩："全球视角下的腐败危害与治理"，载《渤海大学学报》（哲学社会科学版）2007年第5期，第83页。

[2]　李晓明、朱媛媛："腐败根源深层次因素的寻找——重在从人的本能视角观之"，载《苏州大学学报》（哲学社会科学版）2009年第5期，第40页。

[3]　夏洪、李爽："腐败根源'三位一体'立体探究和分析"，载《延边党校学报》2016年第4期，第47~48页。

有人认为腐败的根源有以下几点：① 第一，腐败是行为者价值观蜕变的结果。第二，腐败是行为者职业道德意识弱化的结果。第三，腐败是行为者私欲膨胀的结果。

从以上内容看来，尽管对腐败的原因，学者有不同的观点，但人性是个绕不开的话题。

《韩非子·解老》说："有欲甚，则邪心胜。"陆九渊说："欲之多，则心之存者必寡；欲之寡，则心之存者必多。"物欲盛，则人本有的善良之心就会减少，甚至可能丧失，只有节制欲望、减少物欲才能较多地保存本有之心。② 孔子主张"时节"，孟子主张"寡欲"，荀子主张"节欲"，虽然具体内容有很大的不同，但究其根本就是节制。节制被理解为"约束""限制""压制"，③ 是指一种不能放任自流为所欲为的状态。节制是对欲望的控制，对理性的遵从。对欲望的控制力，既有来自外在的规章制度，也有来自内在的理性自制，但通常是指后者，即自律。

节制在英文中，通常用"temperance"或"moderation"表示，出自希腊词"sophrosyne"。从词源上来看，它是由"soos"和"phreen"组合而成的。"soos"表示安全的、健康的、好的、完整的意思，"phreen"原义为心脏，引申为意志、心愿、精神，两个词合起来的意思是指"健康的心脏、健全的思维和良好的智慧"。④ 随着社会的发展，"sophrosyne"的含义也发生着流变。

在荷马时期"sophrosyne"包括三个方面的含义：⑤ 第一，与战神阿瑞特相关，指的是体格健壮、勇猛威武。第二，"sophrosyne"与个人的社会地位以及相关职责联系在一起，"sophrosyne"就是个人在履行特定职责的行为中

---

① 蔡志良、彭正："腐败的伦理根源与干部道德建设"，载《浙江师大学报》（社会科学版）1997 年第 4 期，第 17~18 页。

② 陈德述："略论中国古代官德思想的内涵"，载《中华文化论坛》2013 年第 7 期，第 17 页。

③ 贡华南："节制的根源——中国传统哲学的视角"，载《社会科学》2010 年第 8 期，第90 页。

④ 晏玉荣："节制内涵的演变及其德性特征——从古希腊的荷马至阿提卡演说家时期"，载《中南大学学报》（社会科学版）2015 年第 4 期，第 20 页。

⑤ 晏玉荣："节制内涵的演变及其德性特征——从古希腊的荷马至阿提卡演说家时期"，载《中南大学学报》（社会科学版）2015 年第 4 期，第 23 页。

得以体现。第三，"sophrosyne"作为一种优秀品质，能够使得人们对荣誉、地位与财产的拥有超越别人。荷马时期之后，"sophrosyne"在原有基础上，增加了新的内涵，并更多地与正义联系在一起，成为城邦公民一项重要的政治德行与品质。此时的正义也不再只是与氏族血缘职责捆绑在一起，而是与普遍意义上的人的概念相连。

"sophrosyne"是一个多义词，有不同的使用方法和不同的含义。有学者认为，"sophrosyne"多种含义之间的关系，具有"家族相似性"，彼此联系成为一张网，每一种用法便是这张网上的一个节点。但这些结点是围绕着一个或几个中心展开的，这便是"sophrosyne"的中心用法或典型用法。"sophrosyne"的典型用法为："控制欲望"（对于成年男人），"婚姻忠诚"（对于已婚妇女），"安静"和"顺从"（对于男孩与女孩）。"这四种典型用法聚集于理性与欲望，尤其是生理欲望之间的关系，这在一定意义上，确实表现了节制的基本内涵与特征。"① 从"sophrosyne"的中心用法来看，节制是调整欲望与理性关系的一个范畴。

柏拉图也正是从"控制欲望"的角度来讨论节制的。柏拉图把人的灵魂分为理智、欲望和激情三个部分②：灵魂的理性部分是用以思考推理的，欲望部分是用以感觉爱、饿、渴等物欲之骚动的，是种种满足和快乐的伙伴，激情是理智的天然辅助者。柏拉图认为，③ 当人的这三个部分彼此友好和谐，理智起领导作用，激情和欲望一致赞成由它领导而不反叛，这样的人就是有节制的。他将欲望分为两类：一是"必要的"，即欲望的满足是我们本性所需要的，包括那些不可避免的欲望和那些满足了对我们是有益的欲望。二是"不必要"，即这些欲望如果我们从小注意是可以戒除的，而且它们的存在，对我们没有好处，有时还有害处。对于那些"不必要"的欲望应"竭力控

---

① 晏玉荣："节制内涵的演变及其德性特征——从古希腊的荷马至阿提卡演说家时期"，载《中南大学学报》（社会科学版）2015 年第 4 期，第 24 页。

② 柏拉图有时讲人的灵魂有两部分：一是理性，一是欲望。激情是与其中之一即欲望同种。但在以后的对话中他又证成激情是不同于欲望的另一种东西，同样也是不同于理性的另一种东西。正如国家由三种人组成，灵魂也相应地有三个部分组成。[古希腊] 柏拉图：《理想国》，郭斌和、张竹明译，商务印书馆 1996 年版，第 165～170 页。

③ [古希腊] 柏拉图：《理想国》，郭斌和、张竹明译，商务印书馆 1996 年版，第 170 页。

制"。同时他强调一个不言而喻的道理:① 崇拜财富与朴素节制的生活不能并存,二者必去其一。

亚里士多德则更直接地将节制与放纵对应起来。节制和放纵涉及的就是人与欲望的关系。欲望有两种:一种是人所共有的,是自然的,如食欲。在自然欲望上人不大容易出错,出错就是过度。另一种是个体性的和人为的。在那些个体性的快乐感受上许多人容易出错,沉迷于某一事物的人之所以作这样的人,因为他喜欢了不该喜欢的东西,或者以常人莫及的方式或者以粗俗的方式或者以不应当的方式去喜欢。因此,放纵是在快乐上的过度,是该受谴责的。② 亚里士多德说:③ "既然有一些快乐感是必要的,另一些是不必要的,且只是在某种程度内是可欲的,反而就不存在过度或不及,那么欲望和痛苦也就与此相同。有人追求过度的快乐,或者以过度的方式并出于自由决定去追求,尽管是为快乐本身之故而非别的缘故,这也是放纵的,这种人必然是不知悔改和不可救药的;因为不知悔改的人就是不可救药。不及的人与之相反,中间是节制的人。"有节制的人有能力不让自己受肉体快乐的引诱而违背明见,尽管觉得违背他的明见是有快感的但并不屈服于它。有节制的人能够在过度和不及之间找到合乎正当的尺度,即中庸④。在快乐和痛苦的性情上,中庸(或可以说美德)是由正当的尺度规定的,依靠理性的指导和训练,"这种规定虽然大体正确,但尚不明确"。"仅仅知道灵魂的品质,

---

① [古希腊] 柏拉图:《理想国》,郭斌和、张竹明译,商务印书馆1996年版,第329页。

② [古希腊] 亚里士多德:《尼各马可伦理学》,邓安庆译,人民出版社2010年版,第130页。

③ [古希腊] 亚里士多德:《尼各马可伦理学》,邓安庆译,人民出版社2010年版,第253页。

④ 亚里士多德认为,德行是我们因之而契合中庸的品质。对于希腊文 mesotês,在我国伦理学界基本上使用两个概念来表达:一是中庸;二是中道。有学者认为,译为"中庸"更合适。第一,亚里士多德使用的"mesotês"与中国传统哲学的"中庸"概念是基本等义的:"不偏之谓中,不易之谓庸。中者,天下之正道,庸者,天下之定理"(程颐);"中庸者,不偏不倚,无过不及,而平常之理,乃天命之当然"(朱熹);第二,"中道"不能表达出"中庸"之"中"的动词含义:"命中""切中""契合""正确东西"(真理)的含义,而这个"动词"的"中"却是亚里士多德特别强调的含义,有德性的人在行动中总是如同一个优秀的"射手"那样能"命中"正确的目标;同样"中道"也不能表达出"中庸"就等级而言是"极端"和"极好"这样一些含义;第三,翻译为"中庸"能更好地激励我们把亚里士多德的德行伦理与我国传统伦理进行"又向格义",在比较对话中确定其意义,而译为"中道"给人的感觉就是亚里士多德所讲的与儒家的"中庸"是不同的两回事。但实际上它们之间确实有非常多的共同之处。[古希腊] 亚里士多德:《尼各马可伦理学》,邓安庆译,人民出版社2010年版,第88页注释部分。

哪怕所称的原理是正确的，也还是不够的，我们还必须准确地规定，正当的尺度是什么，它如何能够变成品格。"① 因此，中庸是一个凡有理性禀赋者都要瞄准的"目标点"，德行也是我们因之而契合中庸的品质。

亚当·斯密从激情的角度来讨论节制。他将激情分为两类：第一类是那些即使要抑制个一时片刻也需要大大努力自我克制的激情，如恐惧与愤怒，以及其他某些和它们混在一起或连在一起的激情等；第二类是那些若要抑制个一时片刻或甚至某一短暂的时间并不怎样困难的激情，如爱好安逸、爱好享乐、爱好赞美，以及爱好其他许多自私的满足等。第二类激情不断地引诱我们怂恿我们偏离我们的本分，常常会误导我们作出许多我们后来很有理由觉得羞耻的懦弱行为。亚当·斯密认为：② 对第一类激情的克制，被称为刚毅、男子汉或恢宏的气概、意志坚强；对第二类激情的克制，则被称为节制、端庄、谨慎、稳健。亚当·斯密盛赞对激情的克制。他说：③ "节制、端庄、谨慎、稳健，总是和蔼可亲的，并且很少可能被导向任何不好的目的。可亲的贞节之德，以及可敬的勤劳节俭之德，正是从稳健不懈地发挥那些比较温和的克己功夫中，得到所有属于它们的那种沉稳的光泽。"

不难看出，西方学者主张依靠理性的坚持控制欲望和激情，"节制无非就是人所拥有的理性驾驭情感或情欲的德性"④。但中国古代的思想家们对"理"却有更深刻的认识。人的精神不是自足自决的，而需要以天道治之，包括节制理性之要求。理性以人性为前提根据，因此受人的生命之节的宰制，简言之，理性本有节。理性有节而需要以'节'节之，即节制理性。⑤ 在古汉语中，"节"有两个方面的意义：一是有"止"之义，二是有"满而溢"之义。"依节而止，满而泄"⑥。如何节制？孔子诉诸人心（仁），"汝安则为

①　［古希腊］亚里士多德：《尼各马可伦理学》，邓安庆译，人民出版社 2010 年版，第 207 页。

②　［英］亚当·斯密：《道德情操论》，谢宗林译，中央编译出版社 2009 年版，第 301 页。

③　［英］亚当·斯密：《道德情操论》，谢宗林译，中央编译出版社 2009 年版，第 307 页。

④　张康之："论行政人员自我节制的德性"，载《上海行政学院学报》2002 年第 4 期，第 59 页。

⑤　贡华南："节制的根源——中国传统哲学的视角"，载《社会科学》2010 年第 8 期，第 95 页。

⑥　从《涣》而《节》看，《节》有"止"义，从完整《节》卦看，满而溢也是《节》的一个内在环节。"泽之容水，固有限量，虚则纳之，满则泄之，水以泽为节矣。"贡华南："节制的根源——中国传统哲学的视角"，载《社会科学》2010 年第 8 期，第 95 页注②③。

之"。孔子主张"克己复礼为仁"(《论语·颜渊篇》)。抑制自己，使言语行动都合于礼，就是仁。"非礼勿视，非礼勿听，非礼勿言"。"夫礼，先王以承天之道，以治人之情。"(《礼记·礼运》)"礼也者，理也。"孔子并不是简单地否认欲望，而是以"礼""仁"的标准，适度的原则予以规范调整，将欲望控制在合理的范围内。正所谓"君子食无求饱，居无求安"(《论语·学而篇》)，通过克己达到"天下归仁"。(《论语·颜渊篇》)另外，孔子也不是机械地、一成不变地对待"礼"，而是因时因势地处理。孔子对由丝制礼帽代替传统的麻制礼帽问题上的态度即是一个很好的例子。子曰："麻冕，礼也；今也纯，俭，吾从众。"(《论语·子罕篇》)用麻做礼帽，依照规定，要用二千四百缕经线。麻质较粗，必须织得非常细密，这很费工。若用丝，丝质细，容易织成，因而省俭些。① 所以孔子说：礼帽用麻料来织，这是合乎传统的礼的；今天大家都用丝料，这样省俭些，我同意大家的做法。

老子基于"曲则全，枉则直，洼则盈，敝而新，少则得，多则惑"的辩证思维，提出"不自见，不自是，不自伐，不自矜"，(《老子·二十二章》)② 而应秉持"俭"和"啬"操守，从而达到"方而不割，廉③而不刿，直而不肆，光而不耀"(《老子·五十八章》)的"虚静""柔弱"境界。即有道的人方正而不妨害于人，锐利而不伤人，直率而不放肆，光亮而不刺目。老子主张无为无欲。"治人事天，莫若啬。"(《老子·五十九章》)"以正治国""我无欲，而民自朴。"(《老子·五十七章》)老子曰："我有三宝，持而保之。一曰慈，二曰俭，三曰不敢为天下先。慈故能勇；俭故能广；不敢为天下先，故能成器长。"(《老子·六十七章》)老子所说的"俭"不是一般所理解的节俭，它是收敛；老子所说的"啬"，也不是一般所理解的对金

---

① 杨伯峻译注：《论语译注》，中华书局 2009 年第 3 版，第 86 页。
② 原文为："以是圣人执一为天下式。不自见，故明；不自是，故彰；不自伐，故有功；不自矜，故能长。"(《老子·二十二章》)意思是说："不自我表扬，反能显明；不自以为是，反能彰显；不自我夸耀，反能见功；不自我矜持，反能长久。"陈鼓应注译：《老子今注今译》，商务印书馆 2003 年版，第 162 页。
③ 蒋锡昌说："'廉'假为'利'。《国语·晋语》：'杀，君以为廉。'言杀君以为利也。《庄子·山木篇》：'成则毁，廉则挫。'言利则挫也。《吕览·孟秋》：'其器廉以深。'言器利以深也。《礼记·聘义》郑注：'刿，伤也。''廉而不刿'，言利而不伤也。"陈鼓应注译：《老子今注今译》，商务印书馆 2003 年版，第 285 页。

钱的吝啬，是指权力主宰欲望的吝啬，是权力控制冲动的收敛。① "啬"，有爱惜、保养之意。"啬"本收藏之义，衍为爱而不用之义。此"啬"字谓收藏其神形而不用，以归无为也。② "俭"之道在于不造作、不妄为、顺乎自然。只有这样，万物才能广大悉备，无所不有，无所不包。同时，治人、事天也要收敛神气、俭约情欲，不敢见景忘真，肆意妄为。因"我无欲，而民自朴"。故而可以实现"以正治国"的价值目标。

《中庸》则将"节制理性"的根据明确推诸天、道。"天命之谓性，率性之谓道"。天赋与人的禀赋叫作性，遵循天性而行叫作道。"天地之道：博也，厚也，高也，明也，悠也，久也。今夫天，斯昭昭之多，及其无穷也，日月星辰系焉，万物覆焉"。君子应遵循天地之道。尽管"君子之道费而隐"，君子之道精深奥妙，广大而细微，但其修行的根本是要做到"淡而不厌，简而文，温而理"。简朴内敛，温和谦逊，也即守住"时中"。宋代思想家则进一步展开："圣人之常，以其情顺万物而无情。故君子之学，莫若廓然而大公，物来而顺应。""圣人之喜，以物之当喜；圣人之怒，以物之当怒"。节制的根据不在己（人），而在"物""天"。③ "是圣人之喜怒，不系于心而系于物也。"借助节气、节日等具体规定，使节制具有丰富内涵；"天"也不仅仅是抽象的绝对的最终的根据，同时它对个人也具有具体而明确、实在而有效的规范意义。

"欲教以廉，先使之俭"④。自我节制是一种通过人的理性而使人的生活、活动和各种各样的行为道德化的德行。正所谓"俭，德之共也"。有德者皆由俭而来。自我节制表现为人对自己情欲的合理限制，让情欲从属于理性，而不是对情欲的放纵。⑤ 在这个意义上，节制与"自制"相通。自制者，节制情欲之谓也（蔡元培语）。这对公职人员尤其重要。甚至有人认为，与公

---

① 王博："权力的自我节制：对老子哲学的一种解读"，载《哲学研究》2010 年第 6 期，第 52 页。

② 陈鼓应注译：《老子今注今译》，商务印书馆 2003 年版，第 289 页。

③ 贡华南："节制的根源——中国传统哲学的视角"，载《社会科学》2010 年第 8 期，第 91 页。

④ 清·陈廷敬《陈文贞公敬事略》。

⑤ 张康之："论行政人员自我节制的德性"，载《上海行政学院学报》2002 年第 4 期，第 59 页。

正相比，自我节制才是公职人员首要的和基本的德行。① 因为权力具有这样的特性：一方面，因必要而不得不接受它，另一方面，我们又必须约束和限制它。权力的第一原则是施与，没有施与便没有权力。②

与此相应地，对权力的节制就成为政治伦理上一个核心的内容，且历久弥新。尤其在今天，我们正面临着"四大考验"，如果任凭腐败问题愈演愈烈，最终必然亡党亡国。"历览前贤国与家，成由勤俭破由奢。"能不能坚守艰苦奋斗精神，是关系党和人民事业成败兴衰的大事。"道不远人"，戒贪、补钙，终能练就"金刚不坏之身"。

三、检察官廉洁行为规范

检察工作处于新的时代坐标，新时代对检察工作提出了新的更高要求，要求检察官提供更优质的检察产品。什么是优质的检察产品？直言之，优质的检察产品是让人民群众在检察活动中能够感受到公平正义。有人说廉洁是司法公正的基石③，有人说廉洁是公正的基本保障④。足见廉洁对于公正、对于司法的重要意义。因此，检察官必须秉持廉洁操守。

（一）不以权谋私

检察权是一种公共权力，如前文所述，公共权力是一种稀缺资源。检察官具有寻租的可能性，也就是以权谋私。以权谋私具有以下特点：

第一，在行为要素上。以权谋私在客观行为上主要表现为：（1）"权物交易"。一方利用职权或者职务上的影响为他方谋取利益，并收受他方财物，包括金钱、物品以及其他有经济价值的物品。（2）"权权交易"。"权权交易"，即互相利用职权搞权权交易。从外在表现形式上看，本人、亲属或其

---

① 张康之："论行政人员自我节制的德性"，载《上海行政学院学报》2002 年第 4 期，第 58 页。
② 王博："权力的自我节制：对老子哲学的一种解读"，载《哲学研究》2010 年第 6 期，第 45 页。
③ 任卫东："'公正、廉洁、为民'司法核心价值观论析"，载《安阳师范学院学报》2011 年 4 期，第 32 页。
④ 曹新亚："推进公正廉洁司法之检察实践思考"，载《法制与社会》2014 年第 6 期（上），第 122 页。

他特定关系人都没有收受对方财物，不存在利益输送；但实质上是以权力为媒介进行非物质形态的交易，其危害不仅在于破坏检察官的廉洁性，司法的公正性，还会造成权力的垄断，加重社会阶层流动的难度，从而造成社会板结化。（3）"权色交易""给予财物搞钱色交易"。"权色交易"从本质上讲，就是将色相或美色予以"物化"，作为与权力交易的媒介，一方以权力为筹码，一方以美色为对价；一方要求满足生理欲望和感情需要，一方希望谋取不正当利益。"给予财物搞钱色交易"是指利用财物和色情进行交易的行为。无论"权色交易"，还是"给予财物搞钱色交易"，都是一种寻租，都是以权谋私的客观行为表现。

第二，在权力要素上。"以权谋私"之"权"还包括"职务上的影响"。职务上的影响，一般是指基于本人职权而对他人产生的潜在影响。这个影响对他人来说没有直接的约束力，但存在潜在的利害关系。[1] 如对管理和服务对象以及其他与行使职权有关系的单位或者个人在人事晋升与任免、财物增减、事项审批办理、业绩评价、管理监督等方面的影响。

吉林省通化市东昌区人民检察院原副检察长于国庆，在担任副检察长期间，与该市一房地产开发公司董事长夏某相识。于国庆主动提出参与该公司开发的一个房地产项目，并许诺可以同有关部门协调，在相关开发事宜上为公司提供帮助。在既没有出资，也没有参与经营的情况下，于国庆要求分得该项目30%的股份，夏某为了利用于国庆的关系，答应了于国庆的要求。此后，于国庆在工程项目建设过程中，多次与相关职能部门协调，并以送礼、跑贷款、退股等名义，先后索取和非法收受夏某现金，代金券，购物卡等折合人民币90万元，轿车2辆（价值65万元），住宅12套（价值350万元），款物折合人民币共510万元。2008年6月法院以受贿罪判处于国庆有期徒刑12年，并处没收财产人民币10万元。同年11月，于国庆被开除党籍和公职。[2]

第三，在主观心理上。权钱交易在主观心理上应是一种故意，这种故意

① 李健：《检察机关纪检监察业务培训教程——执行纪律篇》，中国检察出版社2016年版，第146页。
② 中央纪委驻最高人民检察院纪检组、最高人民检察院监察局编：《警示与镜戒：检察人员违纪违法典型案例剖析》，中国检察出版社2013年版，第153~154页。

可表现为直接故意或间接故意。间接故意存在于"纵容默许"的情形，即"纵容、默许配偶、子女及其配偶等亲属和身边工作人员利用本人职权或者职务上的影响谋取私利"。"纵容默许"，是一种放任的心理状态，属于间接故意。值得注意的是，与以权谋私的另外两种形式（收受对方财物和搞权权交易）不同，"纵容默许"的主体不包括"其他特定关系人"。特定关系人是一个非常广泛的人群，不管是何种关系，均视为特定关系人，包含亲属、朋友、身边工作人员、同学、战友、老乡、情人等。有人认为，正因为特定关系人的范围非常广泛，涉案检察官无法对这些关系人都进行管束，所以"纵容默许"条款将特定关系人限定在较为紧密的人员——配偶、子女及其配偶等亲属和身边工作人员，而"其他特定关系人"则不属于"纵容默许"。① 另外，检察人员的配偶、子女及其配偶未从事实际工作而获取薪酬或者虽从事实际工作但领取明显超出同职级标准薪酬，检察人员知情未予纠正的，依照"纵容默许"条款处理。

"家之不俭，必至于累身"。从道德层面来说，检察官应从严要求近亲属。全国模范检察官、海南省文昌市人民检察院民事行政检察科原科长周经发就是这样做的。周经发与家人约法三章：第一，不得参与和案件有关的活动；第二，不得和他人谈论跟案件有关的话题；第三，不得接受任何涉案人的礼品。② 周经发坚守个人家庭廉洁，一尘不染，为检察官树立了榜样。而极个别检察官则反其道而行之，走向反面，不但纵容默许，甚至与子女共同犯罪。

付有强，内蒙古自治区乌兰察布市集宁区原检察长。2007 年，付有强同其儿子将集宁区人民检察院扣押的一处房产非法变卖，将变卖款 16 万元占为己有；2008 年 1 月，已不再担任检察长的付有强，仍打电话给马某某和张某催要所欠购房余款，并将收取的余款 3.316 万元占为己有。③ 子不教，父之过！教子如此，又怎能带好队伍！

---

① 李健：《检察机关纪检监察业务培训教程——执行纪律篇》，中国检察出版社 2016 年版，第 147 页。

② 最高人民检察院政治部编：《有理想、有能力、有担当、有操守——新时期检察英模风采录》，中国检察出版社 2014 年版，第 378 页。

③ 中央纪委驻最高人民检察院纪检组、最高人民检察院监察局编：《警示与镜戒：检察人员违纪违法典型案例剖析》，中国检察出版社 2013 年版，第 50~51 页。

（二）不收受可能影响公正执行公务的礼物

根据百度百科的解释：礼物是在社会交往中，为了表达祝福和心意或以示友好，人与人之间互赠的物品。礼物是送礼者向受礼者传递信息、情感、意愿的一种载体。礼物的形式有：（1）礼品、礼金、消费卡；（2）微信红包、支付宝转账、电子礼品卡、充值券等"变异性"礼物；（3）安排宴请、旅游、健身、娱乐等"替代性"礼物。在正常的人际交往中，人们都会有互相赠送礼物增进感情的行为。但是给检察官送礼往往具有一定的目的性，是看重检察官手中的权力，想以此为"要约"，求得检察官在司法活动中作出"偏袒"自己一方的"承诺"与行为。礼物不过是一个诱饵，不是"馅饼"是"陷阱"。习近平总书记告诫我们：[①]"为什么说当官是高危职业？就是说不仅主动以权谋私不行，而且要处处防备社会诱惑。诱惑太多了，处处是陷阱啊！所有自己认为是当官能享受的、产生快感的事情，背后都可能隐藏着罪恶，都可能是陷阱。有人说，天上掉馅饼之时，就是地上有陷阱之时。一旦突然凭空来了一个好处，一定要警惕。看到这些东西自己就要戒惧、退避三舍。咱们的门神要摆正，大鬼小鬼莫进来。一个要有情操，这是一道防线；一个要有戒惧，一定要有敬畏之心。"

现代社会工具理性日益高涨，使人的世俗性得以肯定和增强，人们追求物质利益的欲望大大超越了精神信仰，从而使生活方式在精于计算的道路上愈走愈远。[②] 那我们不妨算算账，理性地计算一下贪腐败露的代价：[③] 一算"政治账"。一旦违反了党纪国法，必将受到严厉惩处，多年的辛勤努力就会毁于一旦，政治前途就会被自己亲手断送。二算"经济账"。由于腐败行为，葬送了自己所有的积蓄、积累，还要因为退赔赃款累及家人，到最后弄得倾家荡产。三算"名誉账"。一旦违反党纪国法，以前的荣耀都将不复存在，

---

① "在参加河南省兰考县委常委班子专题民主生活会时的讲话"（2014 年 5 月 9 日）。载中共中央纪律检查委员会、中共中央文献研究室编：《习近平关于党风廉政建设和反腐败斗争论述摘编》，中央文献出版社、中国方正出版社 2015 年版，第 147 页。

② 张辉："现代生活方式的伦理选择——马克斯·韦伯伦理理性化思想的启迪与反思"，载《哈尔滨工业大学学报（社会科学版）》2018 年第 3 期，第 54 页。

③ 林广成主编：《检察人员廉洁守纪指南》，中国检察出版社 2012 年版，第 216 页。

换来的只是耻辱和身败名裂。四算"家庭账"。一旦误入歧途，沦为罪人，自己丢人现眼，而且会严重伤害到家庭和亲人，将带给他们一生巨大的痛苦。五算"自由账"。一旦出了问题，在巨大的经济损失之外，还有失去自由的痛苦。每天面对高墙铁窗"蹲监坐牢"，生命从此失去光彩。六算"健康账"。心病的隐痛往往比肌肤的病痛更折磨人。搞腐败的人一怕被偷，二怕被抢，三怕被查。时时处于担心被检举揭发、被查处法办的心境里，提心吊胆，担惊受怕，承受着沉重的心理负担，久而久之就垮掉了精神，垮掉了身体。七算"亲情账"。走入歧途，丢掉了工作，昔日的亲朋好友避而远之，昔日的同窗、同事、同乡也不再到处炫耀，可谓众叛亲离。

不算不知道，一算吓一跳。事实证明，那些大贪巨贪，最后不就当了一个财物保管员吗？就是过了个手，最后还要还财于民、还财于公。此账不可不算，此理不可不明，此事绝对不可为。

根据新《检纪处分条例》的规定，不收受礼物包括四种情形：一是不收受可能影响公正执行公务的礼品、礼金、消费卡等；二是不收受其他明显超出正常礼尚往来的礼品、礼金、消费卡等。三是不接受可能影响公正执行公务的宴请或者旅游、健身、娱乐等活动安排。四是不得向从事公务的人员及其配偶、子女及其配偶等亲属和其他特定关系人赠送明显超出正常礼尚往来的礼品、礼金、消费卡等。

（三）不得假公济私

假公济私表现形式主要有：一是利用职权或者职务上的影响，侵占非本人经管的公私财物，或者以象征性地支付钱款等方式侵占公私财物，或者无偿、象征性地支付报酬接受服务、使用劳务。其中"象征性地支付钱款/报酬"是指虽然支付相应的费用，但所支付的费用与公私财物的实际市场价值、所接受的服务劳务的市场价格明显不相称，明显低于市场价格。二是利用职权或者职务上的影响，将本人、配偶、子女及其配偶等亲属应当由个人支付的费用，由下属单位、其他单位或者他人支付、报销。这是一种侵犯国家集体财产和他人财产的违纪行为，也许所报销支付的费用并不是巨资，但极易产生"温水煮青蛙"效应，"不知不觉就被人家请君入瓮"，搞起权钱交易，滋生腐败。三是利用职权或者职务上的影响，违反有关规定占用公物归个人使用，时间超过六个月，或占用公物进行营利活动或将公物借给他人进行营利活动。四是用公款旅游、借公务差旅之机旅游或者以公务差旅为名变相旅游；或者以考察、学习、培训、研讨、参展等名义变相用公款出国（境）旅游。五是用公款包租、占用客房或者其他场所供个人使用。六是违反有关规定公车私用。2010 年 5 月 31 日，最高人民检察院颁布《关于严禁检察人员违规使用机动车辆的六项规定》，其中第 5 条规定："严禁检察人员私自使用公务车辆，违者给予批评教育；情节较重的，给予警告或者记过处分；造成交通事故并致人重伤、死亡或者重大经济损失的，给予记大过以上处分。"

2014 年 1 月 27 日上午 9 时许，吉林省公主岭市检察院驻公主岭经济开发区检察室主任车战学，在乘坐单位警车从事公务活动途中，接到来公主岭办事的外地战友电话，让其到高速公路口帮助指路，车战学私自改变行车路线到高速路口接其战友。2 月 13 日，公主岭市检察院给予车战学行政记过处分。①

（四）不得浪费国家财产

根据廉洁政治的要求，检察官应是"廉洁的、朴素的"。勤俭节约是中华民族的优秀品德，艰苦奋斗是我们党的光荣传统。1989 年 3 月 23 日，邓小平在会见乌干达总统时曾指出：② "我们最近十年的发展是很好的。我们最大的失误是在教育方面，思想政治工作薄弱了，教育发展不够。我们经过冷静考虑，认为这方面的失误比通货膨胀等问题更大。最重要的一条是，在经济得到可喜发展，人民生活水平得到改善的情况下，没有告诉人民，包括共产党员在内，应该保持艰苦奋斗的传统。坚持这个传统，才能抗住腐败现象。"2013 年 1 月 22 日，习近平总书记在第十八届中央纪律检查委员会第二次全体会议上的讲话中也强调指出：③ "抓改进工作作风，各项工作都很重要，但最根本的是要坚持和发扬艰苦奋斗精神。"

---

① 中国检察出版社编：《检察人员廉政新规定》，中国检察出版社 2014 年版，第 136 页。
② 《邓小平文选》（第三卷），人民出版社 1993 年版，第 290 页。
③ 中央党的群众路线教育实践活动领导小组办公室：《党的群众路线教育实践活动学习文件选编》，党建读物出版社 2013 年版，第 76 页。

"唯俭可以助廉"。但当今社会上奢靡之风、奢华之风很甚，个别检察官也趋之若鹜，随波逐流。2009 年 10 月呼伦贝尔市阿荣旗人民检察院原检察长刘丽洁所乘坐的别克车发生交通事故后，引起各方关注。网络上也传出这样的热帖："贫困县女检察长和她的名车""豪华检察长盖豪华办公楼"。一个检察长开着一辆挂蒙 O 牌照的价值 78 万元的豪车，大概正常人都会产生类似的疑问：[1] 其一，按照规定，她该享用这么高档的车吗？其二，既然不是政府配备的，车又是哪来的？其三，如果是她自己掏腰包买的，那她又哪来那么多钱？事经当地纪委调查，刘丽洁开的大众途锐是检察院向一家企业临时借用的，已经归还车主。有关部门对刘丽洁给予党内警告和行政警告处分。

"不能正其身，如正人何？"（《论语·子路篇》）检察官自身不端正不廉洁，如何能够监督别人？检察官应做廉洁的楷模。为此：（1）不准违反有关规定配备、购买、更换、装饰公车。（2）不准违反有关规定组织、参加用公款支付的宴请、高消费娱乐、健身活动，或者用公款购买赠送、发放礼品。（3）不准超标准配备、使用办公用房。（4）不准违反公务接待制度规定，严格遵守外出执行公务定点住宿的规定、严格控制公务接待范围和标准、严格执行"禁酒令"等内部公务活动和交往的规定。（5）不准举办计划外会议活动和超范围印发文件刊物。（6）不准违反规定建设楼堂馆所。（7）不准超计划支出服务经费。

奢侈浪费是非正义的。违反上述规定的行为助长铺张浪费和奢靡之风，与我们党一贯倡导的艰苦奋斗勤俭节约精神南辕北辙，与我们政权的"人民性"格格不入。2017 年 5 月，南方某县级检察院先后四次在本单位食堂违规同城接待有关人员，其中两次晚餐均饮用洋酒。事后，填写虚假《公务接待申请表》，所购买的蓝带洋酒 4 瓶，花费人民币 6000 元，以办案接待费、公务接待费以及内部食堂购买蔬菜、猪肉、调味品等名义予以报销。2017 年 12 月，有关责任人员受到检纪警告处分。

前述所说的"规定"主要包括《关于改进工作作风、密切联系群众的八项规定》《关于厉行节约反对食品浪费的意见》《党政机关厉行节约反对浪费

---

[1] 《长江商报》2009 年 12 月 22 日评论文章。

条例》《检察机关厉行勤俭节约反对铺张浪费若干规定》《党政机关国内公务接待管理规定》《严禁检察机关在内部公务活动和交往中用公款请客送礼的规定》，等等。

（五）限制职务外活动

职务外行为，与职务无关，一般来讲不在职业道德调整范围。但基于检察官有着司法官的身份，社会公众对司法官的独立性、廉洁性则有着较其他领域执业人更高的要求和标准，故而将检察官职务外行为纳入职业道德调整范围。

（1）不得违反规定从事下列营利活动：①经商办企业；②拥有非上市公司（企业）的股份或者证券；③买卖股票或者进行其他证券投资；④兼职律师、法律顾问、仲裁员等职务，以及从事其他有偿中介活动；⑤在国（境）外注册公司或者投资入股；⑥违反有关规定在经济实体、社会团体等单位中兼职，或者经批准兼职但获取薪酬、奖金、津贴等额外利益。⑦其他违反法律规定从事营利活动。这里所说的"规定"主要包括：《公司法》《公务员法》《关于党政机关工作人员个人证券投资行为若干规定》《关于进一步制止党政机关和党政干部经商办企业的决定》《关于进一步规范党政领导干部在企业兼职（任职）问题的意见》《中共中央办公厅、国务院办公厅关于党政机关领导干部不兼任社会团体领导职务的通知》等。

根据《关于党政机关工作人员个人证券投资行为若干规定》，以下人员不得买卖股票：①上市公司的主管部门以及上市公司的国有控股单位的主管部门中掌握内幕信息的人员及其父母、配偶、子女及其配偶，不准买卖上述主管部门所管理的上市公司的股票。②国务院证券监督管理机构及其派出机构、证券交易所和期货交易所的工作人员及其父母、配偶、子女及其配偶，不准买卖股票。③本人的父母、配偶、子女及其配偶在证券公司、基金管理公司任职的，或者在由国务院证券监督管理机构授予证券其他从业资格的会计（审计）师事务所、律师事务所、投资咨询机构、资产评估机构、资信评估机构任职的，该党政机关工作人员不得买卖与上述机构有业务关系的上市公司的股票。④掌握内幕信息的党政机关工作人员，在离开岗位三个月内，继续受该规定的约束。所称"兼职",是指党政领导干部在完成本单位工作的前提下,利用业余时间或经本单位同意占用一部分工作时间为聘请单位服务。① 这种兼职行为导致政企不分、官商不分、公私不分,使得某些人有可能利用本身的职权或者职务和地位所形成的方便条件,通过兼职化公为私,损公肥私,具有很大的危害性。

(2) 不得利用职权或者职务上的影响操办婚丧喜庆事宜。"所谓婚丧喜庆事宜",是指本人及近亲属婚丧嫁娶、升学参军、建房乔迁、生日寿诞、婴儿满月、调动升迁、病愈出院、出国出境、立功受奖等事宜。② 利用职权或者职务上的影响操办婚丧喜庆事宜,既存在讲排场比阔气奢侈浪费,也存在借机敛财。2013 年 9 月 8 日,四川省西昌铁路运输检察院检察长韩志成在为其子举办婚礼时,违反规定邀请与其职务职权相关的人员参与婚礼并接受礼金,置办酒席 38 桌,支付婚庆公司及酒席费用 10 万余元。2014 年 3 月,韩志成受到党内警告处分。③

(3) 与检察官身份不符的行为。"廉者,民之表也。"(《包拯·乞不用贪吏疏》)检察官作为从事法律监督的公职人员,是社会公正的代表,廉洁从政的楷模,因此必须时刻保持良好的形象,不得参与与检察官身份不符的淫乱奢靡赌博等活动:①违反规定取得、持有、实际使用运动健身卡、会所和俱乐部会员卡、高尔夫球卡等各种消费卡;②违反有关规定出入私人会所、夜总会;③到其他存在营利性陪侍活动的场所参与奢靡、不健康娱乐活动;④参与赌博。

违规取得、持有、实际使用运动健身卡、会所和俱乐部会员卡、高尔夫球卡等各种消费卡,或者违反有关规定出入私人会所、夜总会,这些看上去是个人生活的小问题,但实际上隐藏着大祸患。事实证明,对检察官来说,各种会员卡极易成为权钱交易的媒介、滋生腐败的温床,易形成享乐主义、

---

① 马怀德等:《扎紧党纪的制度笼子——〈中国共产党纪律处分条例〉释义》,人民出版社 2016 年版,第 204 页。

② 马怀德等:《扎紧党纪的制度笼子——〈中国共产党纪律处分条例〉释义》,人民出版社 2016 年版,第 192 页。

③ 中国检察出版社编:《检察人员廉政新规定》,中国检察出版社 2014 年版,第 132 页。

奢靡之风等不良风气，有悖于中央八项规定精神、不利于营造风清气正的环境以及树立忠诚可靠、服务人民的良好形象。① 2014 年 12 月 10 日，某市检察院侦查监督处原副处长薛某与本处另外四名同志接受一区检察院侦查监督科干警的邀请，前往精菜馆用餐。餐后薛某提议找地方醒酒，并打电话让其朋友李某安排地方。当晚 22 时许，薛某等六人参与了李某安排的带有"有偿陪侍"的奢靡娱乐消费活动。2015 年 1 月，薛某受到记大过处分，被免去行政职务，责令辞职；其他几个人也分别受到记大过或记过处分；六人均被免去法律职务。

奢靡活动要远离，赌博习气更沾不得。检察官参与赌博，不仅污染社会风气，背后也存在着隐性的权钱交易。福建省宁德市原副检察长高良斌就"栽"在赌博上②。

1994 年 11 月，高良斌开始迷上用扑克牌赌钱；1998 年起，开始打麻将赌博。他周末经常玩通宵，否则就不过瘾。一场赌博，输赢少则几千元，多则数万元，甚至十几万元。高良斌在赌博圈里是老大，通常都要等他赢了才允许结束。有时他把赌本都输光了，就发脾气，叫赌友借钱给他或是叫人马上送钱来继续赌。其他赌友慑于他的淫威，敢怒不敢言，只得陪他赢了为止。至 2004 年，他打扑克赢了 147 万元，打麻将赢了 270 万元。2007 年，因犯赌博罪和受贿罪，高良斌被人民法院判处有期徒刑 8 年 6 个月。

---

① 马怀德等：《扎紧党纪的制度笼子——〈中国共产党纪律处分条例〉释义》，人民出版社 2016 年版，第 195～196 页。
② 林广成主编：《检察人员廉洁守纪指南》，中国检察出版社 2012 年版，第 82～83 页。

后 记

2016年12月，最高人民检察院颁布了《检察官职业道德基本准则》，提出忠诚、为民、担当、公正、廉洁十字要求。随后，笔者开发了《〈检察官职业道德基本准则〉解读》课程，在国家检察官学院几个班次中讲授。课堂上，笔者问学员："检察官职业道德基本准则的内容是什么？"有人答曰："忠诚、公正、清廉、文明。"还有人回答："忠诚、公正、清廉、严明。"……

"知者行之始"（王阳明语），于是笔者萌生了写这本书的想法。开始落笔时，笔者才知道好多理论问题笔者也只知皮毛，只是"小知"而已。本书写作的过程就是笔者学习的过程。这里所呈现的就是笔者的读书笔记和心得。愿读者和笔者都做"行者"，达至"知之成"。

在本书的写作和出版过程中，笔者得到许多帮助。在此，首先要特别感谢孙谦副检察长为本书作序。这是对笔者莫大的鼓励和鞭策，将激励笔者继续努力前行。另外，还要感谢所有对课程提出宝贵意见、建议的老师和学员；感谢国家检察官学院图书馆同事给予的方便和大力帮助；感谢编辑的鼓励和辛勤付出。R. D. 莱恩（R. D. Laing）曾在《道德的基础》中说："在这个书籍如洪水泛滥，争相吸引人们眼球的年代，多出一本又有什么意义？"幸好与本书同一主题的书少之又少，总算可以聊以自慰了。

由于水平有限，不妥之处，恳请读者批评指正！

温 辉
2018 年 9 月 18 日